建设广东现代化产业体系研究丛书

丛书主编 胡军

稳链

打造安全发展的产业链

余壮雄 等 主编

SPM 南方传媒 | 广东经济出版社
·广州·

图书在版编目（CIP）数据

稳链：打造安全发展的产业链 / 余壮雄等主编．
广州：广东经济出版社，2025．8．-- （建设广东现代化
产业体系研究丛书） -- ISBN 978-7-5454-3041-7
Ⅰ．F269.276.5
中国国家版本馆 CIP 数据核字第 20255ZX732 号

策　　划：王成刚　刘健华　陈　晔
责任编辑：陈　晔　于明慧　徐依然
责任校对：李　兰　汪宗跃
责任技编：陆俊帆
封面设计：奇文雲海 CHIVAL design

稳链：打造安全发展的产业链
WENLIAN：DAZAO ANQUAN FAZHAN DE CHANYELIAN
出 版 人：刘卫平
出版发行：广东经济出版社（广州市水荫路 11 号 11 ～ 12 楼）
印　　刷：广州小明数码印刷有限公司
（广州市天河区高普路 83 号 B 栋 C5 号）

开　　本：730mm×1020mm　1/16　　印　　张：20.75
版　　次：2025 年 8 月第 1 版　　印　　次：2025 年 8 月第 1 次
书　　号：ISBN 978-7-5454-3041-7　　字　　数：320 千字
定　　价：78.00 元

发行电话：（020）87393830
如发现印装质量问题，请与本社联系，本社负责调换

丛书编委会

总　序

当前，全球经济格局深度调整，科技革命加速演进，广东作为我国经济发展的前沿阵地，肩负着推动产业转型升级、提升国际竞争力的重任。现代化产业体系是现代化国家的物质技术基础，必须把经济发展的着力点放在实体经济上。只有打造自主可控、安全可靠、竞争力强的现代化产业体系，才能为中国式现代化建立行稳致远的关键支撑。习近平总书记明确要求广东“建设更具国际竞争力的现代化产业体系”，这不仅是对广东的深切期许，更是赋予广东在新时代的重大使命。

广东建设现代化产业体系，有着坚实的产业基础和迫切的现实需求。从基础来看，广东是全球重要的制造业基地，拥有全部31个制造业大类，2024年全省规模以上工业企业实现营业收入19.4万亿元，占全国总量的近1/7，电子信息、汽车、电气机械等15个行业规模位居全国第一，已形成基础雄厚、门类齐全、配套完善的工业体系。然而，随着全球产业链供应链加速重构，贸易保护主义抬头，广东产业发展面临着外部市场不确定性增加、关键核心技术“卡脖子”等严峻挑战，加快产业转型升级迫在眉睫。

产业体系是由相互联系的各个产业构成的有机整体。产业体系内横向或纵向关联越密切，就越能产生“1+1>2”的网络效应，其功能相应就越大，韧性就越强，效率就越高。现代化产业体系是指顺应当前科技革命、消费结构和国际格局变化新趋势，以科技创新为牵引，以实体经济为支撑，以现代金融为保障，以人力资源为基础，新质生产力持续替代传统生产力的产业体系。具有国际竞争力的现代化产业体系是指，与其他国家或地区相比，这个国家或地区的产业体系具有更大的功能、更高的效率和更强的韧性，更能适应科技革命、消费结构和国际格局的变化。

结合时代要求、国家战略和地方特色，广东建设更具国际竞争力的现代化产业体系需要满足四个方面的基本要求：一是顺应科技革命浪潮，以创新驱动“三化”转型。智能化、绿色化、融合化是现代化产业体系的三个基本特征。要紧扣新一轮科技革命和产业变革机遇，将创新作为核心驱动力，聚焦人工智能、大数据等前沿技术突破，以培育新质生产力为关键抓手，推动制造业、服务业等各领域向智能化升级、绿色化转型、融合化发展，通过技术迭代重塑产业形态，提升全要素生产率。二是对接全球分工重构，强化产业体系“三性”根基。完整性、先进性、安全性是现代化产业体系的三个基本要求。要适应全球产业链供应链深度重构趋势，以产业基础高级化、产业链现代化为主线，靶向攻关核心零部件、关键基础材料等“卡脖子”环节，补齐产业链短板。同时，巩固优势产业集群的完整性，提升技术和产品的先进性，增强关键领域自主可控能力，筑牢产业体系的安全屏障。三是立足双循环节点优势，服务国家现代化产业体系建设。依托广东产业体系高度国际化的独特优势，深度融入全球市场，既鼓励企业“走出去”参与全球竞争，又积极“引进来”集聚高端要素，强化作为国内大循环重要支点和国内国际双循环战略链接的功能，高效统筹利用国内国际两个市场、两种资源，提升在全球价值链中的位势。四是深化区域协同融合，构建大湾区产业创新生态系统。积极联动港澳地区，以粤港澳大湾区为核心载体，打破地域壁垒和体制限制，推动珠三角与粤东粤西粤北产业协同，促进创新资源、产业链环节、要素市场跨区域流动，构建“基础研究+技术攻关+成果转化+科技金融+人才支撑”的区域产业创新生态，通过一体化布局实现区域产业优势互补、融合发展，彰显现代化产业体系的地方协同特色。

结合地方特色，广东建设更具国际竞争力的现代化产业体系的主要特征可以概括为“三化三性两特色”。

“三化”是指智能化、绿色化、融合化。第一，智能化是广东现代化产业体系的基本趋势。要支持制造业人工智能链式改造，鼓励人工智能企业开发更多面向制造业的多任务智能体。开放先进技术和应用场景，“大手拉小手”带动中小企业发展。同时，培养“懂行业、懂制造、懂数字化”的复合型人才，提升产业生产效率与智能化水平。第二，绿色化是广东现代化产业体系的鲜明底色。要支持企业应用先进生产工艺和设备，在降碳减污中实现扩绿增长，形成政府引导、市场发力、企业主动的绿色转型新格局。第三，融合化是广东现代化产业体系的牵引力量。针对广东产业门类齐全、产业配套能力完善的特质，推动制造业与服务业融合、数字经济与实体经济融合，以龙头企业为牵引深化链条融合，鼓励一二三产业跨界融合，实现产业体系整体效能提升。

“三性”是指完整性、先进性、安全性。第一，产业体系的“完整性”是广东推进新型工业化的必然趋势。作为区域现代化产业体系，其完整性不仅是指产业门类要相对齐全，更强调重点产业内部即产业链层面的相对完整性，尤其要补齐广东关键中间品和核心部件的配套短板以及促进生产性服务业扩容提质。第二，产业体系的“先进性”是广东增强产业国际竞争力的迫切要求。要加快基础研究投入，强化原始创新能力，瞄准共性技术“爆破点”。依托广深科技创新走廊组建产学研联合体，攻关新材料、工业软件等“卡脖子”技术。同时，鼓励企业加强品牌建设，推动传统产业通过技术突破向产业链高端攀升，实现“价值跃迁”。第三，产业体系的“安全性”是广东应对全球产业链重构的现实需要。产业体系没有绝对安全，只有相对安全。要加大对关键核心技术的研发投入，减少对国外技术的依赖，通过在部分关键产品和核心技术层面建立非对称战略优势，来追求产业体系的自主可控和安全稳定。

“两特色”是指规模化、国际化。第一，规模化是广东建设现代化产业体系的厚重家底。大规模参与国际分工带来的低成本优势在一定时期内仍是广东制造的主要优势。在保持制造业比重基本稳定的基础上，以电子信息、智能装备等优势制造业为核心，推动产业集群横向扩容与纵向深耕，强化产业链上下游协同。支持龙头企业引领中小企业形成规模效应，利用产业园区集聚降低综合成本，将规模优势转化为技术迭代速度与市场议价能力的提升。第二，国际化是广东建设现代化产业体系的显著特色。要以品牌全球化为核心，推动家电、电子等优势产业从“产品出海”向“品牌出海”升级，通过海外展会、本土化营销强化品牌认知。企业要依托“一带一路”节点布局海外生产基地，结合当地资源禀赋实现研发、制造、销售本地化，同时通过参股、并购全球优质企业整合技术与渠道，逐步构建自主可控的全球价值链，提升产业链在全球分工体系中的主导权。

从现代化产业体系的建设内容来看，广东应构建“领头雁型”现代化产业体系，需以“四梁八柱”为框架，强化工业、农业、服务业与基础设施的结构性关联、融合性互动，形成以创新为内核、“主干+两翼+底座+尾翼”协同支撑的整体架构。一是要发挥科技创新作为“雁头”的引擎带动作用。通过科技创新突破引领新质生产力培育，推动科技创新与产业创新深度融合，既为传统产业升级注入“智改数转”动力，也为战略性新兴产业和未来产业开辟赛道，更通过技术溢出效应带动农业、服务业、基础设施向现代化跃迁。二是要把现代化工业作为现代化产业体系的“主干”与“两翼”。以战略性支柱产业为“主干”，巩固电子信息、汽车制造、智能家电等万亿级产业集群优势，通过技术改造推动传统产业高端化、智能化升级，筑牢产业根基；以战略性新兴产业和未来产业为“两翼”，聚焦新能源、生物医药、低空经济、量子科技等领域，加大研发投入和场景培育，形成新的增长引擎。工业内部通过“主干”为“两翼”提供产业链配套支撑，“两翼”反哺“主干”实现技术迭代，形成动态升级的工业生态。三是要通过现代化服务业筑牢“底座”实现协同赋能。以生产性服务业为核心“底座”，强化研发设计、现代物流、金融科技、工业互联网等对工业、农业的全链条服务，提升产业协同效率；生活性服务业聚焦品质升级，满足城乡居民需求，反哺消费对产业的拉动作用。服务业通过“黏合剂”作用，促进工农业要素流动、技术共享和市场联通，实现“产业服务化、服务产业化”。四是要通过现代化农业夯实基础与延伸价值。以科技赋能农业现代化，发展智慧农业、设施农业，稳定粮食和重要农产品供给，同时推动农业与加工、文旅、电商等产业融合，延伸产业链价值链。农业既为工业提供绿色原料，又通过消费需求牵引服务业升级，成为产业体系的基础支撑。五是要通过现代化基础设施强化“尾翼”支撑保障。构建“硬基建+软基建”双轮驱动的基础设施体系：硬基建聚焦新型基础设施（如5G、数据中心、智能交通）与传统基建升级，打通产业跨区域联通的物理通道；软基建侧重标准体系、要素市场、营商环境等制度建设，降低产业协同成本。基础设施作为“尾翼”，既为工农业、服务业提供空间和技术支撑，又通过互联互通放大“主干+两翼+底座”的协同效应。

当前及今后一个时期，广东将处于建设更具国际竞争力的现代化产业体系的关键时期。“建设广东现代化产业体系研究丛书”立足新时代广东聚力推动高质量发展的背景，聚焦广东现代化产业体系建设主题，融产业理论研究、政策分析与实地调研于一体。丛书运用理论分析、调研数据论证、比较研究及案例剖析等社会科学方法，系统梳理广东产业体系的产业链基础、发展现状、演化脉络与核心特征，明确其发展方向，并从中观与微观层面深入探讨七大关键产业的建设现状、市场规模、主体构成、实现条件及实施路径。同时，丛书凝练国内外产业发展经验，力求全面且有重点地呈现广东现代化产业体系建设的最新研究成果，针对“卡脖子”难题提出可行对策，为地方政府经济部门落实高质量发展目标、制定产业政策，以及企业投资决策提供实践指引。

本丛书以“广东现代化产业体系建设”为战略主线，围绕现代化产业体系的“四梁八柱”，形成现代服务业、战略性新兴产业、传统优势产业、现代农业、数字经济、产业链韧性、现代化基础设施等七大专题研究板块。各分册在内容上既各有侧重，又相互呼应，共同构建起从产业链、创新链到服务链、要素链的系统化研究框架。丛书整体架构力求理论研究与政策分析相结合、宏观战略与微观案例相统一，为广东建设更具国际竞争力的现代化产业体系提供系统化研究成果与实践指引。各分册主题和内容安排大体如下：

第一册《优质高效服务：构建现代服务业新体系》由暨南大学副校长顾乃华研究员主编。本册聚焦现代服务业的高质量发展路径，结合生产性服务业、消费性服务业与公共服务业发展实际，系统分析现代服务业对制造业转型的赋能机制与国际竞争力提升策略，提出服务型经济的结构优化和质量提升方案。

第二册《新增长极：推进战略性新兴产业融合集群发展》由暨南大学产业经济研究院院长陶锋研究员主编。本册聚焦战略性新兴产业融合集群发展，通过整体评估广东战略性新兴产业融合集群发展现状与问题，深入探究了制度创新、生态构建、韧性提升和创新环境优化等多维因素如何驱动融合集群演进，并通过对广东新能源汽车、人工智能、生物医药三大战略性新兴产业集群的深度案例剖析，为广东锻造新质生产力增长极提供实施路径与战略样本。

第三册《经济新生态：培育数字产业融合与集群发展》由暨南大学产业经济研究院副院长李杰研究员主编。本册聚焦数字技术驱动的新型产业生态，探讨电子信息制造、工业机器人、数字创意产业等数字经济核心领域的产业融合路径，提出数字赋能实体经济的政策建议与实践案例，描绘广东数字经济发展蓝图。

第四册《稳链：打造安全发展的产业链》由暨南大学产业经济研究院余壮雄研究员主编。本册聚焦产业链安全与自主可控发展战略，探讨全球产业链重构背景下广东关键领域“补链、延链、强链”策略，提出产业链韧性建设、供应链多元化布局和风险防控体系的优化路径，全面提升广东产业链体系的稳定性与运行效率。

第五册《创新突围：推动传统产业转型升级》由暨南大学经济学院杨亚平教授主编。本册围绕传统制造业的转型升级与创新突破，深入剖析在新一轮科技革命和产业变革背景下广东家电、纺织服装、食品饮料、建筑材料等重点产业面临的结构性挑战，提出数字化转型、绿色化改造、智能化提升、跨界融合等系统解决方案，推动广东传统产业迈向高端化、智能化、绿色化和融合化。

第六册《乡村振兴：加快农业现代化》由暨南大学产业经济研究院燕志雄副研究员主编。本册聚焦国家乡村振兴战略，详细剖析了全球农业发达国家的农业发展模式以及中国代表性地区的农业现代化发展概况。深入探究了技术创新、模式创新、渠道创新和产业链组织创新等因素如何推动农业现代化进程，并进一步解析了广东种业、渔业等产业案例的现代化实践，为广东农业高质量发展和乡村振兴提供可复制的经验与案例参考。

第七册《硬核力：建设现代化基础设施》由暨南大学产业经济研究院潘珊副研究员和张红副研究员主编。本册聚焦现代基础设施的硬核支撑作用，系统梳理了广东传统基础设施、信息基础设施、创新基础设施和融合基础设施的发展和趋势，提出进一步推动现代化基础设施同信息技术深度融合的发展路径，在融合创新中加快形成新质生产力，全面提升广东现代化产业体系的承载力与发展韧性。

本丛书的研究团队主要来自暨南大学产业经济研究院，同时整合学校经管学科优势力量。始有暨南，便有商科。根据2023软科世界一流学科排名，暨南大学经济学科中国内地排名并列第12；2023ESI全球排名，暨南大学经济学与商学稳居前1%。产业经济研究院是暨南大学国家重点学科“产业经济学”的所在单位，拥有华南地区最早的博士点，建有华南地区第一个应用经济学博士后流动站。学院秉承“顶天立地”的学术传统，坚持“学科交叉研究、产业精英培养、新型智库建设”三位一体，致力成为全国产业经济领域领先的学术单位和卓越智库。近年来，全职教师获批国家自然科学基金重点项目、教育部重大攻关项目、国家社会科学基金重大项目和重点项目等国家级项目，在国内外重要期刊发表了一批有影响力的研究成果。同时，学院积极对接国家重大战略，深度服务于粤港澳大湾区产业转型升级，在产业竞争力、产业发展规划、产业政策与企业发展战略等领域承担各类横向课题200多项。研究成果成为地方政府决策的重要依据，或被以政府文件形式发布。学院现已形成“科研课题、政策辅导、项目把关、干部培训”四位一体决策咨询服务体系，深度嵌入政府部门决策过程，在广东省及主要地市历次产业发展战略转换和产业转型升级中，发挥着不可或缺的政府政策辅导和决策顾问作用。

本丛书的顺利出版，离不开广东经济出版社的鼎力支持与精心组织。作为国内具有重要影响力的专业出版机构，广东经济出版社始终坚持“立足学术前沿、服务经济社会发展”的出版理念，在选题策划、内容统筹、质量把控等方面展现出卓越的专业能力与独到的战略眼光。在丛书的策划与出版过程中，出版社秉承严谨务实的学术态度与高水准的专业精神，从框架设计、内容整合、审稿论证到版式编排、封面设计等每一个细节，都给予了我们极具建设性的意见和全方位的支持。特别要感谢出版社编辑团队，他们以丰富的出版经验、深厚的专业素养和高效的工作作风，全程投入丛书的编辑加工之中。无论是在文本精修、逻辑校对，还是在版式细节、整体美学呈现方面，编辑团队都倾注了大量心血和智慧，对书稿进行了耐心、细致而精准的打磨与校订，确保了丛书的学术深度、政策价值和出版品质达到最佳状态。正是由于广东经济出版社的高度重视与倾力协作，才使得“建设广东现代化产业体系研究丛书”能够以更加完整、成熟与高质量的面貌呈现在广大读者和研究者面前。

由于研究时间和精力有限，本丛书仍难免存在不足与疏漏。我们深知，广东现代化产业体系建设是一个持续演进、动态优化的复杂过程，政策导向、技术变革与全球竞争格局的不断变化，都可能带来新的研究视角和问题挑战。因此，本丛书的成果更应被视为一次阶段性的探索与学术积累。编者期望，通过本丛书能够为相关研究与实践提供有益的参考与启发，推动更多深入的思考与探讨。恳请读者批评指正，以便我们在后续研究与修订中不断完善！

胡　军
暨南大学

preface

序

党的二十大报告中指出要“着力提升产业链供应链韧性和安全水平”。产业链韧性和安全水平反映了一国经济抵御风险的能力，对当前现代化经济体系运行具有重要影响。党的十八大以来，习近平总书记曾多次对产业链安全稳定方面作出重要指示，强调“要把增强产业链韧性和竞争力放在更加重要的位置，着力构建自主可控、安全高效的产业链供应链”，确保粮食、能源资源、重要产业链供应链安全是维护经济安全的重要内容。习近平总书记关于产业链安全稳定发展的相关论述是习近平经济思想的重要内容，为我国构建自主可控、安全高效的产业链指明了方向。打造安全稳定发展的产业链并不是另起炉灶，完全否定已有现状，而是在已有的基础之上，进一步优化升级，摒弃威胁产业链安全发展的不利因素，加强巩固有利因素的同时聚焦实践中发现的问题和现实的需求，创造新的机遇，加快和夯实产业链安全发展进程。提升产业链韧性和安全水平是一个系统工程，我们要认真贯彻落实党中央决策部署，把维护国家安全贯穿经济社会发展各方面全过程，切实保障产业链安全稳定。当前形势下，经济全球化遭遇逆流，全球产业链加速重构并呈现本地化、多元化、区域化发展趋势，各国产业链运行面临新的挑战，维护产业链安全稳定的重要性明显上升，要抓住时代发展特征，把握全球产业链变化调整的新机遇，打通产业链安全发展中的堵点卡点，实现产业链安全稳定发展。

2023年《中共广东省委 广东省人民政府关于高质量建设制造强省的意见》中明确指出，要提升产业链供应链韧性和安全水平，建设具有国际竞争力的现代化产业体系。为此，广东省需要在贯彻党的二十大精神的基础上，全面实施产业基础再造工程，开展“百链韧性提升”专项行动，突破重点产业链的核心、前沿且具有颠覆性的技术，建立健全能源和原材料保供稳价长效机制，加强紧缺部件和物料战略储备，建立产业链韧性评估、攻关管理、风险监测和应急处突的闭环工作机制等决策，在推动广东省高质量建设强省的基础上，保证产业链的安全稳定发展。

提升产业链韧性和安全水平是一个系统工程，本书从谋篇布局上将打造广东省安全产业链研究分为理论篇、总体篇、产业篇三篇，每篇各有侧重点。一是理论篇，主要阐述了产业链的基本理论、产业链的发展机制和意义，以及产业链稳定安全发展的内涵及其重要性。二是总体篇，共分为四章，首先从广东省产业链的发展现状、基础设施、资源条件、政策环境以及发展对策视角，阐述了广东省产业链发展概况与基础，之后通过分析广东省产业链国内和国际合作，考察其产业链对外发展的机遇和挑战，最后分析广东省对于产业链安全发展的政策支持和监督，并系统梳理了广东省产业链安全稳定发展的政策思路，以及财政支持、金融支持、监管机制和法律框架对于产业链安全发展的重要作用。三是产业篇，共分为三章，围绕传统产业、新兴产业和未来产业三大领域，通过对其中重点产业的现状、产业链结构与优劣势以及未来趋势的分析与展望，系统总结出广东省传统产业、新兴产业和未来产业三大领域产业链安全发展的主要挑战和机遇，并进一步提出如何提高其产业链韧性与安全性，为广东省产业链安全发展提供新思考与新路径。

contents
目录

[理论篇]

[总体篇]

理论篇

第一章
产业链及其安全发展概述[①]

为了引发读者对产业链稳定安全发展问题的深度思考与关注，本章首先深入解析了产业链的基本理论，帮助读者对产业链形成初步的了解。随后，进一步阐明了产业链发展的经济内涵，凸显其在现代经济中的重要战略意义，强调产业链建设的重要性。最后，探讨了产业链稳定安全发展的内涵及其重要性，分析当前我国产业链安全所面临的挑战与风险，梳理稳链的目标。

第一节　产业链的概念

为了更好地把握产业链的本质和运行机制，下文全面探讨了产业链的基础理论体系。首先介绍了产业链的理论起源，明确了其定义与构成，并深入分析了产业链的形成与发展过程。其次，聚焦产业链中的关键环节和主要参与者，揭示其在产业链中的重要地位和作用。最后，通过对产业链类型的划分，展示了产业链的多样性和复杂性。

一、产业链的理论起源

产业链的概念可追溯至18世纪西方经济学先驱亚当·斯密（Adam Smith）关于劳动分工的精辟阐述，其标志性的“制针工厂”案例深刻揭示了产业链运作的精髓。亚当·斯密在其著作《国富论》中论述道：“制造一

① 本章第一执笔人为暨南大学产业经济研究院岑欣怡。

件完整商品所需的全部劳动，往往分散在众多工人之手。”这一传统视角下的产业链，其范畴囿于企业内部流程，侧重于企业自有资源的优化配置与利用，仅把产业链视为单一的产品链。随着社会劳动分工的发展和演进，阿尔弗雷德·马歇尔（Alfred Marshall）的理论贡献在于将分工的概念边界拓宽至企业间的层面，着重强调了企业间分工合作的重要性，这一洞见被视为产业链理论的真正起源。1958年，阿尔伯特·赫希曼（Albert Hirschman）于其著作《经济发展战略》中，从产业间前后关联性的视角出发，系统阐述了产业链这一概念，为产业链理论的研究提供了新的见解。上述这些理论主要聚焦于从宏观层面探讨劳动分工和专业化对经济发展的意义。

在微观层面，1985年，美国学者迈克尔·波特（Michael Porter）在其著作《竞争优势》中引入了“价值链”的概念。他用“价值链”作为企业战略分析的一个重要工具，指出企业从事产品设计、制造、营销、配送及辅助支持的一系列活动集合都可以用一个价值链表示出来。产业链与价值链在本质上有着密切的联系，两者共同揭示了不同要素间基于特定属性的相互交织以及经营链条间相互依赖的复杂网络。实际上，价值链理论从微观视角和价值创造的维度，深刻剖析了产业链内价值增量的源泉及其运作机理。供应链的概念源自价值链，兴起于20世纪80年代末期，它作为一种新的企业组织形态和运营模式，着重于从微观层面探索企业间协作关系的本质，强调了企业间在价值实现过程中的紧密配合与相互依赖。1997年马歇尔·费希尔（Marshall Fisher）明确阐述：“供应链系由原材料供应商、制造商、分销商、零售商直至最终顾客等多元主体，通过联结上游与下游的伙伴组成的链状结构或网络结构。”产业链内部的核心在于企业间的紧密联系，这使得产业链与供应链高度相关。本质上，供应链理论是从微观视角及企业管理层面深入剖析，细致描绘产业链内企业间分工合作的具体模式与内涵，揭示它们协同促进产业链流畅运行与价值共创的机制。尽管价值链和供应链理论在当代的崛起与普及，在某种程度上使得产业链的研究显得较为边缘化，但是从产业链的实际演进历程来看，价值链与供应链的理论体系对产业链研究的深化起到了核心性的引领作用，它们为产业链领域的探索开辟了新视野，提供了至关重要的参考标杆，同时也奠定了进一步拓展和完善产业链理论体系的坚实理论基石。

尽管产业链的概念及其思想基础可追溯至西方古典经济学家的论述，且众多西方学者在微观层面对价值链和供应链进行了详尽的探讨和研究，但是，国外学者在中观层面对产业链的探讨却鲜有涉及。尽管我国在产业链理论探究方面的起步较为滞后，初期阶段主要聚焦于西方产业链理论专著的译介与研讨，然而，不容忽视的是，“产业链”这一概念在逐步发展的过程中，已深深烙印上了中国独特的经济学印记，从某种视角审视，它已成为一个蕴含中国智慧与经济特色的学术范畴。据肖小虹2012年在《产业链理论研究综述》[①]中考证：最早提出“产业链”一词的是我国学者姚齐源、宋伍生于1985年发表的《有计划商品经济的实现模式——区域市场》。自我国步入改革开放的深入阶段，即20世纪90年代初，产业链才开始真正引起学术界的关注，并随之迎来了更为详尽的剖析与探索。这一领域的学术探索，最初根植于农业产业链的土壤，随后逐渐扩展至更为广泛的行业领域，其中电信与电子产业尤为显著——成为当前产业链研究的重要阵地。姚齐源、宋伍生所界定的产业链概念，在历经时间的洗礼后，已与现今广泛应用的产业链概念产生了显著的差异。其原始的内涵经过不断地丰富和发展，已拓展至更为广阔、深入的领域，展现了产业链概念与时俱进的演变过程。

二、产业链的内涵

当前，“产业链”一词广泛存在于实际应用场景中，而在理论研究中，不同学者基于自己所研究的领域，提出的产业链内涵与定义也不同，学术界对“产业链”这一概念还没有一个统一的定义。从产业经济学的视角深入剖析，产业链可以界定为各个产业部门之间基于特定的技术经济关联性与空间时间布局逻辑客观形成的链状关联形态。这种关联形态并非简单的线性连接，而是错综复杂的网络，它体现了各环节之间、各企业之间、供给与需求

① 肖小虹. 产业链理论研究综述[J]. 科技创业月刊，2012（12）：74–75.

之间以及地理空间与布局之间的相互依存关系和逻辑关系。具体来说，产业链是指一国或地区基于资源禀赋、产业基础、技术水平、市场环境等条件，在一定时间和空间内形成的从上游到下游、从生产到消费的全过程链条。

从产业链的构成看，产业链是由上下游产业相关环节形成的由供需链、企业链、空间链和价值链四个维度有机综合对接的“链条”[①]。价值链，作为产业链的核心，是其他三个维度的最终实现形式，其关注的是产业内部各个环节如何创造价值以及这些价值如何被分配，价值的创造和分配直接影响着各环节的盈利能力和整个产业链的竞争力。企业链，是由企业生命体通过物质、资金、技术等流动和相互作用形成的企业链条，它从企业的角度出发，探讨企业间如何通过合作与竞争实现资源优化配置、技术方法创新、利益共享、风险共担，这为产业链的不断升级提供动力，从而共同推动产业的发展。供需链，是由物料获取并加工成中间件或成品，再将成品送到顾客手中的一些企业和部门构成的网络，反映的是产品和服务在供给与需求之间的动态平衡，这种根据市场变化进行的供需调整不仅保证了市场的稳定运行，也为产业链中的各环节提供了发展的机遇。空间链，是指同一种产业链条在不同地区间的分布，它从地理空间的角度出发，揭示产业活动在地理空间上的分布和联系。随着全球化的发展，各个国家或地区的产业链相互交织形成了错综复杂的全球生产网络，这不仅影响着产业链的效率和成本，也对各地的经济发展和产业布局产生着深远的影响。

在产业链的构成中，价值链发挥着主导作用，企业链作为载体，通过其在空间上的合理分布，实现供需链的紧密连接和价值链的持续增值。如图1–1所示，四面体ABCD的四个面分别表示产业链中的四个维度。其中，底面BCD表示价值链，其余三个面ACD、ABC、ABD分别表示企业链、供需链和空间链。可见，产业链构成的四个维度不是孤立存在的，而是相互依托、彼此对接的整体，价值链、企业链、供需链和空间链这四个维度在产业链的宏观、中观和微观层面中相互交织、相互对接，形成了“四维对接机制”（见表

① 吴金明，邵昶.产业链形成机制研究：“4+4+4”模型[J].中国工业经济，2006（4）：36–43.

1-1）。对接的内容不仅影响着产业链的当前运行效率，更决定了产业链未来的延伸与扩展潜力。具体来说，对接内容的丰富程度与产业链的长度成正比，即对接内容越广泛、越深入，产业链就越能够不断扩展，形成更为庞大、复杂的网络结构。

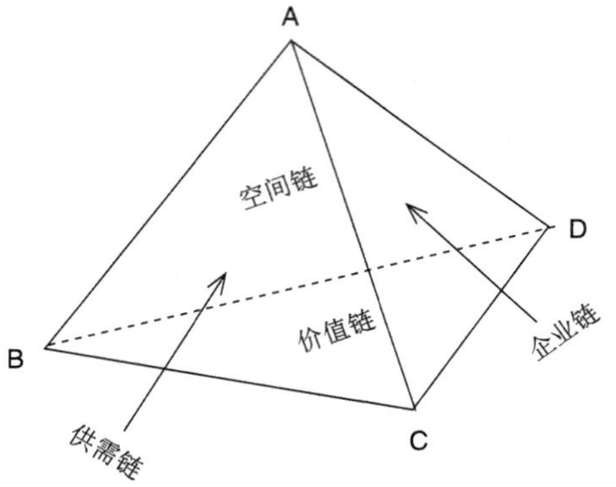

图1-1　产业链的概念图

表1-1　产业链形成的“四维对接机制”

对接层次		对接内容	对接具体内容	对接核心
第一层次（宏观）	对接的导向：价值链和其他三个维度的对接	价值链和企业链		
		价值链和供需链		产业分布
		价值链和空间链		
第二层次（中观）	对接的主体部分：企业链和供需链、空间链的对接	企业链和供需链	企业链和需求链	产品
			企业链和技术链	技术标准
			企业链和供应链	生产要素
		企业链和空间链		配套半径
第三层次（微观）	对接的基础：各维度内部的对接	供需链中的对接		技术创新
		企业链中的对接	需求链和技术链	分工和交易、市场竞争结构
		空间链中的对接		区域经济

产业链形成的核心机理起始于供需链体系内需求链与技术链的精准对

接，这一过程触发了企业链——作为产业链的载体——的有效联结，进而在空间维度上形成特定的布局结构。产业链内企业链的地域多样性与形态差异性导致的价值创造差异，直接塑造了产业链组织形式的多样性、空间布局的独特性以及供需流动的差异性。这些特性强化了企业链之间的竞合态势，驱动着产业链的持续动态演化。直至在“四维对接机制”作用下，产业链上的参与者能够实现资源共享、风险共担、利益共赢，产业链内部达到一种动态平衡与稳定状态，标志着产业链的最终形成。在此动态发展的流程里，企业链通过空间分布实现与供需链的对接，这为产业链安全稳定的运行提供了保障，增强了产业链的抗风险能力；此外，完善的企业链通过技术创新、合作与竞争为价值链升级提供了原动力，价值链与产业链均依赖稳固的供需网络以支撑其运作，巨大的市场需求促使企业链提升创新能力，加快产品迭代升级，这也是价值链完善优化的过程。在产业链持续发展的过程中，“四维对接机制”就像一只“无形之手”，调控着产业链的形成和发展。在“四维对接机制”作用下，任何一个维度的变化，都会对其他维度产生影响，进而影响到整个产业链的稳定和发展，推动着产业的升级和变革。

三、产业链的各个环节

产业链涵盖了从原材料采购、生产加工到最终产品销售及物流配送的全过程。原材料采购为生产加工提供基础，确保产品质量；生产加工将原材料转化为满足市场需求的产品；产品销售则是将产品推向市场，实现价值转化；而物流配送则保障产品从生产地至消费者手中的安全、高效传递。产业链的各环节紧密相连、协同作用，形成完整的产业链闭环，实现资源的最优配置和价值的最大化，共同构成了企业稳定发展的基石。

（一）原材料采购环节

在产业链中，原材料采购犹如心脏，为生产体系输送生命力。它关乎企业成本控制、产品质量及市场竞争力。优质供应商是企业可靠的合作伙伴，需从产品质量、成本效益、交货准时性等多个维度进行评估和选择。选择合适的供应商后需对其提供的原材料进行严格的质量检验，确保原材料符合生产要求。建立良好合作关系是保障采购环节顺畅进行的重要手段。企业需与供应商保持沟通交流，及时了解其生产状况和供货能力。在合同中明确权利和义务，解决潜在争议。原材料采购每个环节都蕴含着丰富的知识和技巧。在这个过程中，企业不仅需要具备敏锐的市场洞察力和严谨的成本控制能力，还需要拥有丰富的供应商资源和强大的质量检验能力，唯有这样的企业，才能在激烈的市场竞争中立于不败之地，实现持续稳定的发展。

（二）生产加工环节

在生产加工领域，包括生产工艺设计、生产设备选型和生产过程控制在内的每个生产环节都至关重要，它们共同确保着最终产品的品质与生产效率。工艺设计需考虑产品需求、原材料利用率、能源消耗和环境影响。设备选型需根据生产需求和工艺流程，进行全面评估和对比，选择最适合自己的生产设备。过程控制则需严格监控和管理生产环节，及时发现并解决潜在问题，确保产品质量稳定和生产安全。

随着科技的不断发展和市场竞争的日益激烈，生产加工领域也面临着许多新的挑战和机遇。例如，智能制造、工业互联网等新技术的应用，正在改变着传统的生产加工模式；消费者对产品品质、环保、健康等方面的要求也在不断提高。面对这些挑战和机遇，企业必须全面优化自己的生产加工流程，注重每一个细节的管理和控制；必须保持敏锐的市场洞察力，紧跟时代步伐，不断创新和升级自己的生产加工能力，只有这样才能够不断提高生产效率和产品质量，满足市场需求的变化和消费者的期待。

（三）产品销售环节

在产品销售的全过程中，市场调研、销售渠道建设和售后服务管理构成产品销售体系的三大核心支柱。在市场调研方面，企业深入市场走访调查，洞察用户需求，为企业指明方向；在销售渠道建设方面，企业需根据自身特点和市场需求，精心设计和布局，确保产品最大化覆盖和高效流通；在售后服务管理方面，企业需提供全方位、及时、专业的服务，赢得客户的信任和口碑。三者相互依存，相互促进，形成稳固高效的销售体系。市场调研为销售渠道建设提供精准指导，销售渠道为售后服务管理奠定基础，而良好的售后服务又进一步促进市场调研的深入和销售渠道的拓展，形成良性发展的闭环。

随着市场环境的不断变化和消费者需求的日益升级，这三大支柱也需要不断地调整和优化。市场调研需要更加深入和细致，以捕捉更多的市场机会和消费者需求；销售渠道建设需要更加多元化和更具创新性，以适应新的销售渠道和消费者购买习惯；售后服务管理需要更加完善和高效，以提升客户满意度和忠诚度。

（四）物流配送环节

物流配送，作为商业运营的关键环节，涵盖了产品从生产地到消费者手中的整个运输、仓储和配送流程。在运输环节，企业需综合考虑产品特性、数量、交货期限等因素，选择最合适的物流方式。无论是陆运、海运还是空运，均需确保运输效率和成本效益的平衡，同时保障产品在途中的安全与稳定。仓储环节则是物流配送的重要节点，需通过科学合理的仓储管理，最大限度利用空间，确保产品质量与安全。通过分类存放、保护措施以及先进的信息技术应用，全面提升仓储效率和准确性。配送环节直接关联客户满意度和企业形象，合理的配送计划、便捷的配送路线、高效的车辆调度和专业的配送人员，都是确保产品准时送达客户手中的关键因素。物流配送的每个环节均需要精密规划与执行，以确保产品安全、准时地送达目的地。

随着科技的不断发展和创新，物流配送环节也正经历着前所未有的变革。无人驾驶车辆、无人机配送等先进技术的应用，正在逐步改变传统的物流配送模式，使其变得更加高效、智能和环保。这些技术的应用不仅能降低物流配送过程中的人力成本和时间成本，更能提高配送的准确性和时效性，为消费者带来更加便捷和愉悦的购物体验。在现今日益复杂的商业环境中，物流配送作为产业链中的核心环节，其重要性愈发凸显。企业必须高度重视物流配送环节的建设和管理，通过选择合适的物流方式、建立科学合理的仓储管理体系以及制订高效精准的配送计划等手段，不断提升物流配送环节的效率和质量，为企业带来稳健和长远的发展。

产业链的各个环节流程如图1–2所示。

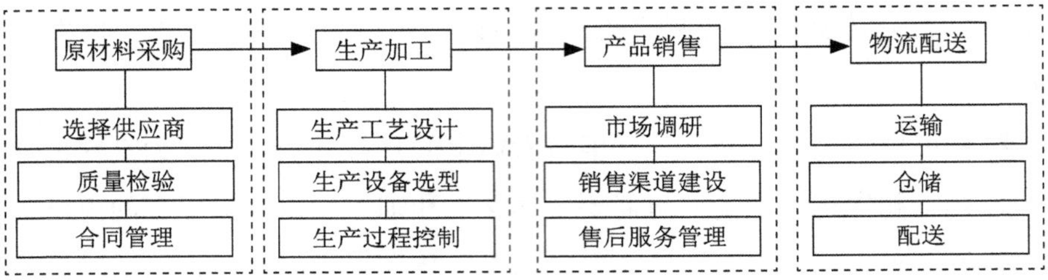

图1-2　产业链的各个环节流程图

四、产业链的参与者

在当今全球经济体系中，产业链作为连接生产与服务的关键纽带，涵盖了多个重要的参与者。其中，供应商提供原材料，生产商负责制造产品，销售商负责分销和推广，而消费者则是整个链条的最终受益者。这四者共同构成了一个相互依存、紧密合作的产业生态，各自发挥着不可或缺的作用。正是他们的共同努力，推动了产业的不断发展，为社会创造了巨大的价值。

（一）供应商

供应商是向生产商提供原材料、零部件或其他必要资源的组织或个人。这些资源可能包括原材料、零件、设备、技术或服务等。供应商在产业链中占据着举足轻重的地位，其供应的稳定性和所提供产品的质量直接关乎生产商的生产效率和最终产品的质量表现。为了确保产业链的顺畅运行，生产商与供应商之间需要建立紧密而稳定的合作关系，即所谓的供应链管理。通过建立长期稳定的战略伙伴关系，双方能够共同面对市场风险和挑战，实现信息共享、风险共担，并以此获得更高的生产效率、更低的生产成本以及更高质量的产品。

（二）生产商

生产商是负责将原材料和其他资源转化为最终产品或提供服务的组织或个人。他们的活动包括加工、制造、组装、测试等。生产商是产业链中的核心环节，他们负责将供应商提供的资源转化为产品或服务。生产商需要确保生产过程的高效率、高质量和低成本，以满足市场需求并保持竞争优势。

在生产过程中，生产商需借助先进的生产设备和技术手段，实现精准控制和高效运作，力求提升生产效率，减少浪费和降低成本。他们通过严格的质量管理体系，对每一个生产环节进行严格把控，确保产品达到甚至超越客户期望的质量标准。同时，生产商还致力于优化供应链管理，合理配置并优化原材料采购、存储和消耗等各个环节，力求实现整体成本的最小化。此外，为了在激烈的市场竞争中脱颖而出，生产商不断寻求创新和突破，包括引入先进的生产技术、研发新的产品类型以及提供定制化服务。他们通过持续改进和优化生产流程，不断提升自身的竞争力，努力为客户提供最大化的价值。

（三）销售商

销售商是负责将生产商制造的产品或提供的服务销售给消费者的组织或个人。他们可能是零售商、批发商、经销商或其他销售渠道的中介。销售商在产业链中扮演着连接生产商和消费者的桥梁角色。他们负责产品的推广、市场营销、销售渠道管理等工作，以确保产品能够被消费者接触并购买。

（四）消费者

消费者是实际购买并使用产品或服务的个人或组织，是产业链的直接受益者和决策者。消费者的需求和偏好直接驱动着产品的设计、生产和销售。消费者的反馈和行为对于市场需求的调整、产品改进和新产品开发都具有重要意义。他们通过购买决策直接影响销售商的销售策略，进而影响生产商的生产计划和产品调整。同时，消费者的反馈和期望也促使生产商与供应商紧密合作，优化原材料采购和产品质量，以满足消费者的多样化需求。消费者的选择和需求反向影响着产业链的每个参与者的决策，使产业链形成一个具有反馈机制的闭环，推动了整个产业链的持续改进和创新。

产业链参与者关系如图1–3所示。

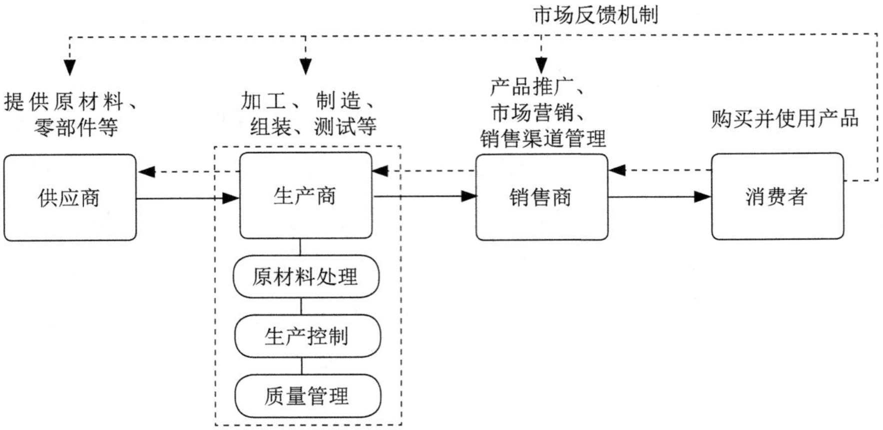

图1–3　产业链参与者关系

五、产业链的分类

根据不同的分类标准，产业链可以分为不同的类型。按产品的属性和特征，产业链可以分为资源型产业链、加工型产业链、创新型产业链等；按产业规模和集中度，产业链可以分为集中型产业链、分散型产业链和混合型产业链等；按产业关联程度，产业链可以分为紧密型产业链和松散型产业链等。各产业链分类及其特点和代表产业如表1–2所示。

表1–2　产业链的分类

分类标准	类型	特点	代表产业
按产品的属性和特征	资源型产业链	这种类型的产业链主要依赖于自然资源，它们的价值链主要集中在自然资源的开采、初加工和销售上	农业、林业、采矿业
	加工型产业链	这种类型的产业链通过一系列的加工和制造过程，将原材料转化为具有更高附加值的产品	纺织业、机械制造业、化工制造业
	创新型产业链	这种类型的产业链主要依赖于知识和创新，它们的价值链主要集中在研发、设计、品牌和市场开发上	信息技术产业、生物技术产业、新材料产业

续表

分类标准	类型	特点	代表产业
按产业规模和集中度	集中型产业链	在这种类型的产业链中，少数大型企业占据主导地位，控制着大部分的产能和市场份额。这种类型的产业链通常具有较高的集中度，但也可能面临垄断的问题	电子信息产业、生物医药产业、汽车产业
	分散型产业链	与集中型产业链相反，分散型产业链由众多小型企业组成，每个企业只占据很小一部分市场份额。这种类型的产业链通常具有较低的集中度，但企业之间的竞争较为激烈	石油化工产业、食品产业、纺织服装产业
	混合型产业链	这种类型的产业链同时具有集中型和分散型的特征，既有大型企业占据主导地位，也有众多小型企业参与竞争。这种类型的产业链通常具有一定的稳定性，但也可能面临大小企业间利益冲突的问题	现代轻工纺织产业、软件与信息服务产业、智能家电产业
按产业关联程度	紧密型产业链	在这种类型的产业链中，上下游企业之间的关联度非常高，企业间的合作非常紧密。这种类型的产业链通常具有较高的稳定性，但也可能面临风险集中和灵活性不足的问题	汽车产业、半导体产业、生物医药产业
	松散型产业链	与紧密型产业链相反，松散型产业链上下游企业之间的关联度较低，企业间的合作较为松散。这种类型的产业链通常具有较高的灵活性，但也可能面临稳定性不足和交易成本较高的问题	农产品产业、旅游产业、现代轻工纺织产业

第二节　产业链的发展机制

产业链的良性发展有助于实现资源的优化配置，提升产业的整体竞争力。通过构建完整的产业链，促进各环节协同发展，优化运行机制，能够确保产业的稳定、高效运行，为经济的持续增长和可持续发展提供有力支撑。下面将主要聚焦于产业链的构建与整合和产业链的运行机制两个方面，深入探讨产业链的发展机制。

一、产业链的构建与整合

产业链的建设，不仅涉及构建，确保产业环节的连贯性和完整性；还涵盖整合，通过优化资源配置促进各环节间的协同发展，从而推动产业整体竞争力的提升。这两方面的综合作用，对于建设完善的产业链体系至关重要。

产业链的构建涵盖了两个核心方面：接通与延伸。接通产业链指的是通过适当的产业合作模式，将地域内原本孤立或断裂的产业环节有效衔接，形成连贯的整体；而延伸产业链则是基于产业链的现有基础，向上游追溯至基础产业或技术源头，向下游延伸至市场拓展与消费环节，以实现产业链的深度与广度的双重拓展。这一过程不仅要求识别并修复产业链中的断点与孤环，还旨在通过创新与合作，催生出新的产业链环节，从而增强产业链的整体效能与价值创造能力。产业链的中断往往引发上下游供需失调，进而造成产业资源的非必要损耗。我国市场化改革进程中，产业结构调整成效未达预期，深层原因在于对产业间内在关联性的认知不足，导致调整策略停留于表面，未能深入剖析并利用产业链的内在结构及其运作机制。具体而言，产业链向上游延伸，意味着向基础产业或技术研发等深层次领域进发；而向下游拓展，则是触及市场销售等终端环节。产业链构建的终极目标是在推动产业链连接与拓展的过程中，一方面通过接合原有的断环与孤环来恢复产业链的完整性，促使整条产业链形成更强的协同效应，实现利益共享与风险共担；另一方面，催生出一系列新兴产业链环节，通过构建更为完整、复杂的产业链体系，进一步提升产业链的整体附加值，为产业发展注入新的活力与增长点。

产业链整合是指将上下游相关的企业、组织和机构整合成一个完整的产业链，以实现资源共享、互相依存、协同发展的经济发展模式。产业链整合并非采用单一的整合形式，而是需要结合多种形式，如垂直整合、横向整合、产业集群和品牌化整合等，来实现资源的优化配置和产业的升级发展。主要的四种整合形式内容如表1–3所示。

表1-3　产业链的整合形式

整合形式	主要内容
垂直整合	是指企业在产业链的不同环节中进行整合，以实现资源的优化配置和降低成本。垂直整合可以包括上游和下游的整合。上游垂直整合主要是指企业将原材料、零部件的供应链纳入自身控制之下，以确保原材料的质量和供应的稳定性。下游垂直整合主要是指企业将分销渠道、销售网络等环节纳入自身控制之下，以提高产品的市场占有率和销售效率
横向整合	是指企业在同一产业链环节中进行整合，以实现资源共享、技术创新和市场拓展。横向整合可以包括企业之间的合作、联盟和并购等形式。企业之间通过横向整合可以共享技术、设备和市场资源，提高产品的质量和竞争力
产业集群	是指在一定的地域范围内，由相关企业、组织和机构组成的产业群体。产业集群通过空间的邻近性，形成产业链的整合和协同效应。在产业集群中，各个企业可以通过资源、信息和经验的共享实现交流与合作，以实现规模效应的扩大和创新能力的提升
品牌化整合	是指通过品牌的建设和推广，将相关企业和产品整合成一个品牌集群，以提高产品的知名度和市场占有率。品牌化整合可以通过品牌联盟、品牌授权等形式实现。通过品牌化整合，相关企业可以共同分享品牌价值和市场资源，提高产品的附加值和竞争力

通过整合产业链，企业可以优化集中采购、生产和销售等环节，减少中间环节的成本和浪费，提高效率和经济效益。同时，产业链整合还能加强技术研发和创新能力，提高产品的差异化程度和竞争力，提高市场地位和扩大影响力。高效的产业链整合策略能够显著提升产业效率与竞争力，促进产业升级转型，强化产业链上下游的供应体系，进而驱动经济稳健增长和长期可持续发展。

二、产业链的运行机制

产业链的运行机制主要包括市场机制、政府调控机制和信息共享机制等。

市场机制是产业链运行的基础，主要通过供求关系来调节资源分配和价格形成。在市场经济中，企业根据市场需求和竞争状况来决定生产什么、生产多少以及如何生产。这种机制能够快速响应市场需求，提高资源利用效率，促进产业升级和优化。

政府调控机制通过政策措施对产业链进行引导和调控，以弥补市场机制的不足。政府可以通过产业政策、财税政策、金融政策等手段，对产业链的薄弱环节进行扶持，优化产业结构，推动产业升级和创新。政府调控机制在维护产业链安全、稳定产业链运行方面发挥着重要作用。

信息共享机制通过信息技术手段实现产业链各环节的信息互通和共享，提高产业链的透明度和协同效率。通过建立信息平台、数据共享中心等途径，企业可以及时获取市场需求、生产计划、物流配送等信息，优化生产流程，降低成本，提高竞争力。信息共享机制还能够加强企业间的合作与交流，促进产业集群的形成和发展。

总之，产业链的运行是一个复杂而精细的系统。市场机制、政府调控机制和信息共享机制共同作用，才能实现产业链的顺畅运行。

第三节　产业链的发展意义

在经济全球化和世界格局复杂多变的当下，产业链的建设与发展已经成为促进经济增长、推动产业转型升级、提升国家竞争力以及抵御外部风险的关键力量。

一、经济增长的重要驱动力

产业链发展对经济增长的促进作用是一个复杂而多元的过程。它不仅涉及生产效率的提高，更涉及资源的优化配置、技术的创新以及市场的拓展等多个方面。

首先，产业链作为现代经济的重要特征，其完整性及效率对经济增长起到关键作用。在过去几十年中，中国依靠完整的产业链迅速崛起，成为制造业大国。据统计，中国的制造业增加值已连续多年位居世界首位，其完善的产业链功不可没。以手机产业链为例，从零部件的生产到组装再到销售，中国的产业链确保了产品的快速、高效产出，使得中国成为全球手机的主要生产地。这不仅拉动了国内经济增长，同时也吸引了大量外资和技术流入，进一步加速了经济的多元化和高质量发展。再以中国的家电产业链为例，该产业链的完善对中国家电产业的崛起起到了决定性的作用。据统计，过去十年中，随着家电产业链的升级和完善，中国家电产品的产量和品质都有了极大的提升。这不仅使得中国成为了全球家电产品的主要生产国，也带动了包括原材料供应、物流、销售在内的全链条的发展，创造了大量的就业机会，为国家经济增长贡献了巨大的动力。

其次，产业链的优化是资源高效配置与经济可持续发展的坚实基石。一条完善的产业链能够更快地捕捉和响应市场的需求变化。在消费者需求日益多样化的今天，这一点显得尤为重要。通过对市场趋势的准确把握和快速响应，企业能够及时调整生产策略，推出符合市场需求的新产品或服务，从而在竞争中占据先机。这不仅能够提升企业的市场份额和盈利能力，还能够为产业的转型升级提供有力的支撑。此外，在产业链中，每个企业都根据自己的核心能力和比较优势，专注于自己擅长的领域。这种分工合作不仅提高了企业的生产效率，还避免了资源的浪费（如重复建设），促进了资源的集约使用。产业链上的企业通过资源共享、技术互鉴与信息流通，进一步提高了资源利用效率。更为深远的影响是，这样一条完整且高效的产业链，其运作逻辑可深植于可持续发展的理念之中。它倡导资源的精准匹配与高效利用，力求在满足市场多样化需求的同时，最大限度地减少资源消耗与环境污染，实现经济效益与环境保护的双赢。因此，产业链的发展不仅是提升经济竞争力的关键，更是推动经济社会可持续发展的重要路径。

最后，产业链的发展是技术创新与消费市场升级的强劲驱动力。随着产业链的不断延伸与整合，各环节间的紧密协作促进了技术的交叉融合与创新突破。企业在追求更高效、更环保的生产方式过程中，不断研发新技术、新工艺，这些技术创新成果又反哺产业链，推动其整体升级。同时，产业链的优化升级也深刻影响着消费市场，促使产品与服务向高端化、智能化、个性化方向发展。消费者对品质、体验、个性化的追求，成为消费市场升级的主要动力，而这种追求又进一步激发了产业链各环节的技术创新活力，形成了消费市场升级与技术创新的良性循环。因此，产业链的发展不仅是经济增长的引擎，更是推动技术创新与消费升级的关键力量。

二、推动产业结构优化和转型升级

产业链的发展是推动产业结构优化与转型升级的核心引擎。回顾中国产业链的发展历程，从改革开放初期的农业与轻工业为主导，到20世纪90年代制造业的崛起，再到近年来高技术制造业与服务业的蓬勃发展，每一次飞跃都伴随着产业链的深化与拓展。

随着中国融入全球化进程，产业链的国际化合作日益紧密，推动了制造业规模的迅速扩大和质量的显著提升。然而，面对国内外经济环境的变化，传统的产业链模式逐渐显现出其局限性。在此背景下，中国启动产业转型升级，旨在通过优化产业结构，提升产业链附加值，实现经济高质量发展。

产业链的发展为产业结构优化提供了有力支撑。一方面，高技术制造业、数字经济等新兴产业的发展，不仅带动了技术创新和产业升级，还促进了产业链的垂直整合与水平协同，形成了更加高效、灵活的产业生态。另一方面，传统产业的改造升级也是产业结构优化的重要一环。通过技术改造、设备更新和管理创新，传统产业焕发新生，其生产效率和产品竞争力得到提升。

展望未来，中国产业链将继续向高端化、智能化、绿色化方向发展，推动产业结构不断优化升级。在创新驱动发展战略的引领下，中国将加速培育战略性新兴产业，加强核心技术研发，提升产业链自主可控能力。同时，也将积极推动传统产业转型升级，促进现代服务业与先进制造业深度融合，构建现代化产业体系，为实现经济高质量发展奠定坚实基础。

三、提升国际竞争力和话语权

随着全球化进程的不断加速，国际竞争愈发激烈，产业链的地位愈发凸显。一个国家在全球产业链中的位置，往往决定了其在国际经济格局中的地位和影响力。通过完善产业链、提高产品质量、降低生产成本，国家能够在国际市场中获得更大的竞争优势。

一个国家在全球产业链中的地位是其国际竞争力的直接体现。产业链的完善程度和高端程度往往决定了产品的附加值和市场竞争力。例如，德国以其高端制造业和精密制造为主的产业链结构，确保了其在欧洲乃至全球的经济领先地位。德国的产业链不仅技术含量高、附加值大，而且具有很强的竞争优势。这也是德国能够在欧洲乃至全球的经济竞争中保持领先地位的重要原因之一。韩国则依靠其强大的半导体和电子产品产业链，快速跻身世界技术先进国家之列。这些国家的成功经验表明，拥有完善、高端的产业链是提升国际竞争力的关键。因此，中国也在不断努力完善其产业链，尤其是在高科技领域，以增强其国际竞争力。

在全球化的背景下，国际贸易是各国经济利益的重要来源。而拥有完整、健康的产业链，意味着一个国家能够更好地参与国际分工、拓展国际市场，从而在国际贸易中获得更大的话语权和利益分配权。这有助于维护国家的经济利益，减少外部压力和贸易摩擦，实现更公平、合理的国际贸易秩序。

四、保障国家经济安全的重要基石

在全球化日益加深的今天，产业链的战略价值愈发突出。产业链是保障国家经济安全的重要基石。在全球经济一体化的背景下，各种风险和挑战不断涌现，如贸易摩擦、技术封锁、自然灾害等。拥有完整、健康的产业链，意味着国家具有更强的经济韧性，能够有效应对外部环境变化或突发事件，保障经济的稳定发展。此外，在国际贸易和合作中，完整的产业链也能够帮助国家更好地维护自身利益。同时，完整的产业链也意味着在关键时刻，国家能够自给自足，保障经济的正常运转。例如，近年来中美贸易摩擦中，虽然美国试图通过加征关税等手段限制中国某些产业的发展，但中国依靠完整的产业链，有效地化解了外部压力，实现了经济的稳定增长。这充分证明了产业链在国家经济发展中的关键地位和作用。在新冠疫情期间，我国一些医疗器械和防护用品的生产企业迅速转产，满足了市场的巨大需求。这一现象的背后，是长期以来我国在医药产业链上所积累的优势和经验。这种快速反应的能力，不仅显示了我国产业链的韧性，更体现了其战略价值。

总的来说，完善的现代化产业链体系建设和产业链的安全稳定发展不仅关系到产业链的完整性和高效运转，更是国家经济持续健康发展的基石。在全球经济一体化的今天，产业链的任何环节出现问题都可能引发连锁反应，影响整个经济的稳定性。因此，确保产业链的安全稳定发展，对于防范经济风险、保障国家经济安全具有重要意义。同时，产业链的稳定发展也有助于提升国家在全球经济中的竞争力，为国家的长远发展奠定坚实基础。因此，我们必须高度重视产业链的安全稳定，采取有效措施加强产业链建设，确保其安全运转。

第四节　产业链的稳定安全发展

产业链的稳定安全发展是国家经济繁荣的基石。稳链，即保障产业链各环节紧密相连、协调运作，这对于提升产业竞争力、应对外部风险至关重要。然而，当前我国产业链安全面临诸多挑战，如关键环节依赖外部、创新能力不足等，这些问题亟待解决。本节旨在探讨稳链的内涵与重要性，并深入分析我国产业链安全面临的问题与风险，以期为我国产业链的稳定安全发展提供有益思考。

一、稳链的内涵与重要性

在当今全球化和高度互联的经济发展环境中，产业链的稳定和安全对于一个国家或地区的经济增长和社会繁荣具有至关重要的作用。稳链，作为产业链管理的核心理念，逐渐受到广泛的关注和重视。它不仅关系到企业的运营效率和成本效益，更直接影响到国家经济的稳健发展。下面将深入探讨稳链的内涵及其在产业链中的重要性。

（一）稳链的内涵

稳链是指在产业链中保持各环节的稳定、连贯和可靠，确保供应链在各种环境下的稳定安全运行。这包括但不限于供应商和生产商的稳定性、产品质量的可靠性、物流运输的高效性以及信息交流的畅通性。稳链不仅关注短期的效率和效益，更着眼于长期的可持续发展和战略合作。它强调产业链各环节间的协同与共赢，以应对外部环境的不确定性和风险。

（二）稳链的重要性

产业链稳定安全是构建新发展格局的关键力量。自我国实施改革开放政策以来，制造业领域实现了跨越式发展，构建起了一个规模宏大、结构完整且门类广泛的现代化产业体系，并在全球产业链与供应链网络中占据了重要地位。作为驱动技术、商品等各类市场要素高效循环的基石，保障产业链供应链稳定安全，一方面，有助于强化我国与世界各国的产业协同效应，确保全球产业链供应链网络的韧性与安全，畅通国际大循环；另一方面，有利于我国持续深化供给侧结构性改革，依托制造业大国优势，充分释放市场内需潜力，推动国内国际双循环相互促进的新发展格局加速形成。

从国内大循环视角看，产业链的稳定安全不仅仅是一个经济问题，更是一个关乎国家长远发展的战略问题。首先，在国家层面，稳定的产业链是实现高质量发展和经济持续增长的重要基础。在市场经济中，各产业部门之间的联系十分紧密，相互依存。产业链的稳定性意味着资源能够得到合理配置，生产能力可以得到有效利用，从而降低生产成本、提高生产效率，进而促进经济的繁荣和发展。现阶段，我国正经历生产函数数量与结构的深刻变革，经济发展的核心要素、组合形式及配置效率均处于动态优化之中，同时，资源环境等硬性限制因素也愈发显著。在此背景下，加强并稳固产业链供应链的韧性及安全防线，增强对断链、缺链风险的预防与应对能力，有助于推动要素资源实现由低技术含量、低价值环节向高技术含量、高价值环节的有序转移，从而达到优化资源配置效率的目的，进而夯实产业基础能力并全面提升产业链现代化水平。其次，在企业层面，稳定且高效的产业链能够为企业提供竞争优势。企业可以集中精力进行产品创新和提升服务质量，从而增强市场竞争力，取得更大的经济效益，而不是分散资源去处理供应链中的不稳定因素。稳链强调的是长期、稳定的合作关系，这种关系可以增强企业间的信任，促进资源共享和技术交流，从而推动整个产业链的技术进步和升级。最后，在社会层面，产业链的稳定直接关系到就业岗位的稳定和劳动者的生计。一个稳定且高效运转的产业链能够为社会创造更多的就业机会，从而缓解社会矛盾，维护社会稳定，促进社会和谐发展。可见，产业链安全稳定是国民经济循环的基石，保障产业链的安全稳定是中国必须做好的一篇大文章。

从国内国际双循环视角看，产业链稳定安全是应对国内外变局的必然要求。在全球经济一体化的背景下，外部冲击如贸易摩擦、自然灾害、公共卫生突发事件等都对产业链的安全性和稳定性造成严重威胁。一些国家为了维护自身利益，采取了贸易保护主义措施，导致国际产业链供应链出现断裂和梗阻，国际产业链供应链面临着前所未有的挑战。当前，我国经济发展面临的内外部环境正经历深刻复杂的变迁，产业链供应链的稳定性与安全性正经历着双重考验。一方面，新冠疫情的持续影响对经济社会结构造成了深远冲击，促使产业链供应链需具备更高的韧性与弹性，以应对不确定性；另一方面，逆全球化、冲突战争、贸易制裁等国际事件频发，给国际产业链供应链稳定安全带来了诸多未知变数，这就要求整个产业链体系必须具备快速适应外部环境变迁、精准决策及高效协同应对的能力。为应对上述挑战，实施稳健的产业链维护政策成为关键，要不断强化产业链的韧性，助力企业及国家有效抵御风险，减少潜在损失。显然，于全球政治经济局势动荡之际，此类稳链政策对于捍卫国家经济安全、维护社会稳定具有不可替代的关键作用。

二、我国产业链安全面临的问题与风险

在全球化背景下，我国产业链安全面临着诸多挑战与风险。从外部环境的不确定性，如国际贸易摩擦和技术封锁，到内部产业链结构的不完善，如关键环节依赖外部供应、创新能力不足等，都对我国产业链的稳定性和安全性构成了威胁。因此，应重视这些问题，并通过相应措施加强产业链建设与

管理，提升产业链的自主可控能力，确保我国经济的持续健康发展。下面将探讨当前我国产业链安全面临的问题与风险。

（一）基础产业的关键资源对外依存度高，影响着制造业全产业链的安全与竞争力

在我国，铁矿石、铝土矿及原油等关键资源的对外依存度高，这对我国制造业的全产业链安全与国际竞争力造成了不可忽视的影响。其中，铁矿石与铝土矿分别是钢铁与铝产业链的基石，而原油则被誉为工业的“血脉”，这些资源对于制造业的运作至关重要，特别是在铁制品、铝制品以及石油化工产品的生产中发挥着举足轻重的作用。

我国是全球最大的钢铁制造国，全球一半以上的钢铁产自我国。至2019年，我国超过89%的钢材由铁矿石炼制而成，这些钢材产品为建筑、机械、汽车、家电以及造船等多个产业链提供了重要的原材料支持。然而，全球优质铁矿石主要分布于澳大利亚、巴西和俄罗斯等国，我国铁矿石资源虽然储量较大但整体品位较低，我国钢铁用铁矿石主要依赖进口，2023年我国铁矿石进口量117906万吨（见图1–4），同比增长6.5%，对外依存度高达79.7%。我国是世界首个具有铝完整产业链的工业大国，除了上游铝土矿资源紧缺，其他环节的产能和产量都居世界首位。2023年，我国新增氧化铝产能380万吨，全部使用进口铝土矿生产，我国铝土矿进口需求持续增长，2023年我国铝土矿进口量再创历史新高，全年进口14138万吨（见图1–5），较上年增长12.7%，对外依存度高达60.7%。原油作为石油化工上游的关键原材料，其衍生的石油化工产品是纺织（含服装）、轻工、化工、建材等众多产业的基本原材料，其中化纤业几乎完全依赖于石油。2023年我国原油进口56399万吨（见图1–6），同比增长11.0%，对外依存度高达72.4%。值得注意的是，相关行业原料成本在生产成本中占据相当大的比重，例如，铁矿石在生铁成本中的占比超过60%，在普通钢铁成本中的占比也达到40%至55%；而铝土矿在氧化铝生产成本中的占比则在30%至40%之间；原油在每升汽油成本中的占比达到51.95%，原油提炼后的副产品成本更是占据塑料软包装总成本的80%。然而，我国铁矿石主要依赖澳大利亚和巴西进口，铝土矿则主要来源于几内

亚、澳大利亚和印度尼西亚，这种进口来源的高集中度也增加了风险。铝土矿受供需关系影响，价格持续上涨，原油受地缘政治局势的影响，价格波动较大，这也为我国的制造业带来了不确定性。

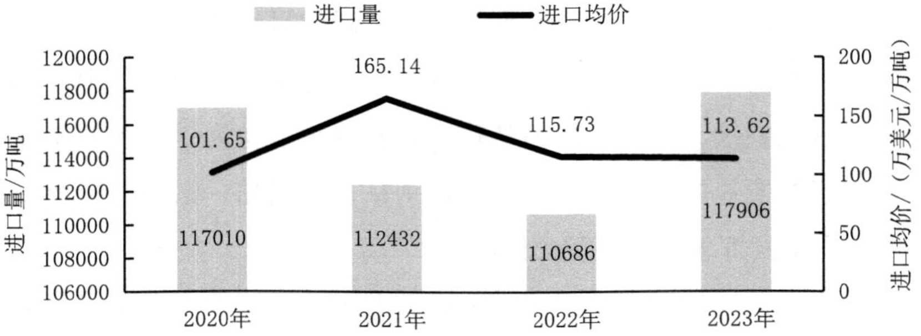

图1-4 我国铁矿石进口量及其进口均价

数据来源：海关总署。

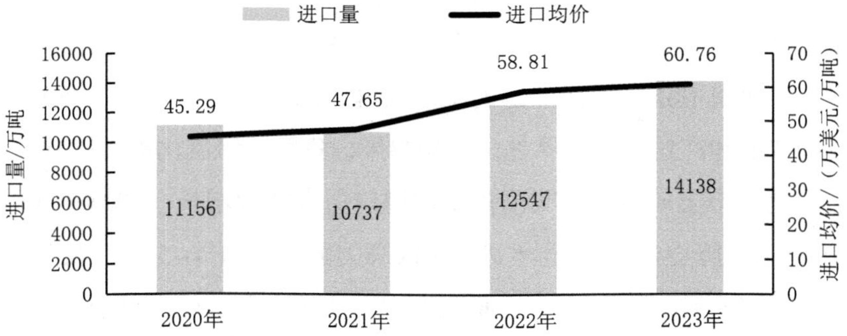

图1-5 我国铝土矿进口量及其进口均价

数据来源：海关总署。

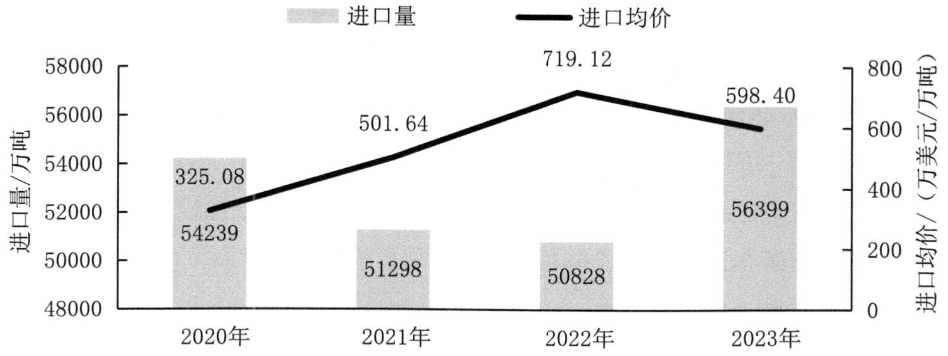

图1-6　我国原油进口量及其进口均价

数据来源：海关总署。

（二）核心材料、高端装备与关键技术短板显著，制约战略性新兴产业国际供应链安全与产业链发展速率

我国在核心材料、高端装备与关键技术方面存在短板，在部分高端产业的关键环节中，对外依存度依然偏高，特别是电子信息、医疗器械等战略性新兴产业在核心材料、高端装备及关键技术方面的国产替代率偏低，过度依赖美、日、德等国家的产品和供应链，这不仅影响战略性新兴产业国际供应链的安全，还在一定程度上拖慢了我国高端制造和智能制造的发展步伐。

以电子信息产业为例，我国电子信息产业相关产品在全球供应链中占据超过30%的比重，是我国参与全球产业链供应链体系程度最深、规模最大的产业之一，对推动我国制造业升级和消费升级起着关键作用。然而，国产芯片生产所需的核心零部件和高端装备仍主要依赖进口。近年来我国芯片自给率虽有所提升，但仍处于较低水平。硅晶圆作为芯片制造的基础材料，其成本占比高达37%，遗憾的是，全球近七成的硅晶圆产自日本，我国在这一领域仍有较大缺口。光刻胶作为另一关键材料，其成本占芯片制造总成本的12%，尽管2020年底我国光刻胶生产实现了从“0”到“1”的突破，但高端光刻胶市场仍被美、日两国主导，两国合计占据近90%的市场份额。此外，EDA设计软件市场也主要由美国厂商垄断，占据我国市场份额的绝大部分。

以医疗器械产业为例，我国医疗器械在全球产业链中的占比达到20%，高端产品占比更是达到25%，且这一比例仍在持续增长。然而，我国80%的高端医疗器械仍需依赖进口，尤其是高端医疗影像设备。美国通用电气、德国西门子和荷兰飞利浦占我国CT设备市场份额超过80%，占MRI设备市场份额超过85%，占血管造影机DSA设备市场份额超过90%，占超声影像设备市场份额超过70%，占核医学设备市场份额超过94%，仅数字X射线成像（DR）国产化率超过50%。值得注意的是，DR设备的核心元器件如X线球管、平板探测器（占生产成本的40%～60%）的国产质量与进口零部件相比仍有较大差距，因此这些核心元器件主要依赖进口，成为医疗器械国产化的一大痛点。

（三）全球贸易争端加剧与贸易保护主义抬头，我国优势产业的产业链供应链竞争力面临挑战

我国作为全球制造大国，拥有纺织服装、轻工业、电工器材以及电子元器件等众多优势出口产业，相关产品在全球出口市场的份额超过30%。然而，近年来，全球贸易争端与贸易保护主义浪潮不断升级，给我国优势产业的产业链供应链竞争力带来了严重威胁。

以美国和欧盟为代表的西方国家，频繁对我国商品发起反倾销调查，通过加征关税等手段削弱我国出口商品的成本优势。据统计，2009年1月至2024年6月，全球对我国发起的贸易救济案件中，反倾销高达993起，占比68.44%，其中美国、印度、欧盟、阿根廷和巴西等经济体是主要的发起者，涉及化学原料和制品工业、金属制品工业、钢铁工业等产业（见图1–7）。这种贸易制裁措施不仅影响了我国商品的出口规模，更削弱了我国在全球产业链中的竞争力。

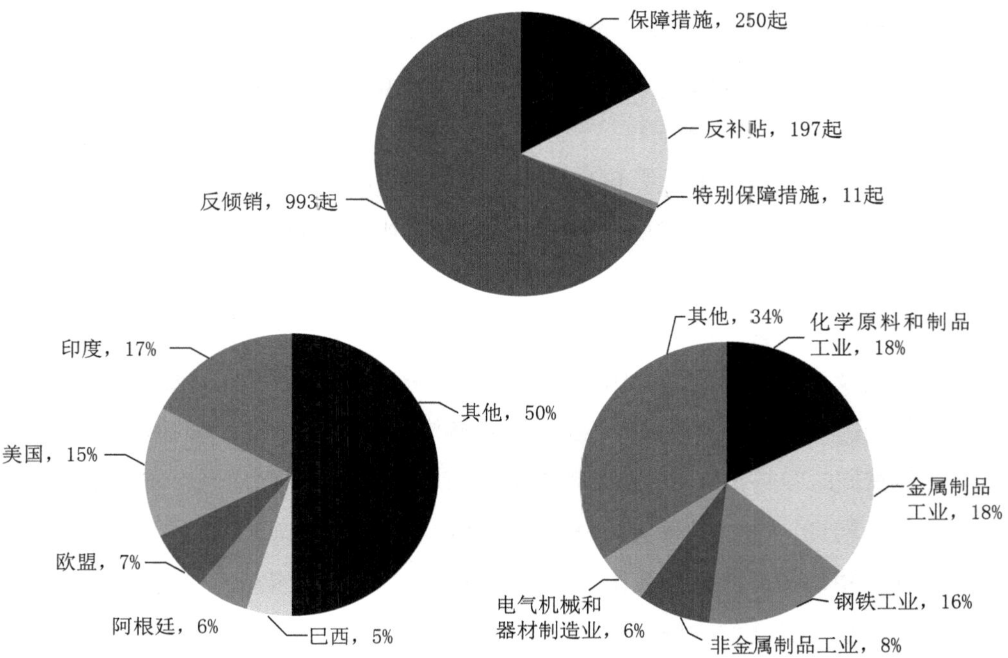

图1-7　2009年1月—2024年6月全球对我国发起的贸易救济案件情况

数据来源：中国贸易救济信息网。

其中，光伏产业作为我国优势产业之一，就遭受了欧美国家的严厉贸易制裁。自2011年起，西方国家针对我国光伏产品展开了多轮反倾销和反补贴调查，并征收高额反倾销税和反补贴税，导致我国光伏产品出口遭受重创。数据显示，2011—2020年间，美国从中国进口的太阳能电池和光伏组件金额锐减约86%。此外，玻璃纤维织物等其他优势产业也遭遇了类似的贸易壁垒，如欧盟对我国玻璃纤维织物征收高额反倾销税，严重削弱了我国产品在国际市场的竞争力。

除了直接的贸易制裁外，西方国家还滥用“人权”和“环境”议题，对我国优势产业出口产品声誉进行打压。例如，美国国会参议院通过的“2021年美国创新和竞争法案”中包含以人权问题限制美国企业采购我国优势产业出口商品的条款，试图以此削弱我国在全球供应链中的地位。德国议会通过的《供应链尽职调查法》也对海外采购的供应商提出了人权和环保方面的要求，这可能对我国优势产业的产品出口构成新的障碍。

（四）国际物流通道与运力的安全风险日益凸显，阻碍我国基础产业与高端产业供应链的稳定运行

我国对于铁矿石、铝土矿和原油等关键资源的进口高度依赖海运通道的关键节点。数据显示，2023年我国铁矿石、铝土矿和原油的进口量分别突破11.7亿吨、1.4亿吨和5.6亿吨。其中，铁矿石主要源自澳大利亚和巴西，铝土矿主要来自几内亚、澳大利亚和印度尼西亚，而原油则主要来自中东、非洲、俄罗斯及亚太地区的部分国家。除了部分来自俄罗斯等地的原油通过管道运输外，这些关键资源的进口绝大部分依赖海运。特别是约40%的原油进口海运航线需同时穿越霍尔木兹海峡和马六甲海峡，约80%的原油进口需经过马六甲海峡。同样，马六甲海峡也是我国从几内亚进口铝土矿的海运要道，而龙目海峡和望加锡海峡则是我国从澳大利亚进口铁矿石、铝土矿的关键海运通道。这些狭窄的通航水域作为关键节点，长期以来一直是全球军事与地缘斗争的焦点。这些节点一旦面临战争威胁或经济封锁，我国基础产业关键资源的国际供应链将被严重影响。

此外，以光刻胶、芯片、高端医疗设备为代表的核心材料和高端装备的进口高度依赖航空货运，其中全货机是航空货运运力的核心。然而，截至2023年底，我国内地航空公司的全货机数量只有257架，仅占我国民航运输机队的6%，与美国上千架全货机的数量相比存在显著差距。目前，我国航空货运约70%的运力仍依赖于客舱腹舱，这在一定程度上限制了我国在国际高端物流市场的竞争力，进而威胁到我国高端产业供应链的稳定与安全。

三、我国产业链稳定安全发展的主要目标

我国政府部门高度重视产业链面临的问题与风险，党的二十大报告明确提出了“着力提升产业链供应链韧性和安全水平”的要求，各部门也通过一系列针对性政策文件为产业链安全建设指明了方向。下文系统梳理了近年来我国关于产业链安全稳定发展的政策文件（见表1–4），并提炼出其中的核心发展理念和重点措施，旨在明确我国在加强产业链安全保障、促进产业链稳

定运行和推动产业链持续发展方面的主要目标和方向。

（一）加强资源勘探与开发，多渠道优化资源供应与利用，构建产业链安全稳定基石

在产业链安全稳定发展的战略背景下，加强国内关键资源的勘探与开发显得尤为关键。为实现这一目标，国家正积极投入资源，利用先进的勘探技术，对国内尚未充分开发的矿产资源进行深入勘探，以期发现更多高质量、高价值的资源。同时，为了降低对外部资源的依赖，国家正大力推动国际合作，与资源丰富的国家建立长期稳定的供应关系，实现资源的多元化供应。这不仅有助于保障国家资源的稳定供应，还能提升国家在全球资源市场中的议价能力。此外，技术创新在提高资源利用率方面发挥着重要作用。《中华人民共和国国民经济和社会发展第十三个五年规划纲要》中明确指出，要“推动资源利用方式根本转变，加强全过程节约管理，大幅提高资源利用综合效益”。国家鼓励企业加大研发投入，通过技术创新提升资源开采和加工的效率，减少资源浪费，实现资源的可持续利用。这不仅有助于提升企业的竞争力，还能为产业链的安全稳定发展提供有力保障。

（二）推进制造业补链强链，突破核心材料、高端装备与关键技术瓶颈，打造现代化产业体系

在当前全球产业链供应链日益复杂多变的背景下，推进制造业补链强链、打造现代化产业体系成为保障产业链安全稳定发展的重要举措。为此，《关于加快培育发展制造业优质企业的指导意见》《扩大内需战略规划纲要（2022—2035年）》等政策强调要实施“强基工程”，加强基础研究和应用基础研究；培育创新型企业，鼓励产学研用深度融合；同时，发挥新型举国体制优势，全力推进重点领域和战略性产品核心技术攻关。特别地，针对新一代信息技术、生物技术、新能源、新材料、高端装备、新能源汽车、节能环保以及航空航天、海洋装备等战略性新兴产业，大力实施创新驱动发展战略，以加快关键核心技术创新应用，攻克“卡脖子”关键技术，实现关键零部件自主化生产，提高国产化配套率，实现全产业链自主化，保障产业体系正常运转。

通过补链强链，我国制造业将形成更加完整、更加高效的现代化产业体系，这将增强我国产业链的韧性和安全性，提升我国在全球产业链中的竞争力和话语权，从而有效防范外部风险，为产业链安全稳定发展提供坚实保障，为我国经济的长期健康发展注入强劲动力。

（三）实行高水平对外开放，深化与邻邦产业链供应链合作，共筑国际经济安全网

面对当今全球政治局势动荡、战争冲突升级、贸易保护主义抬头的复杂严峻态势，《中华人民共和国国民经济和社会发展第十四个五年规划和2035年远景目标纲要》《“十四五”对外贸易高质量发展规划》都指出实行高水平对外开放是确保产业链安全稳定发展的关键。政策提出要积极参与国际合作和多边贸易体系，积极深化与周边国家的经贸合作，如加强“一带一路”建设、积极参与RCEP（《区域全面经济伙伴关系协定》）等，以开放促合作，以合作促发展，进一步巩固和拓展产业链供应链的合作网络。通过与贸易伙伴建立长期稳定的合作关系，实现资源共享和风险共担，增强全球产业链供应链的稳定性和抗风险能力。与周边国家共同建立合作机制，加强信息共享、技术交流和人才培养，这不仅有利于我国产业链的升级和转型、有效应对各种外部风险和挑战、确保产业链供应链的安全畅通，更有助于促进区域经济的繁荣与稳定、推动国际产业链供应链的稳定运行、为全球经济的复苏与发展注入新动力。

（四）构建多元化物流网络，强化全球供应链服务，巩固产业链稳定防线

面对国际物流通道与运力的安全风险日益凸显的挑战，《“十四五”现代物流发展规划》《关于支持国家综合货运枢纽补链强链的通知》等政策提出要加强物流基础设施的建设，健全大宗商品物流体系，推动海运、陆运、空运等多种运输方式的协同发展，形成高效、稳定、安全的物流网络。通过深化国际合作，开辟更多国际物流通道，如跨国铁路、海底隧道等，以增强物流通道的多元化和韧性。同时，加强全球供应链物流服务网络的建设，提升物流服务的智能化、信息化水平，推动供应链各环节之间的紧密协作，提

高整个供应链的效率和可靠性。建设多元化物流运输网络，畅通国际物流大通道，构建全球供应链物流服务网络，使物流体系有力支撑产业链供应链稳定运行，服务产业链供应链延伸拓展，有效应对全球政治经济变化带来的挑战，推动经济持续健康发展。

表1-4　我国关于产业链稳定安全发展的政策文件

发布时间	发布单位	政策文件名称	相关内容
2021年7月	工业和信息化部、科技部、财政部、商务部、国务院国资委、证监会	《关于加快培育发展制造业优质企业的指导意见》	促进提升产业链供应链现代化水平：充分发挥优质企业在增强产业链供应链自主可控能力中的中坚作用，组织参与制造业强链补链行动，做强长板优势，补齐短板弱项，打造新兴产业链条，提升产业链供应链稳定性和竞争力
2021年11月	商务部	《“十四五”对外贸易高质量发展规划》	保障外贸产业链供应链畅通运转：支持加工贸易梯度转移，加快外贸转型升级基地建设，推动贸易和双向投资协调发展，加强国际营销体系建设，强化国际物流保障
2022年12月	国务院办公厅	《“十四五”现代物流发展规划》	提升现代物流安全应急能力：统筹发展和安全，强化重大物流基础设施安全和信息安全保护，提升战略物资、应急物流、国际供应链等保障水平，增强经济社会发展韧性。健全大宗商品物流体系。加快构建全球供应链物流服务网络，保持产业链供应链稳定。充分发挥社会物流作用，推动建立以企业为主体的应急物流队伍
2022年5月	商务部、工业和信息化部、生态环境部等8单位	《全国供应链创新与应用示范创建工作规范》	提高供应链安全稳定水平：建立供应链安全评估和预警体系，提高风险动态监测、实时预警能力；分行业做好供应链战略设计和精准施策，形成安全可靠的产业链供应链；畅通国际物流大通道，加强全球物流枢纽和通道资源掌控

续表

发布时间	发布单位	政策文件名称	相关内容
2022年7月	交通运输部、财政部	《关于支持国家综合货运枢纽补链强链的通知》	立足产业链供应链保通保畅，聚焦国家综合立体交通网主骨架上的综合货运枢纽，支持引导多方力量加强资源统筹利用，优化货物运输结构，实现多种运输方式深度融合发展，联网补网强链，提高资源集约利用水平，提升货物综合运输效率与质量，降低综合运输成本，有力支撑产业链供应链稳定，服务产业链供应链延伸
2022年12月	中共中央、国务院	《扩大内需战略规划纲要（2022—2035年）》	增强产业链供应链安全保障能力：推进制造业补链强链。实施产业基础再造工程，健全产业基础支撑体系，加强产业技术标准体系建设。巩固拓展与周边国家产业链供应链合作，共同维护国际产业链供应链稳定运行。实施制造业供应链提升工程，构建制造业供应链生态体系。围绕重点行业产业链供应链关键原材料、技术、产品，增强供应链灵活性可靠性
2024年5月	工业和信息化部办公厅、交通运输部办公厅、商务部办公厅	《制造业企业供应链管理水平提升指南（试行）》	提升企业供应链韧性和安全水平：供应链韧性和安全相互关联且高度统一，韧性强调企业有效抵抗供应链冲击和供应链断裂后快速恢复能力，安全强调企业减少冲击发生概率并在风险冲击下稳定运行能力。力争做到强化风险预警和应对准备、完善供应商风险管理体系、多元化物流运输网络、构建主动有为的供应链风控文化

总体篇

第二章
广东省产业链的发展概况与基础[①]

在全球化竞争日益激烈的背景下，产业链稳定安全发展成为各地经济发展的重要课题。本章旨在深入剖析广东省产业链的发展现状，并探讨其背后的基础设施和资源条件如何为稳链提供有力支撑。同时，我们还将关注广东省产业链发展的政策环境和发展对策，以期为未来广东省产业链的稳定安全发展提供参考和借鉴。

第一节　广东省产业链的发展现状

广东省作为中国经济的重要引擎，其产业链发展成就瞩目。在全球化背景下，广东省产业链总体发展呈现蓬勃态势，尤其在制造业领域取得了显著成效。然而，在快速发展的同时，广东省产业链也面临着一系列挑战。本节将深入探讨广东省产业链的总体发展状况，分析其优势与不足，以期为未来广东省产业链的稳定安全发展提供有益参考。

一、广东省产业链的总体发展情况

广东省始终坚持制造业当家，强化实体经济，加快产业升级转型，推进产业基础高级化、产业链现代化，聚焦20个战略性产业集群（10个战略性支柱产业集群+10个战略性新兴产业集群）和5个未来产业集群，构建以科技创新为引领的现代化产业体系（见图2–1）。2021年4月广东省人民政府发布的

① 本章第一执笔人为暨南大学产业经济研究院岑欣怡。

《广东省国民经济和社会发展第十四个五年规划和2035年远景目标纲要》提出要巩固提升战略性支柱产业，前瞻布局战略性新兴产业，推动制造业高质量发展。目前，广东正在重点发展十大战略性支柱产业集群和十大战略性新兴产业集群。其中，十大战略性支柱产业集群包括：新一代电子信息、绿色石化、智能家电、汽车、先进材料、现代轻工纺织、软件与信息服务、超高清视频显示、生物医药与健康、现代农业与食品；十大战略性新兴产业集群包括：半导体及集成电路、高端装备制造、智能机器人、区块链与量子信息、前沿新材料、新能源、激光与增材制造、数字创意、安全应急与环保、精密仪器设备。2023年《广东省培育发展未来产业集群行动计划编制工作方案》提出，重点发展未来电子信息、未来智能装备、未来生命健康、未来材料、未来绿色低碳五大未来产业集群。

十大战略性支柱产业	十大战略性新兴产业	五大未来产业
• 新一代电子信息	• 半导体及集成电路	• 未来电子信息
• 绿色石化	• 高端装备制造	• 未来智能装备
• 智能家电	• 智能机器人	• 未来生命健康
• 汽车	• 区块链与量子信息	• 未来材料
• 先进材料	• 前沿新材料	• 未来绿色低碳
• 现代轻工纺织	• 新能源	
• 软件与信息服务	• 激光与增材制造	
• 超高清视频显示	• 数字创意	
• 生物医药与健康	• 安全应急与环保	
• 现代农业与食品	• 精密仪器设备	

图2-1　广东省现代化产业体系

资料来源：《广东省制造业高质量发展“十四五”规划》《广东省培育发展未来产业集群行动计划编制工作方案》。

（一）产业空间分布：珠三角核心引领，粤东西北待奋起

从产业空间分布上看，广东省十大战略性支柱产业主要分布在珠三角地区，沿海经济带东翼、沿海经济带西翼、北部生态发展区十大战略性支柱产业较少。具体城市来看，以广州作为核心城市发展的战略性支柱产业达到8个；以深圳和佛山作为核心城市发展的战略性支柱产业各有5个；以惠州、珠海、江门、湛江作为核心城市发展的战略性支柱产业各有4个。清远、韶关、河源和梅州发展的重点集中在现代农业与食品产业（见表2–1）。十大战略性

新兴产业多集中在珠三角的广州、深圳、珠海、佛山、东莞、江门，沿海经济带东翼的汕头和沿海经济带西翼的湛江、阳江略有分布。具体城市来看，以广州、深圳作为核心城市发展的战略性新兴产业均达到10个；以佛山作为核心城市发展的战略性新兴产业有5个；以珠海、江门作为核心城市发展的战略性新兴产业各有4个。湛江、阳江发展的重点集中在新能源产业（见表2-2）。总体上，广东省各地区在产业发展上形成了协同合作、优势互补的格局，但是产业集群重点聚焦在珠三角地区，粤东西北等地区产业集群的发展不足，省内不同地区发展不平衡的问题仍有待改善。

（二）重点企业分布：支柱产业与新兴产业并驱，城市差异化显著

2022年12月，广东省工业和信息化厅、广东省发展改革委等5部门联合发布了《广东省战略性产业集群重点产业链“链主”企业遴选管理办法》，该办法提出要围绕20个战略性产业集群，每个产业集群根据产业发展实际确定若干条重点产业链，每条重点产业链遴选2—3家“链主”企业[①]，构建“20个战略性产业集群+N条重点产业链+多链主”体系。经过申报、推荐、评审、审定等程序，广东省工业和信息化厅分别在2023年8月和10月公布了2022年第一批和第二批广东省战略性产业集群重点产业链“链主”企业名单[②]（见表2-3）。总体上看，2022年重点产业链“链主”企业名单共47项，涉及14个战略性产业集群、33条重点产业链、41家企业[③]、14个地级市。

从重点企业分布上看[④]，2022年广东省“链主”企业中，属于战略性支柱产业的有26家，属于战略性新兴产业的有15家。在战略性支柱产业企业中，数量最多的是现代农业与食品，有8家。其次是智能家电，有7家。再是新一

① 该办法所称产业链“链主”企业是指处于产业链供应链核心优势地位，对于优化资源配置、技术产品创新和产业生态构建有重大影响力的企业，有能力且有意愿对增强广东省产业链供应链稳定性和竞争力、健全和壮大产业体系发挥重要作用的企业。

② 广东省战略性产业集群重点产业链“链主”企业遴选工作原则上每年开展一次。

③ 其中，美的集团股份有限公司是3条重点产业链的链主、广州汽车集团股份有限公司是2条重点产业链的链主、广东海大集团股份有限公司是2条重点产业链的链主、明阳智慧能源集团股份公司是2条重点产业链的链主、温氏食品集团股份有限公司是2条重点产业链的链主，故47项实际有41家企业。

④ 同一家企业，属于多条产业链的，按产业链数量累计。

表2-1 广东省“十大”战略性支柱产业布局

产业集群	珠三角地区									沿海经济带东翼				沿海经济带西翼			北部生态发展区					具有布局该集群的地市数量/个
	广州	深圳	珠海	佛山	东莞	惠州	中山	江门	肇庆	汕头	汕尾	揭阳	潮州	湛江	茂名	阳江	韶关	梅州	河源	清远	云浮	
新一代电子信息	★★★	★★★	★★★	★★	★★★	★★★	★	★★	★	★★	★		★					★	★★		★	15
绿色石化	★★★	★★	★★	★★	★★	★★★	★	★	★	★★	★	★★		★★★	★★★					★		15
智能家电	★★	★★	★★★	★★★		★★	★★	★★★		★				★★								9
汽车	★★★	★★★	★★	★★★	★★	★★	★	★★	★★		★			★★	★		★	★	★	★	★★	17
先进材料	★★★	★★	★★	★★★	★★	★★	★	★	★★	★★	★			★★★	★★	★★	★★	★★	★★	★★	★★	19
现代轻工纺织	★★	★	★	★★★	★★★	★	★★★	★★★	★	★★★	★	★★	★★	★★★	★	★★		★	★		★	19
软件与信息服务	★★★	★★★	★★★	★★	★★★	★★	★★	★★		★★				★								10
超高清视频显示	★★★	★★★		★★	★★	★★★	★★	★★														7
生物医药与健康	★★★	★★★	★★★	★★	★★	★★	★★★	★★★	★★	★★★	★	★★	★	★★	★★	★★	★	★	★	★	★★	21
现代农业与食品	★★★	★★	★★	★★★	★★	★★★	★★★	★★★	★★★	★★★	★★	★★	★★	★★★	★★★	★★★	★★★	★★★	★★★	★★★	★★	21
各地市布局的支柱产业集群数量/个	10	10	9	10	9	10	10	10	7	8	7	4	4	8	6	4	4	6	6	5	6	

注：产业集群区域布局的重要程度用★的数量表示，其中★★★标注核心城市，★★标注重点城市，★标注一般城市。

资料来源：《广东省制造业高质量发展“十四五”规划》。

表2-2 广东省“十大”战略性新兴产业布局

产业集群	珠三角地区									沿海经济带东翼				沿海经济带西翼			北部生态发展区					具有布局该集群的地市数量/个
	广州	深圳	珠海	佛山	东莞	惠州	中山	江门	肇庆	汕头	汕尾	揭阳	潮州	湛江	茂名	阳江	韶关	梅州	河源	清远	云浮	
半导体与集成电路	★★★	★★★	★★★	★★	★★	★	★	★★	★		★								★			11
高端装备制造	★★★	★★★	★★★	★★	★★	★	★★	★★★	★	★★★	★	★		★		★★	★★					15
智能机器人	★★★	★★★	★★	★★★	★★	★	★★	★★★	★	★		★	★	★								13
区块链与量子信息	★★★	★★★	★★	★★	★★		★	★	★													8
前沿新材料	★★★	★★★	★★★	★★★	★★★	★★		★★	★★	★★			★	★★		★★	★★	★	★	★★		16
新能源	★★★	★★★	★★	★★★	★★★	★★	★★	★★		★★	★	★		★★★		★★★					★	14
激光与增材制造	★★★	★★★	★★	★★	★★	★	★★	★★★		★		★	★			★			★			13
数字创意	★★★	★★★	★★	★★	★★		★	★		★★												8
安全应急与环保	★★★	★★★	★★	★★★	★★	★	★	★★★	★	★★	★		★	★	★		★★	★	★	★★		18
精密仪器设备	★★★	★★★	★★★	★★★	★★	★★	★★	★★	★★	★★			★	★	★		★★	★	★★	★	★	18
各地市布局的新兴产业集群数量/个	10	10	10	10	10	8	9	10	7	8	4	4	5	6	2	4	4	3	5	3	2	

注：产业集群区域布局的重要程度用★的数量表示，其中★★★标注核心城市，★★标注重点城市，★标注一般城市。

资料来源：《广东省制造业高质量发展“十四五”规划》。

代电子信息，有4家。汽车、先进材料、现代轻工纺织均为3家，超高清视频显示2家，软件与信息服务1家；绿色石化和生物医药与健康没有涉及。在战略性新兴产业企业中，数量最多的是安全应急与环保，有4家；其次是数字创意和精密仪器设备，均为3家；最后是高端装备、智能机器人、新能源，都是2家；半导体及集成电路、区块链与量子信息、前沿新材料、激光与增材制造等四个产业集群没有涉及。按企业所在城市统计，获批广东省“链主”企业数量最多的城市是广州，共有14家。其次是佛山7家，中山5家，深圳4家，东莞3家。汕头、云浮、湛江、阳江、珠海各拥有2家“链主”企业，江门、潮州、肇庆、惠州各有1家。其中，广州有数量最多的汽车产业“链主”企业、数量最多的安全应急与环保产业“链主”企业；佛山有数量最多的先进材料产业和智能家电产业“链主”企业，此外，美的集团股份有限公司是3条重点产业链的链主；中山同样有数量最多的智能家电产业“链主”企业，此外，明阳智慧能源集团股份公司是高端装备、新能源2条重点产业链的链主；深圳有唯一的工业软件产业链“链主”企业，即华为技术有限公司；东莞有1家智能机器人产业“链主”企业，1家现代轻工纺织产业“链主”企业，1家精密仪器设备产业“链主”企业。

表2-3　2022年广东省战略性产业集群重点产业链“链主”企业名单

序号	集群分类	战略性产业集群名称	重点产业链名称	链主企业名称	所属地市	批次
1	战略性支柱产业集群	智能家电	家用制冷设备产业链	珠海格力电器股份有限公司	珠海	第一批
2			家用制冷设备产业链	美的集团股份有限公司	佛山	第一批
3			家用制冷设备产业链	TCL空调器（中山）有限公司	中山	第一批
4			厨卫电器产业链	美的集团股份有限公司	佛山	第一批
5			厨卫电器产业链	华帝股份有限公司	中山	第一批
6			厨卫电器产业链	广东格兰仕微波生活电器制造有限公司	中山	第一批
7			生活电器产业链	美的集团股份有限公司	佛山	第一批

续表

序号	集群分类	战略性产业集群名称	重点产业链名称	链主企业名称	所属地市	批次
8	战略性支柱产业集群	汽车	新能源汽车产业链	广州汽车集团股份有限公司	广州	第一批
9	战略性支柱产业集群	汽车	智能网联汽车产业链	广州汽车集团股份有限公司	广州	第一批
10	战略性支柱产业集群	汽车	智能网联汽车产业链	惠州市德赛西威汽车电子股份有限公司	惠州	第一批
11	战略性支柱产业集群	先进材料	高性能铝合金产业链	佛山市三水凤铝铝业有限公司	佛山	第一批
12	战略性支柱产业集群	先进材料	高性能铝合金产业链	广东兴发铝业有限公司	佛山	第一批
13	战略性支柱产业集群	先进材料	绿色钢铁产业链	广东广青金属科技有限公司	阳江	第一批
14	战略性支柱产业集群	软件与信息服务	工业软件产业链	华为技术有限公司	深圳	第一批
15	战略性支柱产业集群	超高清视频显示	重点行业应用终端设备产业链	广州视源电子科技股份有限公司	广州	第一批
16	战略性支柱产业集群	超高清视频显示	彩色电视机产业链	深圳创维-RGB电子有限公司	深圳	第一批
17	战略性支柱产业集群	新一代电子信息	锂电池产业链	欣旺达电子股份有限公司	深圳	第二批
18	战略性支柱产业集群	新一代电子信息	锂电池产业链	珠海冠宇电池股份有限公司	珠海	第二批
19	战略性支柱产业集群	新一代电子信息	基础电子元器件产业链	潮州三环（集团）股份有限公司	潮州	第二批
20	战略性支柱产业集群	新一代电子信息	基础电子元器件产业链	广东风华高新科技股份有限公司	肇庆	第二批
21	战略性支柱产业集群	现代轻工纺织	包装用纸产业链	玖龙纸业（东莞）有限公司	东莞	第二批
22	战略性支柱产业集群	现代轻工纺织	定制家居产业链	广州尚品宅配家居股份有限公司	广州	第二批
23	战略性支柱产业集群	现代轻工纺织	生活用纸产业链	维达纸业（中国）有限公司	江门	第二批

续表

序号	集群分类	战略性产业集群名称	重点产业链名称	链主企业名称	所属地市	批次
24	战略性支柱产业集群	现代农业与食品	畜禽产业链	温氏食品集团股份有限公司	云浮	第二批
25			水产产业链	广东海大集团股份有限公司	广州	第二批
26			水产产业链	广东恒兴集团有限公司	湛江	第二批
27			现代种业产业链	温氏食品集团股份有限公司	云浮	第二批
28			现代种业产业链	广东海大集团股份有限公司	广州	第二批
29			现代种业产业链	广东恒兴饲料实业股份有限公司	湛江	第二批
30			调味品产业链	佛山市海天调味食品股份有限公司	佛山	第二批
31			岭南特色食品及功能性食品产业链	广州王老吉大健康产业有限公司	广州	第二批
32	战略性新兴产业集群	高端装备	数控机床产业链	广州数控设备有限公司	广州	第一批
33			海工装备产业链	明阳智慧能源集团股份公司	中山	第一批
34		智能机器人	工业机器人产业链	库卡机器人（广东）有限公司	佛山	第一批
35			工业机器人产业链	广东拓斯达科技股份有限公司	东莞	第一批
36		新能源	海上风电装备制造产业链	明阳智慧能源集团股份公司	中山	第一批
37			海上风电装备制造产业链	广东金风科技有限公司	阳江	第一批
38		数字创意	数字音乐产业链	广州酷狗计算机科技有限公司	广州	第一批
39			动漫产业链	奥飞娱乐股份有限公司	汕头	第一批
40			智慧融媒产业链	广东省广告集团股份有限公司	广州	第一批

续表

序号	集群分类	战略性产业集群名称	重点产业链名称	链主企业名称	所属地市	批次
41	战略性新兴产业集群	安全应急与环保	空气能产业链	广东纽恩泰新能源科技发展有限公司	广州	第一批
42			空气能产业链	广东芬尼克兹节能设备有限公司	广州	第一批
43			动力电池综合利用产业链	广东光华科技股份有限公司	汕头	第一批
44			安全应急智能监测预警产业链	佳都科技集团股份有限公司	广州	第一批
45		精密仪器设备	质谱仪器产业链	广州禾信仪器股份有限公司	广州	第一批
46			基因测序仪产业链	深圳华大智造科技股份有限公司	深圳	第一批
47			2D/3D X射线无损检测装备产业链	广东正业科技股份有限公司	东莞	第一批

资料来源：广东省工业和信息化厅。

（三）优势产业概况：支柱产业领跑全国，新兴产业蓄势待发

根据“链主”企业在产业集群的分布可以分析出广东省的优势产业，其具体产业及情况如下：

1.战略性支柱产业

（1）现代农业与食品产业。依托良田沃野与广阔市场，广东省已形成了门类齐全、产业链完整且质优的食品产业体系，精制食用植物油、酱油、冷冻饮品及饮料产量全国领先，月饼产销出口更是蝉联十三载冠军。广东省成为全国饮料、糖果、米粉、酱油等产品的重要生产和出口基地。

（2）智能家电产业。广东省汇聚了全球规模最大、种类最全面的家电产业链，稳居世界家电制造业之巅。2022年，广东省家电制造业营收占比超全国四成，电视、空调、冰箱、厨电、照明灯具等产品规模均居全国首位。深圳、佛山、东莞等城市已成为家电产业集群的核心地带。当前，广东省家电业正迈向智能化、节能环保与绿色健康的崭新发展阶段。

（3）新一代电子信息产业。广东省是我国最大的电子信息产品生产制造基地、全球最重要的电子信息产业集聚区。2022年广东省新一代电子信息产业实现销售产值4.67万亿元，连续32年居全国首位。广东省电子信息产业以珠江东岸电子信息产业带为集聚区，在智能终端、信息通信、集成电路设计等领域具有良好产业基础。2024年，广东省新一代电子信息产业实现营业收入53434.06亿元，增加值同比增长13.4%，电子信息产业规模连续33年位居全国第一。手机产量全国第一，通信设备、计算机整机等产品产量居全国前列。

（4）汽车产业。广东省是全国汽车生产第一大省，广汽传祺、比亚迪等自主品牌发展壮大，广汽埃安、小鹏汽车等新能源造车企业逐步发展，形成了日系、欧系和自主品牌多元化汽车产业格局。2022年，广东省汽车制造业营业收入破万亿元，汽车产量415.37万辆，其中新能源汽车产量为129.73万辆，广东省汽车产量已连续6年排名全国第一。

（5）现代轻工纺织产业。广东省轻工纺织产业基础较好，是全球主要的轻工纺织生产基地之一。在细分行业中，广东省塑料制品、金属制品、珠宝、化妆品行业产值产量稳居全国第一，纺织服装、造纸、家具、皮革等行业产值产量位居全国前列。

2.战略性新兴产业

（1）安全应急与环保产业。2022年广东省安全应急与环保产业总营业收入达3058.46亿元，产业实现增加值922.1亿元，增加值增速为3.6%。据中国环境保护产业协会统计，广东省环境服务业营业收入连续7年排名全国第一。截至2022年底，广东省安全应急与环保产业发明专利有效量1.73万件，约占全国的10%。

（2）数字创意产业。广东省在数字创意产业领域展现了卓越实力，其产业规模与发展层次均居全国榜首。截至2022年，广东省文化及相关产业增加值连续18年蝉联全国榜首，数字出版产值、动漫产业产值及电影票房收入等核心指标均独占鳌头。此外，数字音乐产业规模亦在全国名列前茅，直播、短视频等新业态蓬勃兴起，催生出一批具备国际竞争力的数字创意头部企业，引领行业创新潮流。

（3）精密仪器设备产业。广东省注重科技创新，积极参与国际市场。2022年，广东省精密仪器设备产业集群完成营业收入2114.57亿元，利润总额255.97亿元；实现增加值591.54亿元，增速6.8%；实现出口总额718.6亿元，全国排名第一。2023年，广东省精密仪器设备产业发明专利申请公开量和发明专利授权量分别为17581件和9824件，两者均居全国榜首。

（4）智能机器人产业。广东省是国内智能机器人产业的重要集聚区，产业规模处于全国第一梯队。2024年广东全省工业机器人产量达24万台，连续5年居全国第一，增长31.2%，占全国的40%以上。广东省已成为国内最大的智能机器人产业集聚区，产业规模、企业数量均居全国首位，在智能机器人产业链各环节培育引进了一批龙头骨干企业和专精特新企业。

（5）新能源产业。广东省风能、太阳能、生物质能实现规模化应用，核电装机规模、天然气储备能力全国领先，海上风电进入快速发展通道。至2022年底，广东省核电装机、天然气发电装机、充电站、公共充电桩、加氢站数量位居全国第一，海上风电并网容量位居全国第二。

二、广东省产业链发展存在的优势

（一）产业门类齐全，集群效应凸显

作为制造业大省，在列入全国统计的41个工业大类中，广东有40个，工业门类齐全，有利于产业链的完善和延伸，促进不同产业之间的融合和协同发展，增强产业链的韧性和安全性，为产业链安全稳定发展提供根本的产业基础保障。例如，广东省在新一代电子信息、绿色石化、智能家电等多个领域均具备全国领先的产业基础，形成了多个产业集聚区，如珠江东岸电子信息产业带和珠三角精细化工及新材料产业集群，为产业链安全稳定发展提供了坚实的支撑。

（二）区位交通优势显著，市场需求庞大

广东省地处沿海地区，拥有绵长的海岸线和四通八达的交通体系，依托粤港澳大湾区的区位优势，国内外市场需求庞大。广东省毗邻港澳，外贸出口总量全国第一，处于应用市场前沿。这不仅为广东省的产品提供了广阔的

市场空间，也吸引了大量外资和技术人才，使得广东省能够更好地融入全球产业链，促进产业的快速发展。例如，在新能源、超高清视频显示等领域，广东省凭借市场需求和区位优势，成功吸引了大量投资，推动了相关产业的快速发展。

（三）政策扶持力度大，产业发展环境好

广东省针对不同产业出台了相应的发展规划和政策措施，为产业链安全稳定发展营造了良好的政治环境。政府通过制定一系列产业政策和规划，引导企业加大研发投入，推动技术创新和产业升级。例如，在半导体及集成电路、高端装备制造等战略性新兴产业集群领域，广东省通过设立专项基金、建设创新平台等措施，支持企业攻克关键技术，提升自主创新能力。这些政策措施为产业链的发展提供了有力的支撑和保障。

（四）科研转化能力强，技术创新氛围好

广东省科研转化能力强劲，技术创新氛围浓厚，借力粤港澳大湾区科研与人才优势，持续强化前沿科技研发与转化能力。在半导体及集成电路、智能机器人、区块链与量子信息等新兴领域，政企协同实现核心技术多项突破与应用。同时，强化知识产权保护，完善创新激励机制，为技术创新构筑坚实后盾。创新驱动发展战略成效显著，技术实力显著提升，构建起覆盖多个战略性产业集群的完整技术研发与创新能力体系。特别是在新一代电子信息领域，广东省在智能终端、信息通信、集成电路设计等领域具有良好产业基础，部分关键技术取得突破，如芯粤能碳化硅芯片制造项目的落地，填补了南沙宽禁带半导体全产业链中的“制造”环节，为产业整体跃升注入强劲动力。

三、广东省产业链发展存在的不足

（一）关键领域“卡脖子”，核心技术依赖进口

广东省在多个战略性产业集群中面临关键领域“卡脖子”、核心技术依赖进口等问题。例如，广东省在高性能处理器、高端存储芯片、高端传感器等核心产品的设计和生产能力上与国际先进水平仍有一定差距；在新能源、

智能网联汽车等领域，动力系统、底盘控制等关键零部件被国外巨头垄断。这种核心技术依赖进口的状况严重影响了产业链的安全和稳定，限制了产业向高端领域的发展。

（二）产业链协同联动不足，高端产业集聚度不高

尽管广东省的工业门类齐全，但广东省部分产业集群产业链仍存在协同联动不足，产业集聚度不高的问题。例如，在电子信息产业中，虽然广东省拥有全国最大、产业链最完整的新一代电子信息产业集群，但产业链上下游企业之间的合作还不够紧密，缺乏有效的协同机制和信息共享平台；在精密仪器设备、高端装备制造等领域，产业链还不够完善，缺乏具有国际竞争力的龙头企业，产业集聚效应尚未充分发挥，产业链整体效率不高。这些问题影响了产业链的整体竞争力和应对市场变化的能力。

（三）传统产品附加值不高，品牌影响力有待提升

在部分传统制造业领域，广东省的产品仍然以中低端为主，附加值不高，这成为产业升级的瓶颈。同时，品牌影响力也不足，难以在国际市场上形成竞争优势。这不仅限制了企业的盈利能力提升，还影响了产业链的整体发展水平。以家电行业为例，广东省家电产业集群规模占全国家电产业的比重近半，但部分企业在全球市场中仍主要依赖低成本、低附加值的组装加工环节。例如，广东省电视机、空调等产品的产量全国领先，但在高端产品如智能家电、智能家居解决方案等领域，品牌影响力和市场份额尚不足以与国际巨头抗衡。这主要归因于企业在研发设计、品牌建设、渠道控制等高端环节的投入不足，导致产品差异化不足，难以形成强有力的品牌溢价。市场调研数据显示，广东家电品牌高端产品销售额在国际市场上的占比远低于韩国LG、三星等品牌，这表明广东家电品牌在品牌附加值提升方面仍有较大空间。

（四）产业竞争力不强，高素质人才短缺

广东省部分产业集群产业竞争力不强，高素质人才短缺，这些因素制约了其产业链的持续稳定发展和国际竞争力的提升。以汽车产业集群为例，尽管广东省汽车产业链配套完善，拥有整车及零部件研发、设计、生产、销

售等较为完备的产业链，但自主品牌与国际一流企业相比仍有较大差距。数据显示，广东省汽车产业合资企业占比较大，而自主品牌尚未在全球高端市场占据一席之地，导致整体汽车产业链和价值链未能达到全球高端水平。此外，汽车零部件产业规模与整车生产规模不相适应，零部件配套体系尚需完善，进一步削弱了汽车产业集群的整体竞争力。广东省企业研发和创新能力不足的一个重要原因是高素质人才短缺。例如，在高端装备制造产业集群中，高档数控系统、高可靠性电主轴、海上钻井动力系统等关键部件的研发需要高水平的研发人员，但广东省在这方面的人才储备明显不足，许多关键部件仍依赖进口，高技能人才供需矛盾直接限制了高端装备制造产业的发展速度和水平。在智能机器人产业集群中，智能机器人产品数字化智能化技术融合水平的提升需要既懂软件技术又熟悉业务流程的复合型人才，但这类人才在广东省的供应明显不足，导致智能机器人产业领军人才偏少，创新型人才队伍总量不足，从而制约了智能机器人产业集群的创新发展。

第二节 广东省产业链发展的基础设施

交通、能源、信息三大基础设施对产业链稳定安全发展具有不可或缺的作用。交通网络确保物流高效畅通，能源供应保障生产持续稳定，信息通信促进信息快速传递，三者共同构成了产业链稳定发展的基石。这些基础设施的完善不仅能提升产业链韧性，还能增强产业链的风险防范能力，为产业链的稳定安全提供有力保障。

一、广东省加快构建交通强省，支撑产业链高质量发展

2021年中共广东省委、广东省人民政府印发《广东省综合立体交通网规划纲要》（下称《纲要》），提出要构建现代化高质量综合立体交通网，加快建设交通强省。广东省还通过《关于贯彻落实〈交通强国建设纲要〉的实施意见》和《广东省贯彻落实加快建设交通强国五年行动计划（2023—2027

年）实施方案》等文件，进一步细化和推进交通强省建设的各项工作。

在各项政策的扶持下，广东省充分发挥试点的示范引领作用，全面推动交通运输高质量发展，全省交通基础设施高质量发展再上新台阶。截至2024年6月，广东省综合立体交通网加快完善，高速公路通车里程约1.15万公里，连续10年居全国第一；高速铁路运营里程约2838公里，城市轨道交通运营里程约1373公里，“轨道上的大湾区”初步形成；建成万吨级泊位约400个、亿吨大港7个，开通国际集装箱班轮航线超400条，覆盖世界主要贸易港口，内河高等级航道里程1479公里，居全国前列；建成广州白云、深圳宝安等9个机场，在册通用航空机场36个，通用航空产业初成体系。广东省的交通体系不断完善，构建了一个高效、便捷、安全的物流网络，为产业链的各个环节提供了强有力的支撑，为产业链的顺畅运转提供了运输保障。

展望未来，广东省的交通强省建设规划将为广东省产业链的发展提供更加广阔的空间。根据《纲要》指示，到2035年，全面建成发达的快速骨干网、完善的普通干线网、广泛的通达基础网，综合运输通道和枢纽体系更加高效可靠，运输服务更加优质便捷，统筹融合和高质量发展跃上新水平，“12312”出行交通圈①和“123”快货物流圈②全面实现，交通强省基本建成；到2050年，新技术、新业态加快发展，综合立体交通网向更高质量、更高效率、更高品质迈进，粤港澳大湾区综合交通发展水平全球领先，交通强省全面建成。一方面，通过积极推进交通强省建设，广东省将显著提升交通相关产业链的核心技术水平，从而推动相关产业链的进一步完善与升级。例如，广东省依托深中通道等重大工程，在交通建设关键技术、智能制造、先进装备等方面创新探索，形成系列成套关键技术，为世界重大交通工程建设提供广东经验、中国方案。另一方面，交通基础设施体系的全面完善是稳定产业链、促进国内外交通与物流网络互联互通的关键所在。它不仅有效缩短了原材料与货物的运输时间，提高了物流效率，降低了运营成本，还有利于

① 珠三角地区内部主要城市间1小时通达、珠三角地区与粤东粤西粤北地区2小时通达，与国内及东南亚主要城市3小时通达，与全球主要城市12小时左右通达。

② 国内1天送达，东南亚主要城市2天送达，全球主要城市3天送达。

企业开拓国内外市场，显著增强了各产业在全球市场中的竞争力，为产业链的稳定发展提供了有力支撑。

二、广东省能源转型加速，智能绿色引领产业链安全升级

广东省是能源需求大省，但资源相对匮乏，长期以来面临能源供应紧张的局面。目前，广东省一次能源资源稀缺，煤炭、石油及天然气等自给不足，水能资源开发趋于饱和，同时风电、光伏等可再生能源的规模化利用尚待推进，这使得广东省能源体系高度依赖外部输入。2020年数据显示，其能源对外依赖度高达74%，煤炭、石油、天然气及部分电力均需大量调入。相比之下，广东省非水可再生能源消费占比仅为2.9%，非水可再生能源发电量占比仅为4.9%，落后于江苏、浙江等地。值得注意的是，广东的能耗强度显著高于美国、日本、德国等发达国家，达到其1.5至2倍，凸显了提升能源结构清洁化、低碳化水平的迫切需求。总的来说，广东省存在能源供应与需求不平衡、能源结构相对单一、能源利用效率不高、能源领域的创新和技术研发投入相对不足等问题。能源是产业链持续运转和发展的基石，其供应的稳定性、价格的合理性以及使用的效率性直接关系到产业链的竞争力和可持续发展，上述这些问题影响甚至威胁着广东省产业链的稳定运行与安全发展。

针对现存的能源问题，广东省出台了许多能源相关的政策措施（见表2–4）。从这些政策措施的建设内容和建设目标来看，广东省能源基础设施建设有两大发展趋势：一是清洁能源转型。随着环保意识的提高和新能源技术的不断发展，广东省将加快清洁能源转型的步伐，未来，广东省将进一步加大对新能源设施的投入，逐步减少对传统能源的依赖，实现能源结构的优化升级。二是智能化发展。随着数字化和智能化技术的广泛应用，广东省的能源基础设施将朝着智能化方向发展，智能电网、智能储能、智能燃气等新型能源基础设施将得到推广和应用，能源利用效率和安全性将得到提高。

表2-4　广东省能源相关政策措施

发布时间	发布单位	政策文件名称	相关内容
2021年10月	广东省人民政府	《广东省生态文明建设“十四五”规划》	加快能源结构调整优化，构建以新能源为主体的新型电力系统；强化资源节约集约利用，大力发展绿色产业
2022年4月	广东省人民政府办公厅	《广东省能源发展“十四五”规划》	展望2035年，广东省能源安全保障能力大幅提升，能源利用效率基本达到世界先进水平，能源科技创新取得较大突破，形成新兴能源产业体系，高水平建成国内领先的清洁低碳、安全高效、智能创新的现代能源体系
2023年5月	广东省能源局	《广东省推进能源高质量发展实施方案（2023—2025年）》	到2025年，多元安全的能源供应体系进一步完善，省内电力装机容量达到2.6亿千瓦，其中非化石能源发电装机占比达到44%左右。非化石能源成为能源消费增量的主体，消费比重达到29%左右。电气化水平全国领先，电能占终端能源消费比重提升至40%左右
2024年1月	广东省发展和改革委员会、广东省能源局等6部门	《广东省培育新能源战略性新兴产业集群行动计划（2023—2025年）》	大力发展海上风电、太阳能、先进核能等优势产业，加快培育新型储能、氢能、智能电网等新兴产业，建设沿海新能源产业带和省内差异布局的产业集聚区，助推能源清洁低碳化转型，到2025年，形成国内领先、世界一流的新能源产业集群

广东省在新能源政策的强有力驱动下，积极整合与优化新能源资源及其开发环境，秉持技术创新为核心、项目驱动为引擎的战略导向，促进了新能源开发与产业体系构建的深度融合，显著增强了能源产业链的安全韧性与自主可控能力。具体表现：一是产业规模持续扩张。风能、太阳能、生物质能规模化应用显著，核电装机容量与天然气储备能力领跑全国，海上风电步入快速发展轨道。2024年，全省新能源产业集群实现营业收入11163.18亿元；阳

江风电全产业链基地初具规模，粤东风电运维、海工基地加快建设，储能产业快速发展。2024年，全省新型储能装机规模达350万千瓦，同比增长114%。广东新型储能产业基本形成覆盖电池材料、储能电芯、变流器、系统集成和回收利用的储能电池全产业链。二是技术创新能力显著增强。风力发电机组、逆变器、高效光伏产品及集热器等研发制造均居全国前列，氢能应用、储能技术、充电桩及智能电网建设亦属全国顶尖，自主研发的“华龙一号”核电技术跻身国际先进行列，天然气水合物试采纪录频现。三是产业集聚效应日益明显。海上风电、太阳能、氢能等领域涌现出众多优势特色企业，形成了以龙头企业为引领、重大项目为支撑、上下游企业紧密协作的集群化发展新模式。

对全省产业链来说，加强能源基础设施建设所带来的外部性效应是显而易见的。一方面，能源是各类产业赖以发展的基础，其供应的稳定性直接关系到产业链的稳健运行。加固能源基础设施，能够有效确保能源供应的连续性和可靠性，为产业链的长远发展提供坚实的能源保障。另一方面，在政策的严格规制与环保要求的双重驱动下，倒逼企业进行技术创新，提高能源利用率，并积极用新能源替代传统能源，这一转变不仅有助于减少环境污染，更推动了整个产业链的绿色可持续发展，确保了其长远的竞争力。

三、广东省领跑全国信息基建，5G生态赋能产业链转型

2023年，广东省加快推进5G、光纤网络、乡村信息基础设施等建设，信息基础设施发展水平走在全国前列。截至2023年，广东省电信业务总量、电信业务收入双双突破2000亿元，总量、收入稳居全国首位；在网络能力上，全省21个城市全部达到千兆城市评估基本标准，5G网络实现县级主城区连续覆盖、镇级主城区基本覆盖，94.5%以上的行政村“点亮”5G，重点场所5G通达率100%，实现广州、深圳8条新建、24条5G改造地铁公网覆盖655公里，全部有人居住海岛及近海岸20公里内区域移动宽带网络信号实现全覆盖。具体到指标上，全省固定宽带接入端口、FTTH/O（光纤到户）端口均突破1亿个，规模均居全国第一，具备为超1亿户家庭提供千兆接入的能力；全省累计

建成移动电话基站102.4万个，其中4G基站56.6万个、5G基站32.6万个，规模均居全国第一；全省FTTH/O用户4598.5万户，同比增长4.9%，规模均居全国第一；4G用户总数为7736.3万户、5G用户总数为8682.1万户，规模均居全国第一；物联网终端用户突破4亿，规模稳居全国第一。

作为中国的经济大省，广东省在信息技术领域优势明显。广东省基本形成了5G器件、5G核心网络与基站设备、5G智能终端等5G产业生态链，珠三角成为世界级5G产业集聚区。广州、深圳、汕头建设首批5G产业园。华为、腾讯、中兴等全球知名科技企业均在广东设有总部或重要研发基地。自2019年5G商用牌照发放以来，广东省的5G基站建设进入快速发展阶段，如图2-2所示，从2019年到2023年，广东省在信息基础设施领域的投入和建设取得了显著进展，2023年广东省5G基站累计建成32.6万座，其规模和覆盖率接近2019年的十倍，这一成就有利于新一代信息技术深度赋能产业链数字化转型。

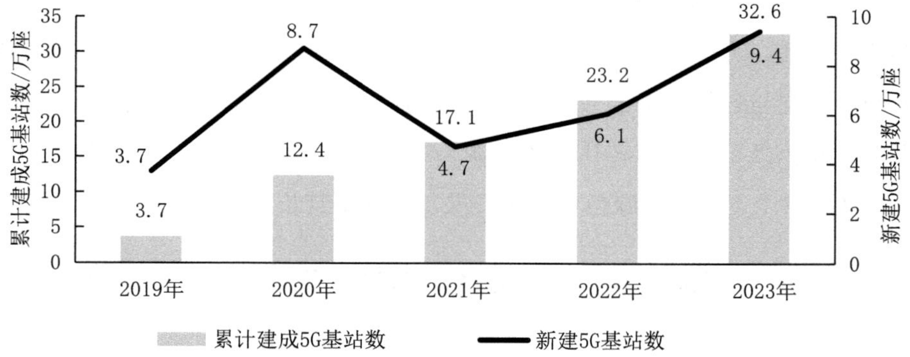

图2-2　广东省5G基站建设情况

数据来源：广东省通信管理局，作者整理。

2021年，广东省通信管理局发布的《广东省信息通信业“十四五”规划》提出要建设全国领先的信息基础设施，建设世界一流的创新基础设施，建设国际先进的融合基础设施，推进信息基础设施绿色低碳发展，推进新一代信息技术突破发展。随着新一轮技术革命和信息化浪潮的涌现，新一代信息基础设施建设正成为推动产业链深度变革的关键力量。以工业互联网、物联网、5G网络、云计算、区块链、人工智能和大数据等为代表的信息基础设施，不仅为产业链注入了强大的创新活力，还显著提升了产业链的整体运作效率。一方面，新一代信息基础设施建设推动了相关技术的突破与创新，填补了产业链中的空白和瓶颈环节，进一步完善了信息产业链，这不仅提升了产业链的整体技术水平，也增强了产业链的自主性和可控性。另一方面，新一代信息基础设施建设为产业链上的信息传输和数据处理提供了高效、便捷的解决方案，加速了信息传递的速度，提升了企业在市场洞察、策略调整、技术创新等方面的响应速度和决策效率，这有效降低了信息成本，增强了产业链的竞争力。此外，新一代信息基础设施建设为新兴产业提供了强大的技术支撑和优越的发展环境。这些基础设施的完善，为数字创意产业、电子通信产业、物流产业等新一代技术驱动的产业提供了广阔的发展空间，推动了这些产业的创新发展，提高了产业附加值，促进经济结构的优化升级。最后，新一代信息基础设施建设加速了数字技术与传统产业的融合发展。通过数字化改造和升级，传统产业焕发出新的生机与活力，实现了产业数字化和数字产业化的协同发展，这不仅推动了产业结构的优化升级，实现产业链稳定可持续发展，也促进了经济增长方式的转变，为经济的高质量发展注入了新的动力。

第三节　广东省产业链发展的资源条件

资源条件是产业链稳定安全发展的核心支撑。丰富的自然资源、广阔的市场条件、成熟的产业集群、优质的人力资源、良好的创新环境以及充足的资金支持共同为产业链提供了稳定的资源供给和市场需求。这些资源条件不仅能够提升产业链的韧性和安全水平，同时能够驱动产业链的优化升级，从而推动产业链的可持续发展。

一、农产水产丰富多样，支撑产业链蓬勃发展

广东省作为中国的一个农业大省，其农产品的种类繁多、质量上乘，

特别是在水果、蔬菜、水产、林木等方面的产量均位居全国前列，为食品加工、医药研发、工业制造产业链提供了丰富且优质的原料。数据显示，2022年广东省的农业总产值为4308.23亿元，位列全国第6位；林业总产值为549.15亿元，位列全国第1位；牧业总产值为1680.24亿元，位列全国第12位；渔业总产值为1898.24亿元，位列全国第1位。以广东省的荔枝产业为例，广东省的荔枝种植历史悠久，品种繁多，口感鲜美，被誉为“岭南佳果”。广东省的荔枝产量占全国总产量的近一半，不仅满足了国内市场需求，还出口到世界各地。丰产的荔枝为食品产业链中的荔枝加工、荔枝饮料生产、荔枝干制作等提供了充足的原料。

广东省海域辽阔，滩涂广布，陆架宽广，港湾优良，岛礁众多，不仅孕育了丰富的海洋生物资源，还蕴藏着丰富的矿产和能源资源。这些得天独厚的条件，为广东省的水产养殖业、水资源研发以及进出口贸易的蓬勃发展奠定了坚实基础，使其成为海洋经济的重要发展区域。广东省海域面积41.93万平方公里，是陆地国土面积的2.3倍；沿海港湾资源丰富，超过200个港湾适宜建港；海洋生物种类丰富，包含鱼类、浮游动物、浮游植物、底栖生物、游泳生物等；可开发资源可观，南海可开采石油储量5.8亿吨、天然气6000亿立方米，南海北部天然气水合物（可燃冰）资源储量约15万亿立方米。

总之，广东省独特的地理与气候条件，为现代农业与多元化产业提供了卓越的发展基础。广东省地处亚热带，气候温暖湿润，为蔬菜、水果、药材等农作物的生长提供了得天独厚的优势。同时，作为沿海省份，广东省水资源丰富，不仅为水产养殖业的蓬勃发展提供了有利条件，还促进了进出口贸易的繁荣。这些优势共同为现代农业与食品、生物医药与健康、现代轻工纺织、船舶运输等产业发展打下了坚实的基础，助力广东省成为全国乃至全球的重要产业聚集地。

二、经济强省地位稳固，多元市场促进产业链韧性发展

广东省是中国的南大门，因独特的地理位置和深厚的历史底蕴，早已成为中国的经济强省。广东省拥有国内、国际两大消费市场以及充满活力和潜

力的市场环境，庞大且多元的消费市场为产业链上的企业提供了广阔的发展空间和商机，这不仅有利于企业抵御外部风险，还能增强产业链的韧性，促进产业链发展。

在“以国内大循环为主体、国内国际双循环相互促进”的新发展格局下，中共中央、国务院发布了《扩大内需战略规划纲要（2022—2035年）》，旨在扩大内需，促进消费和投资再上新台阶。在国内贸易方面，广东省的社会消费品零售总额近年来一直呈现增长态势，仅在疫情期间受到短暂冲击，出现负增长。然而，疫情后的第一年，其零售总额便迅速恢复，甚至超过疫情前的消费水平（见图2-3）。从省内消费市场来看，广东省作为中国的人口大省，常住人口数量超过一亿，省内消费潜力巨大。与此同时，随着广东省经济的持续增长，居民收入水平提升，催生了更多、更高层次的消费需求。同样地，在国内消费市场上，我国庞大的人口基数和持续增长的经济实力构成了坚实的内需基础，再加上相关政策的积极扶持，内需不断扩大，消费升级趋势明显。数字经济的迅猛崛起更是为经济增长注入了强大的动力，使得产业链在安全稳定的环境中得以高效运转。

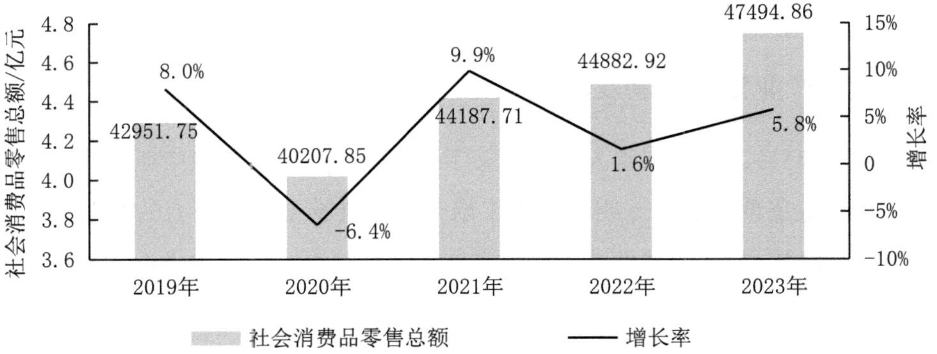

图2-3 2019—2023年广东省社会消费品零售总额及增长速度

数据来源：广东省统计年鉴。

在国际贸易方面，广东省的出口规模持续保持增长态势，即使在全球疫情严峻的挑战下，其出口仍实现了0.2%的增长率（见图2-4），这充分展示了广东省产业链卓越的抗风险能力和韧性。广东省毗邻港澳、背靠东南亚，这一得天独厚的市场条件使得广东省能够便捷地连接国际市场。粤港澳大湾区建设及《区域全面经济伙伴关系协定》（RCEP）的签署，使广东省能够充分利用港澳和东南亚的资源优势，加强区域间的经济合作与交流，进一步拓展市场空间和销售渠道。这不仅促进了广东省产业链的优化升级，还吸引了大量人才和创新资源，从而提高了广东省产业链的整体市场竞争力。这些积极因素共同确保了广东省产业链在国际市场上的稳健发展和安全稳定。

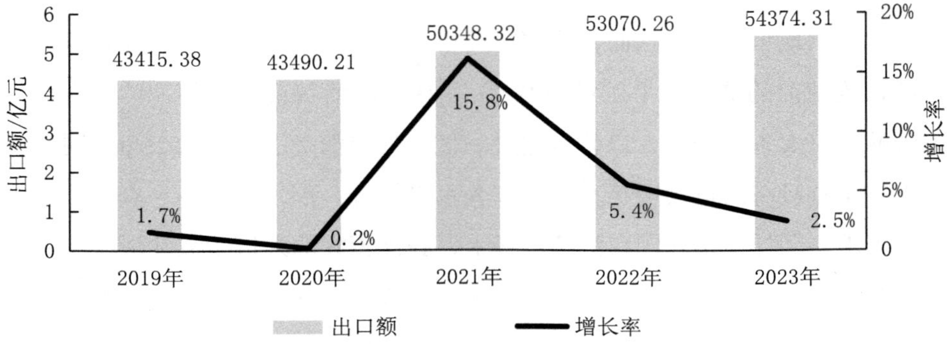

图2-4　2019—2023年广东省出口额及增长速度

数据来源：广东省统计年鉴。

三、产业集群蓬勃发展，强化产业链韧性与安全

2020年5月，《广东省人民政府关于培育发展战略性支柱产业集群和战略性新兴产业集群的意见》明确提出了培育若干具有全球竞争力的产业集群的目标。2021年4月，广东省正式宣布实施“链长制”，全面推进全省战略性产业集群建设。

从总体规模上看，广东省产业集群规模庞大，涵盖领域广泛。当前，广东产业集群化发展根基稳固，2022年，广东省十大战略性支柱产业集群贡献增加值达45462.75亿元，占地区生产总值比重35.2%，增速稳健为1.5%，成为广东省经济社会发展的压舱石。同时，十大战略性新兴产业集群展现蓬勃生机，年度增加值跃升至6484.71亿元，同比增长6.6%，增幅高于全省地区生产总值增速4.7个百分点，集聚效应渐显，展现出强劲的增长潜力，正逐步成为广东经济的新增长极。

从产业集群的发展状况看，广东省的产业集群拥有完善的产业链和广阔的消费市场。例如，广东省汽车产业集群已实现全链条覆盖，从整车到零部件的研发、设计、制造直至销售，各个环节紧密相连，形成了闭环式的完备产业链。纺织服装业作为广东省的传统强项，不仅根基稳固，而且品类繁多，产业链条从原材料供应至终端销售一应俱全，交易活动频繁且规模宏大，汇聚了国内数量最多、规模最大的服装及面辅料专业批发市场。广东省电子信息产业以珠江东岸电子信息产业带为核心集聚区，展现出强劲的发展潜力，特别是在智能终端设备、信息通信技术以及集成电路设计等领域积累了坚实基础，其5G手机、通信设备、计算机整机等产品的产量均居全国领先地位。

总的来说，广东省产业集群凭借庞大的规模和广泛的领域，显著提升了产业链的韧性和安全水平。一方面，完善的产业链和广阔的消费市场为稳链提供了坚实基础，确保了产业链的稳定运行。另一方面，技术创新驱动和政策环境支持加速了产业集聚，增强了产业链的竞争力和抵御风险的能力。这些发展优势不仅优化了资源配置，还提高了产业链的整体效率和安全性，为广东省乃至全国经济的稳定健康发展提供了有力支撑。

四、强化技能人才链，赋能产业链现代化

目前，广东省产业发展需求加大，技能型人才缺口长期存在，制造业面临着技能型人才占比较低、结构性短缺、青年择业意愿不强等多重挑战。为此，广东省发布了《关于加快培养高素质技能人才助力制造强省建设的实施方案》《关于加强新时代广东高技能人才队伍建设的实施意见》《支持港澳青年在粤港澳大湾区就业创业的实施细则》，旨在以“人才链”赋能“产业链”，为产业链现代化释放新动能。具体地，广东省组织实施人才强省建设“五大工程”和制造业人才“十百千万”专项行动，组建产业创新人才联盟，吸引一批科技领军人才和高水平创新团队来粤，着力构筑产业人才“蓄水池”。截至2023年底，全职在粤工作的两院院士达135人，研发人员达130

万人，持证工作外国人才达4.5万人，技能人才达1979万人，高层次、高技能人才分别达94万人、690万人，博士后科研平台和博士工作站分别达1301家和1266家。除此之外，广东省瞄准20个战略性产业集群，积极打造63条“产教评”技能生态链，支持并引导院校增设、优化高端装备制造、智能机器人等相关专业，推动重点企业与院校、研究机构、行业协会等合作，组建产业数字化复合型人才培训共同体，打造现代技工教育体系。截至2023年底，广东省有148所技工院校，实现21个地市技工院校全覆盖；技工院校在校生有65万人，占全国的1/7；技工院校招生人数、教研成果、技能竞赛、就业率等9项主要指标均居全国第一。上述举措为广东产业链高质量发展提供了坚实的人才支撑，有效推动了制造业在关键领域取得突破与创新，助力产业链转型升级，从而提升产业链的自主性和可控性。

五、着力打造科研创新高地，驱动产业链可持续发展

广东省是中国最具创新活力的地区之一。在科研投入、创新能力、知识产权保护等方面都走在全国前列。数据显示，广东省过去十年在科研领域的投入不断提升，年均增长率达到10%以上，仅2023年，广东省的科研经费就达到了4000亿元人民币，创下历史新高。同年，广东省在全国范围内拥有超过300家国家级高新技术企业，这不仅在数量上超越其他省份，而且这些企业在技术创新和产业升级方面的贡献也颇为显著。这种强大的科研投入为广东省培育了大量创新企业和科技园区，涵盖了电子信息、新材料、生物医药等领域。以华为公司为例，该公司在深圳设有总部和研发中心，致力于5G技术、人工智能等领域的研究与应用，华为的持续创新不仅提升了自身竞争力，也带动了整个行业的发展。截至2023年底，华为已在全球申请了超过8万项专利，成为中国企业在国际知识产权领域的重要代表。

在当前全球科技革命与产业转型的浪潮中，新一代信息技术、生物技术、新能源、先进材料科学及智能制造等前沿领域正经历着前所未有的技术创新与突破，并催生出新技术、新产业、新业态、新模式。为了抓住时代机遇实现“弯道超车”，广东省发布了《广东省科技创新“十四五”规划》并

提出，到2025年，广东科技创新综合实力显著提升，以创新为引领的经济体系和发展模式加快形成，主要创新指标达到国际先进水平，全国科技创新排头兵地位进一步稳固。技术创新是稳链的关键驱动力，它通过提升产业链的技术水平和协同效率赋能产业发展，推动产业链结构升级和重构，为产业链的稳定运行和持续发展提供了有力保障。

六、粤地金融活跃多元，保障产业链稳定运转

广东省作为中国金融业发展最为活跃的省份之一，无论是银行、证券、保险等传统金融机构，还是风投、私募、金融科技等新兴业态，均在此蓬勃发展，形成了多层次、广覆盖的金融服务网络，为企业提供多元化的融资渠道和金融产品。这些产品不仅涵盖传统贷款，还包括股权融资、债券发行、金融租赁等，满足不同成长阶段企业的资金需求。广发银行（CGB）便是其中的佼佼者，持续为创新型企业提供创新创业贷款，至2023年底已支持超过1000家创新型企业，总额超过100亿元，覆盖生物医药、新能源和人工智能等领域。与此同时，广东省的股票和债券市场为企业提供了更多融资选择。不仅如此，广东省还吸引了众多跨国银行设立分支机构，如花旗银行、大华银行、渣打银行等。这些银行不仅为本地企业提供融资支持，还为跨境贸易和投资提供了便利。根据中国银行业协会的数据，广东省境内的外资银行资产规模在2020—2024年增长了超过30%，为广东省企业拓展国际市场提供了有力支持。

在保障产业链稳定方面，广东省金融业发挥了关键作用。一方面，通过提供充足的资金支持，帮助企业扩大产能、技术改造和转型升级，增强了产业链上下游企业的协同性和韧性。另一方面，金融机构在服务模式方面积极创新，利用大数据、云计算等科技手段，提高金融服务效率，降低融资成本，助力企业解决融资难、融资贵等问题，为产业链的稳定运转注入了源源不断的动力。2024年2月，广东省人民政府办公厅发布了《关于加快推进科技金融深度融合助力科技型企业创新发展的实施意见》，旨在加快推进科技与金融深度融合，助力科技型企业创新发展，进一步完善全过程创新链。该实

施意见提出要推动创业投资机构投早投小投硬科技，为投资机构指明了投资方向，助力企业发展高新技术，进一步提升产业链的竞争力。

第四节　广东省产业链发展的政策环境

科学的政策制定引领产业链稳定安全发展。通过制定和实施一系列有针对性的政策措施，政府能够优化资源配置，降低企业运营成本，推动科技创新，激发市场活力，促进产业链内部的协同创新和融合发展。同时，优良的政策环境还能够有效应对外部风险和挑战，保障产业链的安全稳定，为产业链的长期发展奠定坚实基础。

一、国家多措并举强化产业链供应链韧性与安全

党的二十大报告明确提出，着力提升产业链供应链韧性和安全水平。国务院要求积极推进供应链创新与应用，促进制造协同化、服务化、智能化，推动健全制造业供应链服务体系。近年来，国家各部委相继出台了一系列政策文件，逐步形成合力，在不同领域推动我国产业链供应链的韧性与安全水平提升到一个新的高度。通过梳理近年来国家层面在不同领域实施的政策中有助于稳链发展的相关内容（见表2–5），可以得知国家高度重视产业链发展，总结有以下几个方面：一是大力推进制造业高质量发展，打造现代化产业体系；二是积极推动产业融合与协同发展，促进产业链、供应链、价值链的深度融合，提升整个产业链的效率和综合竞争力；三是以科技创新驱动产业链的完善、升级与转型，提升产业链的自主性和可控性；四是始终秉持绿色环保和可持续发展的理念，提升资源利用效率，保障产业链可持续发展；五是坚持扩大内需与高水平对外开放相结合，构建“双循环”发展格局，推动产业链向全球价值链的高端环节攀升，增强产业链的韧性与安全水平；六是不断完善金融服务体系，加强金融监管与风险防范，确保金融市场的安全与稳定，保障产业链的稳健发展。

表2-5 国家层面有关稳链发展的政策支持情况

发布时间	发布单位	政策文件名称	所属类别	相关内容
2015年5月	国务院	《中国制造2025》	顶层设计	提高国家制造业创新能力，推进信息化与工业化深度融合，强化工业基础能力，加强质量品牌建设，全面推行绿色制造，大力推动重点领域突破发展。到2025年，制造业整体素质大幅提升，创新能力显著增强，全员劳动生产率明显提高，两化（工业化和信息化）融合迈上新台阶。形成一批具有较强国际竞争力的跨国公司和产业集群，在全球产业分工和价值链中的地位明显提升
2016年5月	国务院	《国务院关于深化制造业与互联网融合发展的指导意见》	产业发展	打造制造企业互联网“双创”平台，推动互联网企业构建制造业“双创”服务体系，支持制造企业与互联网企业跨界融合，培育制造业与互联网融合新模式，强化融合发展基础支撑，提升融合发展系统解决方案能力，提高工业信息系统安全水平。到2025年，制造业与互联网融合发展迈上新台阶，融合“双创”体系基本完备，融合发展新模式广泛普及，新型制造体系基本形成，制造业综合竞争实力大幅提升
2017年3月	中国人民银行、工业和信息化部等5部门	《关于金融支持制造强国建设的指导意见》	金融支持	坚持问题导向，着力加强对制造业科技创新、转型升级和科技型中小制造企业的金融支持。突出支持重点，改进和完善制造业重点领域和关键任务的金融服务
2017年10月	国务院办公厅	《关于积极推进供应链创新与应用的指导意见》	科技创新	到2020年，形成一批适合我国国情的供应链发展新技术和新模式，基本形成覆盖我国重点产业的智慧供应链体系。供应链在促进降本增效、供需匹配和产业升级中的作用显著增强，成为供给侧结构性改革的重要支撑。培育100家左右的全球供应链领先企业，重点产业的供应链竞争力进入世界前列，中国成为全球供应链创新与应用的重要中心

续表

发布时间	发布单位	政策文件名称	所属类别	相关内容
2020年5月	中国人民银行、中国银行保险监督管理委员会等4部门	《关于金融支持粤港澳大湾区建设的意见》	金融支持	促进粤港澳大湾区跨境贸易和投融资便利化，提升本外币兑换和跨境流通使用便利度；扩大金融业对外开放，深化内地与港澳金融合作；推进粤港澳资金融通渠道多元化，促进金融市场和金融基础设施互联互通；进一步提升粤港澳大湾区金融服务创新水平
2021年3月	国家发展改革委、教育部、科技部等13部门	《关于加快推动制造服务业高质量发展的意见》	产业发展	力争到2025年，制造服务业在提升制造业质量效益、创新能力、资源配置效率等方面的作用显著增强，对制造业高质量发展的支撑和引领作用更加突出。重点领域制造服务业专业化、标准化、品牌化、数字化、国际化发展水平明显提升，形成一批特色鲜明、优势突出的制造服务业集聚区和示范企业
2021年4月	中国银保监会办公厅	《关于2021年进一步推动小微企业金融服务高质量发展的通知》	金融支持	加强产业链供应链金融创新，助力与资金链有效对接。鼓励银行业金融机构围绕产业链供应链核心企业，“一企一策”制定覆盖上下游小微企业的综合金融服务方案。在依法合规、风险可控基础上，充分运用大数据、区块链、人工智能等金融科技，在农业、制造业、批发零售业、物流业等重点领域搭建供应链产业链金融平台，提供方便快捷的线上融资服务
2021年10月	中共中央、国务院	《国家标准化发展纲要》	顶层设计	增强产业链供应链稳定性和产业综合竞争力。围绕生产、分配、流通、消费，加快关键环节、关键领域、关键产品的技术攻关和标准研制应用，提升产业核心竞争力。发挥关键技术标准在产业协同、技术协作中的纽带和驱动作用，实施标准化助力重点产业稳链工程，促进产业链上下游标准有效衔接，提升产业链供应链现代化水平
2022年12月	中共中央、国务院	《扩大内需战略规划纲要（2022—2035年）》	顶层设计	积极促进传统产业改造提升，大力发展现代农业，推进制造业高端化、智能化、绿色化，优化区域产业产能布局，持续推动生产性服务业向高端延伸

续表

发布时间	发布单位	政策文件名称	所属类别	相关内容
2023年1月	国务院办公厅	《关于进一步鼓励外商投资设立研发中心的若干措施》	科技创新	支持开展科技创新，优化科技创新服务，鼓励开展基础研究，促进产学研协同创新，支持设立开放式创新平台，完善科技创新金融支持，畅通参与政府项目渠道。提高研发便利度，鼓励引进海外人才，提升知识产权保护水平
2023年2月	中共中央、国务院	《质量强国建设纲要》	顶层设计	产业质量竞争力持续增强。制约产业发展的质量瓶颈不断突破，产业链供应链整体现代化水平显著提高，一二三产业质量效益稳步提高，农业标准化生产普及率稳步提升，制造业质量竞争力指数达到86，服务业供给有效满足产业转型升级和居民消费升级需要，质量竞争型产业规模显著扩大，建成一批具有引领力的质量卓越产业集群
2023年8月	国务院	《关于进一步优化外商投资环境加大吸引外商投资力度的意见》	对外开放	支持外商投资企业梯度转移。依托自由贸易试验区、国家级新区、国家级开发区等各类开放平台，鼓励东部地区与中西部和东北地区、沿边地区探索通过产值、利益等分享机制，结对开展产业转移协作。对在中国境内进行整体性梯度转移的外商投资企业，按照原所在地区已取得的海关信用等级实施监督
2023年8月	国家发展改革委、科技部等10部门	《绿色低碳先进技术示范工程实施方案》	绿色环保	通过实施绿色低碳先进技术示范工程，布局一批技术水平领先、减排效果突出、减污降碳协同、示范效应明显的项目，加快占领全球绿色低碳技术和产业高地，为实现碳达峰碳中和目标提供有力支撑，为经济社会高质量发展提供绿色动能
2023年8月	工业和信息化部、科技部等4部门	《新产业标准化领航工程实施方案（2023—2035年）》	产业发展	到2025年，支撑新兴产业发展的标准体系逐步完善、引领未来产业创新发展的标准加快形成。到2030年，满足新产业高质量发展需求的标准体系持续完善、标准化工作体系更加健全。到2035年，满足新产业高质量发展需求的标准供给更加充分，企业主体、政府引导、开放融合的新产业标准化工作体系全面形成

续表

发布时间	发布单位	政策文件名称	所属类别	相关内容
2023年8月	工业和信息化部	《制造业技术创新体系建设和应用实施意见》	科技创新	围绕制造业典型产品的关键技术、物料清单、重点生产企业等技术供给线以及研发设计工具、生产制造装备、标准、质量、管理服务、关键软件等技术支撑线，构建系统化、标准化的技术体系。依托技术体系，找准产业技术短板和强项，全面支撑产业科技创新工作，促进创新链、产业链、资金链、人才链深度融合，推动产业基础高级化、产业链现代化，有力支撑制造强国、网络强国、数字中国建设
2023年10月	工业和信息化部等6部门	《算力基础设施高质量发展行动计划》	产业发展	以构建现代化基础设施体系为目标，面向经济社会发展和国家重大战略需求，稳步提升算力综合供给能力，着力强化运力高效承载，不断完善存力灵活保障，持续增强算力赋能成效，全面推动算力绿色安全发展，为数字经济高质量发展注入新动能
2023年10月	国务院	《关于推进普惠金融高质量发展的实施意见》	金融支持	支持小微经营主体可持续发展。建立完善金融服务小微企业科技创新的专业化机制，加大对专精特新、战略性新兴产业小微企业的支持力度。优化制造业小微企业金融服务，加强对设备更新和技术改造的资金支持。提升普惠金融科技水平。强化科技赋能普惠金融，支持金融机构深化运用互联网、大数据、人工智能、区块链等科技手段，优化普惠金融服务模式
2023年11月	工业和信息化部	《人形机器人创新发展指导意见》	科技创新	到2025年，人形机器人创新体系初步建立，“大脑、小脑、肢体”等一批关键技术取得突破，确保核心部组件安全有效供给。到2027年，人形机器人技术创新能力显著提升，形成安全可靠的产业链供应链体系，构建具有国际竞争力的产业生态，综合实力达到世界先进水平
2023年10月	海关总署	《海关总署关于推动加工贸易持续高质量发展改革实施方案》	对外开放	围绕提升便利化水平、促进区域协同发展、筑牢安全发展防线3个方面，研究提出一揽子改革措施，进一步优化监管模式，稳定市场预期、稳住外贸基本盘、稳定产业链供应链

续表

发布时间	发布单位	政策文件名称	所属类别	相关内容
2024年1月	市场监管总局、国家发展改革委等5部门	《关于质量基础设施助力产业链供应链质量联动提升的指导意见》	产业发展	提升质量基础设施对建圈强链的支撑性。以现代先进的测量体系提升产业链供应链创新力，以协同领先的标准群增强产业链供应链稳定性，以专业高效的检验检测保障产业链供应链可靠性，以权威公信的质量认证认可促进产业链供应链高端化
2024年3月	国务院	《政府工作报告》	顶层设计	推动产业链供应链优化升级。保持工业经济平稳运行。实施制造业重点产业链高质量发展行动，着力补齐短板、拉长长板、锻造新板，增强产业链供应链韧性和竞争力。实施制造业技术改造升级工程，培育壮大先进制造业集群，创建国家新型工业化示范区，推动传统产业高端化、智能化、绿色化转型。加快发展现代生产性服务业。促进中小企业专精特新发展。弘扬工匠精神。加强标准引领和质量支撑，打造更多有国际影响力的“中国制造”品牌
2024年3月	财政部等4部门	《我国支持科技创新主要税费优惠政策指引》	科技创新	给予创业投资、吸引和培育人才、研究与试验开发、成果转化、重点产业发展、全产业链六个方面不同程度的税收优惠
2024年6月	国务院办公厅	《促进创业投资高质量发展的若干政策措施》	金融支持	培育多元化创业投资主体，多渠道拓宽创业投资资金来源，加强创业投资政府引导和差异化监管，健全创业投资退出机制，优化创业投资市场环境

二、广东多维施策引领湾区产业链高质量发展

广东省政府通过实施一系列富有针对性、有效性、前瞻性的政策，为产业链的发展打造了优越的政策环境（见表2-6）。这些政策不仅涵盖了税收优惠、财政补贴、科技创新支持等传统层面，更关注到了产业链的多元化发展、集群建设、环保可持续性等新要求。此外，广东省政府还强化了与企业、科研机构的合作机制，使得政策的制定与执行更加贴近市场实际，有效地促进了产业链的转型升级。同时，广东省还加大了对新兴产业和中小企业

的扶持力度，推动了产业链的完善和多元化。

从发布的政策可以看出，广东省正紧紧把握粤港澳大湾区建设这一历史性的发展机遇，全力推进区域内的经济一体化和协同发展。为了打造粤港澳大湾区国际金融枢纽，广东省以横琴、前海、南沙三大金融开放创新平台为核心，积极招商引资，深化金融改革，大力推动科技创新，不断优化金融环境，吸引全球资本汇聚。同时，为了提升金融服务实体经济的能力，广东省立足其制造业的坚实基础与科技创新的领先优势，精心实施了三大“金融+”工程，旨在通过金融支持，进一步提升产业链的综合竞争力，为实体经济的蓬勃发展注入强劲动力。在省内区域协调发展方面，针对省内产业发展不平衡问题，广东省正大力支持粤东粤西粤北地区更好承接国内外特别是珠三角地区产业有序转移，促进区域产业融合、协同发展，加快形成主体功能明显、优势互补、高质量发展的区域经济布局，在服务和融入新发展格局中实现更高水平的区域协调发展。此外，在产业发展上，广东省还重点培育发展了十大战略性支柱产业和十大战略性新兴产业，鼓励高新产业开拓创新突破“卡脖子”环节，实现产业链自主可控，同时，充分利用其在新一代电子信息产业上的显著优势，加快促进互联网、大数据、云计算、区块链、人工智能等新一代信息技术赋能传统产业，促进新产业、新业态、新模式的产生，实现数字产业化和产业数字化的双向促进，从而推动产业结构的全面转型升级。面对省内能源紧缺的挑战，广东省也在积极布局新能源产业的发展，特别是利用全国汽车生产第一大省的优势积极推进新能源汽车的广泛应用。广东省通过推进节能环保技术的升级与创新，提高能源利用效率，力求在缓解能源紧张问题的同时，降低对外部能源的依赖，从而增强产业链的稳定性与抗风险能力，为可持续发展奠定坚实基础。

表2-6　广东省层面有关产业链发展的政策支持情况

发布时间	发布单位	政策文件名称	所属类别	相关内容
2019年1月	广东省人民政府	《关于进一步促进科技创新的若干政策措施》	科技创新	推进粤港澳大湾区国际科技创新中心建设；鼓励港澳高校和科研机构承担省科技计划项目；推进创新人才高地建设；加快建设省实验室和新型研发机构；加快高新区改革创新发展；加大企业创新普惠性支持；打通科技成果转化“最后一公里”；促进科技金融深度融合；加强科研用地保障；提高区域创新发展平衡性协调性
2020年5月	广东省人民政府	《广东省人民政府关于培育发展战略性支柱产业集群和战略性新兴产业集群的意见》	产业发展	到2025年，瞄准国际先进水平，落实“强核”“立柱”“强链”“优化布局”“品质”“培土”等六大工程，打好产业基础高级化和产业链现代化攻坚战，培育若干具有全球竞争力的产业集群，打造产业高质量发展典范
2021年8月	广东省工业和信息化厅	《广东省数字经济促进条例》	顶层设计	数字经济发展以数字产业化和产业数字化为核心。数字产业化主要促进数字产品制造业、数字产品服务业、数字技术应用业、数字要素驱动业的发展；产业数字化主要促进工业数字化、农业数字化、服务业数字化等数字化效率提升业的发展
2023年3月	广东省人民政府办公厅	《2023年广东金融支持经济高质量发展行动方案》	金融支持	以横琴、前海、南沙三大平台金融开放创新为重点，共建粤港澳大湾区国际金融枢纽。立足制造业当家和科技创新强省建设，实施三大“金融+”工程，提升金融服务实体经济水平。落实支持房地产市场平稳健康发展的各项金融政策，推动房地产与金融形成良性循环。聚焦稳外贸、稳投资、促消费，加强对经济增长的金融服务保障。加大对“百县千镇万村高质量发展工程”和统筹城乡协调发展的金融支持，促进强县、兴镇、富村。大力发展绿色金融，支持绿美广东生态建设
2023年3月	广东省人民政府	《广东省激发企业活力推动高质量发展的若干政策措施》	顶层设计	加大财税金融支持，加快恢复和提振消费，着力扩大有效投资，全力稳住外贸外资，促进产业优化升级，优化提升营商环境

续表

发布时间	发布单位	政策文件名称	所属类别	相关内容
2023年3月	中共广东省委、广东省人民政府	《关于推动产业有序转移促进区域协调发展的若干措施》	区域发展	支持粤东粤西粤北地区更好承接国内外特别是珠三角地区产业有序转移，促进区域产业融合、协同发展，加快形成主体功能明显、优势互补、高质量发展的区域经济布局，在服务和融入新发展格局中实现更高水平的区域协调发展
2023年5月	中共广东省委、广东省人民政府	《关于新时代广东高质量发展的若干意见》	顶层设计	到2027年，全省高质量发展实现新进步，自主创新能力明显提高。到2035年，高质量发展实现更大成效，科技创新能力大幅跃升，城乡区域发展更加协调更加平衡
2023年5月	广东省能源局	《广东省推进能源高质量发展实施方案》	绿色环保	到2025年，能源高质量发展取得重大进展，能源安全保障能力大幅提升，能源绿色低碳转型成效显著，能源发展新模式新业态竞相迸发，关键核心技术自主创新实现突破，重点领域、关键环节改革取得实质性进展，协同配置资源能力有序顺畅，能源发展更有效率、更加公平、更可持续，更好地满足人民群众美好生活用能需要。多元安全的能源供应体系进一步完善，省内电力装机容量达到2.6亿千瓦，其中非化石能源发电装机占比达到44%左右。非化石能源成为能源消费增量的主体，消费比重达到29%左右。电气化水平全国领先，电能占终端能源消费比重提升至40%左右
2023年6月	中共广东省委、广东省人民政府	《关于高质量建设制造强省的意见》	顶层设计	全面实施产业基础再造工程，着眼核心基础零部件、核心基础元器件、关键基础软件、关键基础材料、先进基础工艺、产业技术基础等领域，推进工程化攻坚和平台建设，建立长周期支持机制持续推进共性技术攻关突破和推广应用。开展产业链供应链“百链韧性提升”专项行动，充分发挥“链长+链主”协同作用，“一链一策”实施精准补链强链，提升自主知识产权和替代接续能力。突破重点产业链的一批关键核心技术、前沿技术和颠覆性技术。持续推进“广东强芯”工程，抓紧组建省半导体及集成电路产业投资基金二期，全面建设中国集成电路第三极

续表

发布时间	发布单位	政策文件名称	所属类别	相关内容
2023年7月	广东省市场监督管理局、广东省科学技术厅	《关于知识产权助力实施创新驱动发展战略 加快实现高水平科技自立自强的若干措施》	科技创新	加强科技创新与知识产权统筹协调机制建设，提升科技创新知识产权创造质量，提高科技创新知识产权运用水平，加大科技创新成果知识产权保护力度，提升科技创新主体知识产权管理能力，强化科技创新知识产权服务能力
2023年10月	广东省人民政府办公厅	《广东省推动专精特新企业高质量发展的指导意见》	产业发展	强化梯度培育机制，提升技术创新能力，促进数字化转型，促进绿色化发展，加强质量标准和品牌建设，畅通资金融通渠道，加大财政扶持力度，强化人才支撑，灵活解决土地需求，助力市场开拓，强化服务支持。到2027年，累计培育超2000家专精特新“小巨人”企业和20000家左右专精特新中小企业，力争推动150家专精特新企业上市
2023年11月	广东省发展和改革委员会等8部门	《广东省加快氢能产业创新发展的意见》	产业发展	加大氢能关键核心技术攻关，加快完善氢气供应体系，统筹推进氢能基础设施建设，推动燃料电池汽车规模化推广应用，积极开展氢能多元化示范应用，优化氢能产业发展环境，加强全产业链安全管理
2023年11月	广东省人民政府办公厅	《广东省新形势下推动工业企业加快实施技术改造若干措施》	产业发展	强化技改工作理念，加大财政支持技改力度，引导金融支持工业企业技改，突出产业重点领域支持技改，开展以技术升级为导向的并购，鼓励链主企业带动产业数智化转型，支持工业企业绿色低碳改造，加强技改人才培育和支持，加强技改项目资源要素保障，强化组织领导
2024年1月	广东省市场监督管理局	《关于发挥市场监管职能推动新型储能产业高质量发展的若干措施》	产业发展	优化新型储能产业市场准入，健全新型储能产业链标准体系，增强新型储能产业计量服务能力，强化新型储能产业检验检测能力建设，完善新型储能产品质量安全监督体系，推动新型储能产业优化升级，推动新型储能产业的创新链和产业链深度融合，提升新型储能产业质量管理水平，促进新型储能产业公平竞争和有序发展

续表

发布时间	发布单位	政策文件名称	所属类别	相关内容
2024年2月	广东省人民政府办公厅	《关于加快推进科技金融深度融合助力科技型企业创新发展的实施意见》	金融支持	推动创业投资机构投早投小投硬科技，引导银行业金融机构扩大科技信贷规模，健全科技信贷风险分担和补偿机制，强化多层次资本市场对科技型企业的支持，引导保险机构为科技创新提供支持和保障，构建“补投贷”支持科技创新的联动机制，提高科技领域跨境投融资便利化水平，积极争取金融支持科技创新的新一轮试点，完善科技金融综合服务体系，统筹金融支持科技创新和防范金融风险

第五节　广东省产业链的发展对策

广东省积极响应国家稳链战略，《广东省国民经济和社会发展第十四个五年规划和2035年远景目标纲要》（简称《广东省“十四五”规划纲要》）提出要保障重点产业链稳定安全。为了实现稳链目标，广东省深入分析了当前国内外经济形势和产业链发展趋势，精准施策，颁布了多项具有针对性和前瞻性的发展措施，以明确未来产业链的稳定与发展方向。

一、推动制造业高质量发展，加速构建现代化产业体系

2021年《广东省制造业高质量发展“十四五”规划》指出，要巩固提升战略性支柱产业，前瞻布局战略性新兴产业，谋划发展未来产业；大力实施制造业高质量发展六大工程（见图2-5），即“强核”“立柱”“强链”“优化布局”“品质”“培土”，并明确了各领导、部门以及产业集群的要求和注意事项。

《2024年广东省政府工作报告》提出，传统产业、新兴产业、未来产业并举，推进产业基础高级化、产业链现代化，促进制造业智能化、绿色化、融合化发展。广东省发布了《广东省人民政府关于培育发展战略性支柱产业

集群和战略性新兴产业集群的意见》和20个产业集群行动计划及5个未来产业集群行动计划，构成“1+20+5”战略性产业集群政策文件体系（见表2–7）。

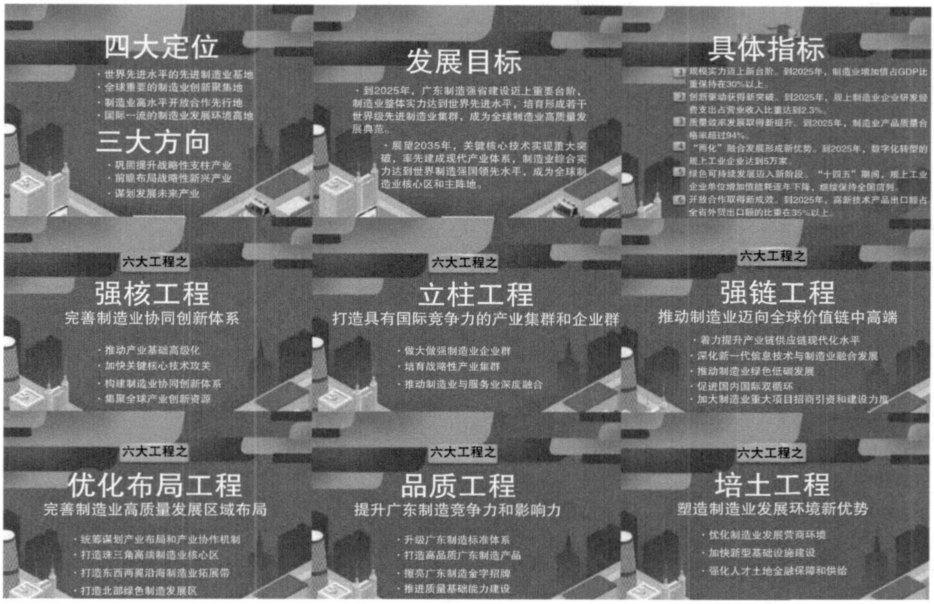

图2–5　《广东省制造业高质量发展“十四五”规划》

表2–7　“1+20+5”战略性产业集群政策文件体系

总体发展	《广东省人民政府关于培育发展战略性支柱产业集群和战略性新兴产业集群的意见》
十大战略性支柱产业集群行动计划	《广东省发展新一代电子信息战略性支柱产业集群行动计划（2021—2025年）》 《广东省发展绿色石化战略性支柱产业集群行动计划（2021—2025年）》 《广东省发展智能家电战略性支柱产业集群行动计划（2021—2025年）》 《广东省发展汽车战略性支柱产业集群行动计划（2021—2025年）》 《广东省发展先进材料战略性支柱产业集群行动计划（2021—2025年）》 《广东省发展现代轻工纺织战略性支柱产业集群行动计划（2021—2025年）》 《广东省发展软件与信息服务战略性支柱产业集群行动计划（2021—2025年）》 《广东省发展超高清视频显示战略性支柱产业集群加快建设超高清视频产业发展试验区行动计划（2021—2025年）》 《广东省发展生物医药与健康战略性支柱产业集群行动计划（2021—2025年）》 《广东省发展现代农业与食品战略性支柱产业集群行动计划（2021—2025年）》

续表

十大战略性新兴产业集群行动计划	《广东省培育半导体及集成电路战略性新兴产业集群行动计划（2021—2025年）》 《广东省培育高端装备制造战略性新兴产业集群行动计划（2021—2025年）》 《广东省培育智能机器人战略性新兴产业集群行动计划（2021—2025年）》 《广东省培育区块链与量子信息战略性新兴产业集群行动计划（2021—2025年）》 《广东省培育前沿新材料战略性新兴产业集群行动计划（2021—2025年）》 《广东省培育新能源战略性新兴产业集群行动计划（2021—2025年）》 《广东省培育激光与增材制造战略性新兴产业集群行动计划（2021—2025年）》 《广东省培育数字创意战略性新兴产业集群行动计划（2021—2025年）》 《广东省培育安全应急与环保战略性新兴产业集群行动计划（2021—2025年）》 《广东省培育精密仪器设备战略性新兴产业集群行动计划（2021—2025年）》
五大未来产业集群行动计划	《广东省培育发展未来电子信息产业集群行动计划》 《广东省培育未来智能装备产业集群行动计划》 《广东省培育未来生命健康产业集群行动计划》 《广东省培育未来材料产业集群行动计划》 《广东省培育发展未来绿色低碳产业集群行动计划》

在产业链优化升级方面，广东省持续加大投入实施制造业技术改造升级工程，以提升生产效率和产品质量为目标，推动企业加快技术创新步伐。例如，广东省培育壮大先进制造业集群，如位于珠三角地区的珠江三角洲制造业集群，这一区域集聚了大量高新技术企业，为技术交流与合作提供了平台。同时，广东省积极创建国家新型工业化示范区，如深圳前海自贸区，为企业提供了更加灵活的政策环境和市场准入机制，促进了传统产业向高端化、智能化、绿色化的转型。此外，广东省还加快发展现代生产性服务业，如工业互联网、智能制造服务等，为制造业提供便捷的服务和支持，进一步促进中小企业实现专精特新发展，推动更多企业打造具有国际影响力的“中国制造”品牌。

在培育新兴产业和未来产业方面，广东省致力于巩固扩大智能网联新能源汽车等产业领先优势。例如，广东省的特斯拉超级工厂项目在建成后将成为亚太地区最大的电动车生产基地之一，提升了该地区在新能源汽车产业链中的地位。同时，广东省加快发展前沿新型氢能、新材料、创新药等产业。例如，广东生物医药产业依托广州国际生物岛、深圳坪山国家生物产业基地等核心载体，汇聚龙头企业、创新主体及重大科技平台、知名高校，为产业升级提供了强有力的支持。广东省还积极打造生物制造、商业航天、低空经济等新增长引擎，探索并开拓了量子技术、生命科学等新赛道，为未来产业发展指明了方向。此外，广东省积极打造一批未来产业先导区，如深圳前海自贸区和广州南沙自贸港区，为未来产业发展搭建了良好的平台和政策支持，吸引了大量创新型企业和项目落地，推动了产业结构优化和经济转型升级。

二、推进数字经济融合发展，创新驱动产业链全面升级

根据《2024年广东省数字经济工作要点》，广东省正在大力推动数字产业化、产业数字化，推进数据资源开发利用，加快数字技术创新，优化升级数字基础设施，健全完善治理和安全体系，营造数字经济良好发展环境。为了促进数字经济发展，广东省颁布了《广东省数字经济促进条例》《广东省数字经济发展指引1.0》《广东省新一代人工智能创新发展行动计划（2022—2025年）》《广东省5G基站和数据中心总体布局规划（2021—2025年）》等多项政策措施。截至2022年，广东省数字经济规模已跃升至6.41万亿元的新高度，连续六年蝉联全国榜首；电子信息制造业的领先地位亦已稳固长达32年之久，持续引领全国；与此同时，全省累计推动超过2.25万家规模以上工业企业完成数字化转型，带动65万家中小企业“上云用云”；在信息基础设施方面，全省5G基站数、光纤用户数、智能终端、4K电视产量等均保持全国领先地位。广东省持续深耕大数据、AI等未来尖端技术，实施“人工智能+”战略，构建具备全球竞争力的数字产业生态体系，激发数字经济创新活力。例如，华为在广东省南沙区建设的“智慧+”工厂，通过人工智能技术优化生产流程，实现了高效生产和资源利用。在制造业方面，广东省实施制造业数字化转型行动，加快工业互联网规模化应用。如广东移动与制造企业合作，通过工业互联网技术实现生产过程的智能监控和数据分析，降低生产成本，提

升竞争力，并促进产业链上下游的协同发展。此外，广东省还积极推进服务业数字化发展，建设智慧城市、数字乡村等。以广州市为例，在交通管理、医疗卫生等领域推行数字化服务，提高了城市管理效率。在数字基础设施建设方面，广东省致力于适度超前建设，加快形成全国一体化算力体系。广东省在5G网络建设上处于全国领先地位，为数字产业的发展提供了强大的技术支持和基础设施保障，这种适度超前的建设为数字产业的快速发展和产业链的数字化升级奠定了坚实基础，有力地推动了整个产业链的数字化升级和经济增长。

《广东省"十四五"规划纲要》明确提出建立重点产业链的核心企业库，强化产业链核心环节的招商引资策略。聚焦电子信息、装备制造、汽车及生物医药四大领域，系统分析产业链技术短板、弱项及潜力突破点，绘制补短板策略图与强优势清单。以整机产品为核心，促进省内龙头企业与供应链伙伴协同技术突破与制造升级，全面贯通研发、制造、服务全链条。《广东省科技创新"十四五"规划》展望至2025年，广东科技创新综合实力显著提升，以创新为引领的经济体系和发展模式加快形成，主要创新指标达到国际先进水平，全国科技创新排头兵地位进一步稳固，建成更高水平的科技创新强省，粤港澳大湾区初步建成具有全球影响力的科技和产业创新高地，成为国家重要创新动力源。根据《中共广东省委 广东省人民政府关于高质量建设制造强省的意见》的要求，广东省启动"突围工程"，开展"百链韧性提升"专项行动，成功突破5G、超高清视频、高端电子元器件等技术瓶颈，体外膜肺氧合系统、高端核磁共振设备、高端手术机器人等打破国外垄断。"广东强芯"工程取得阶段性重大成果，国内首条高端纯商业化光掩模产线、省内第一条碳化硅产线等建成投产，中微半导体、华芯微等项目落地，广东微技术工业研究院揭牌成立，麒麟高端芯片实现规模化应用。除此之外，广东省通过建立完善的产学研合作机制，为促进产业链发展的协同与创新提供了有力支持。举例来说，广东工业大学与企业紧密合作开发的智能制造系统在提高生产效率方面取得了令人瞩目的成就。最新数据显示，这一系统的运用使得生产效率平均提升了30%，显著降低了生产成本。广东省与腾讯、阿里巴巴等知名企业合作建立了产学研联盟，旨在共同研发前沿技术和解决产业创新中的瓶颈问题，进一步加快了产业链的自主创新步伐。截至2023年，已有超过1000个产学研合作项目成功启动并完成，其中包括了许多涵盖机器人、物联网、人工智能等前沿科技领域的重要项目。这些合作项目不仅在技术上取得了创新和突破，还为广东省的产业链数字化转型提供了可靠支持。可见，广东省致力于促进产业链的自主创新，根据数据统计，自2010年起，广东省每年新增高新技术企业超过2000家，形成了雄厚的创新实力。这些企业积极投入研发领域，不断推出具有自主知识产权的技术和产品，不仅打通了产业链的堵点，使产业链得到进一步完善和优化，还提升了产业链的自主性和可控性。

三、聚焦粤港澳大湾区发展，畅通国内国际产业链双循环

《广东省“十四五”规划纲要》提出要推动产业链供应链多元化，支持龙头骨干企业全球布局，深度参与构建涵盖生产体系、研发基地、营销网络和跨国供应链的国内国际双循环体系。

一方面，广东出台的许多政策都聚焦粤港澳大湾区建设发展，力求紧紧把握发展的机遇，带动大湾区内部要素流动和资源共享，拓展国内外市场空间，促进广东省产业链的升级、创新和国际化发展。特别地，国家和广东省发布了一系列针对大湾区建设的发展措施，如《粤港澳大湾区发展规划纲要》《粤港澳大湾区国际一流营商环境建设三年行动计划》《关于金融支持粤港澳大湾区建设的意见》《关于推进海事服务粤港澳大湾区发展的意见》《“数字湾区”建设三年行动方案》等。根据最新数据，粤港澳大湾区的地区生产总值已经超过11万亿元人民币，连续多年保持较快增速。在这一进程中，广东不断深化与香港、澳门的合作，实现产业互补和资源共享。例如，广东与香港合作推动了珠三角国际科技创新中心的建设，进一步提升了该地区在科技创新方面的竞争力。同时，广东省积极拓展与国外合作伙伴的关系，开拓国际市场，提升产业链竞争力。广东与东盟国家展开了务实合作，拓宽了国际贸易渠道，促进了跨境贸易的发展。除此之外，政府鼓励企业以

广东省为总部基地，在粤港澳大湾区建设产业链条，并且鼓励企业在海外设立生产基地，实现产业链的全球化布局。这样一来，广东省可以更好地满足国内市场需求，同时将优质产品推向国际市场，以实现畅通国内国际双循环的目标。

另一方面，广东省正积极深化内外贸融合发展战略，大力构建国内国际双循环相互促进的新发展格局。2022年，商务部等14部门联合发布了《关于开展内外贸一体化试点的通知》，该通知强调，要完善内外贸一体化调控体系，促进内外贸法律法规、监管体制、经营资质、质量标准、检验检疫、认证认可衔接等方面积极创新、先行先试，培育一批内外贸一体化经营企业，打造一批内外贸融合发展平台，形成一批具有国际竞争力、融合发展的产业集群，建立健全促进内外贸一体化发展的体制机制。在此背景下，广东作为九个内外贸一体化试点地区之一，积极响应，出台了一系列针对性政策措施。例如，广东省发展改革委印发《广东省“十四五”现代流通体系建设实施方案》，明确了内外市场互联互通的重要性，并拓宽了出口产品转内销的路径。为实现这一目标，广东加速推进内外贸检验检测认证的一体化进程，为企业在国内外市场的拓展提供一站式服务，特别是支持“湾区认证”的推广，促进检测认证标准的对接与互认。同时，实施内外销产品“三同”（同线同标同质）工程，提升内销产品质量标准。在渠道拓展方面，广东积极促进外贸企业与电商平台、连锁企业及商品市场的合作，设立线上线下融合的内销专区，实施精准营销策略。此外，还鼓励中国进出口商品交易会、中国加工贸易产品博览会等平台拓展功能，举办出口产品转内销活动，并利用RCEP协定市场开放承诺和规则，扩大产品进出口规模。同时，引导外贸企业紧跟国内消费新趋势，对产品进行适应性改造，并鼓励企业创立内销自有品牌，以此推动内外贸深度融合，加速国内国际双循环的高效运转。

第三章

广东省产业链的国内合作①

广东省以其完整的产业链和丰富的产业集群而闻名。2023年，广东省拥有8个万亿级产业集群、3个5000亿级产业集群、7个千亿级产业集群以及2个百亿级产业集群，这些集群的增加值占GDP的比重达到四成。完整的产业链和丰富的产业集群为广东省产业链稳定性打下了坚实的基础。

在传统产业方面，广东省优势显著。一是产业基础完善、规模庞大。广东省的传统产业经过长期发展，已形成较为完善的产业链条和庞大的产业规模。二是战略支柱作用明显。在广东十大战略性支柱产业集群中，有6个属于传统产业范畴，显示了传统产业对整个经济体系的支撑作用。三是产业集聚效应显著。广东形成了多个具有国际影响力的产业集群，集群内部企业间合作紧密，增强了整体竞争力。尽管广东省传统产业规模较大，为广东省带来了较大的经济效益，但仍存在着一系列的问题和风险。一是产业结构面临调整压力。在全球产业链重构和国内经济结构调整的大背景下，依靠土地、价格和劳动力成本优势的传统发展模式难以为继，广东省的传统产业面临着从劳动密集型向技术密集型转变的压力。二是经济发展不确定性增加。作为经济开放的前沿，广东对外贸依赖度高，全球经济衰退和贸易投资疲软直接影响其经济稳定，增加了发展的不确定性。三是技术创新能力不足。部分传统产业在技术创新和采用先进制造技术方面步伐较慢，难以满足市场对高品质、高技术含量产品的需求。

在新兴产业和未来产业方面，广东省在诸多方面展现出明显优势。一是

① 本章第一执笔人为暨南大学产业经济研究院王晓彬。

政策支持与规划明确。广东省政府高度重视新兴产业的发展，制定了一系列扶持政策和产业集群发展规划。二是产业基础雄厚。广东省拥有坚实的制造业基础和完善的产业链配套，为新兴产业提供了快速成长的土壤。三是资本集聚效应明显。广东是国内外资本汇集地，风险投资和私募股权基金活跃，为新兴产业的初创企业和项目提供了丰富的融资渠道。尽管政府积极布局新兴产业，但新兴产业的发展依旧面临着一系列的风险。一是全球贸易环境的不确定性。国际贸易摩擦和保护主义抬头可能影响广东省新兴产业的出口市场，增加供应链的不稳定性。二是核心技术受制于人。尽管广东在某些新兴产业领域已取得显著进展，但在核心技术和关键零部件上仍高度依赖进口。三是创新转化效率不高。在科研成果走向产业化的过程中，存在转化周期长、成功率低的问题，导致创新资源未能有效转化为产业竞争力。

针对广东省产业发展现状及面临的风险挑战，为打造安全发展的产业链，广东省积极规划产业链区域布局，推进产业体系升级，传统产业蓬勃发展，产业发展呈现稳中加固、稳中向好态势；新兴产业和未来产业发展步入快车道，形成协同发展的产业集群，为提升广东省产业链供应链韧性和安全性奠定了坚实的基础。面对复杂严峻的国际环境，广东省产业链的国内外合作不仅推动了经济的高质量发展，还提升了广东省在全球产业链中的地位，加速了本土技术的升级，促进了广东省产业结构的优化升级，增强了国际竞争力和影响力。

第一节　广东省的产业链布局

广东省的产业链较为完整，产业链供应链稳定畅通。广东省在推动产业集群化发展方面已奠定坚实基础，孕育了包括新一代电子信息、绿色石化、智能家电、汽车、先进材料、现代轻工纺织、软件与信息服务、超高清视频显示、生物医药与健康以及现代农业与食品在内的十大战略性支柱产业集群。2022年数据显示，广东省战略性支柱产业集群的年度营业收入总和高达

19万亿元人民币，彰显了其强大的经济规模与活力。尤为显著的是，新一代电子信息、绿色石化、智能家电、先进材料、汽车及软件与信息服务等产业集群的产值规模均突破了万亿元大关。在家电、电子信息等领域，部分产品产量全球第一；而汽车、智能手机、4K电视、水泥、塑料制品等主要产品产量位居全国首位。这一系列成就不仅体现了广东省产业集群的深厚底蕴，也预示了其持续增长的强劲势头，构成了广东省经济发展的重要基石与驱动力。

广东省与多家央企及地方政府签署了战略合作协议，通过直接投资、联合投资、股权合作等多种形式，共同推进高端装备制造、新能源、前沿新材料、智能家电、汽车等战略性支柱产业和战略性新兴产业的发展。其中，在海上风电、氢能产业基地等领域的投资尤为显著，计划总投资额巨大，彰显了广东省在推动经济高质量发展中的坚定决心和实际行动。这些战略合作与投资行为不仅促进了产业链上下游的协同发展，还提升了广东省战略性支柱产业和战略性新兴产业的国际竞争力，为广东经济的高质量发展注入了新的活力。

广东省战略性新兴产业发展情况呈现出蓬勃向上的态势。近年来，广东省在推动战略性新兴产业方面取得了显著成效，形成了多个具有国际竞争力的产业集群。这些产业集群涵盖了智能机器人、高端装备制造等多个领域，为广东省的经济发展注入了新的动力。2022年数据显示，广东省战略性新兴产业集群营业收入合计高达2.6万亿元人民币，产业集聚效果初步显现，经济增长潜力巨大，对广东省经济发展具有重大引领作用。其中，新能源、高端装备制造等产业集群正在加速成长为新的万亿元级、5000亿元级产业集群。广东省通过培育战略性新兴产业集群，促进产业链上下游企业的协同发展。产业集群内的企业可以共享资源，同时还可以通过协同创新提升产业链的整体水平和整体竞争力，从而增强产业链的安全性。

在产业链管理方面，广东省近年来一直在加快实施“链长制”，发挥链长统筹产业要素资源的优势及“链主”企业头雁引领和生态主导优势，整合产业链上下游资源，进而不断优化提升产业集群发展生态。珠三角地区作为广东省乃至全国的经济核心区域，其产业链规模庞大且成熟度较高。其中深圳、广州等城市是重要的产业集聚区，该地区集中了大量的制造业企业，特别是先进制造业企业，形成了多个具有国际竞争力的产业集群。相比之下，粤东粤西粤北地区的产业链规模较小，成熟度相对较低。近年来这些地区在承接产业转移、推动产业升级方面取得了一定成效，整体上处于快速发展阶段。这些地区的产业链相互关联，形成了广东省丰富多样的产业结构，且各个市区均响应国家和省的号召，大力实施“链长制”，不断提高产业链供应链稳定性和国际竞争力。

一、深圳市：经济转型升级与产业链安全强化

（一）产业结构持续优化

深圳市加快推进经济结构战略性调整和产业结构转型升级，三次产业结构从2021年的0.1：37.7：62.3调整为2022年的0.1：37.9：62.0，继续维持“三二一”产业格局。其中，第一产业实现增加值24.76亿元，同比增长4.27%；第二产业实现增加值1.23万亿元，同比增长6.08%，保持平稳运行；第三产业实现增加值2.01万亿元，同比增长4.97%（见图3-1）。战略性新兴产业增加值1.33万亿元，占地区生产总值比重提高到41.1%。现代服务业增加值1.52万亿元，占服务业增加值比重提高到76.3%，产业结构持续优化。

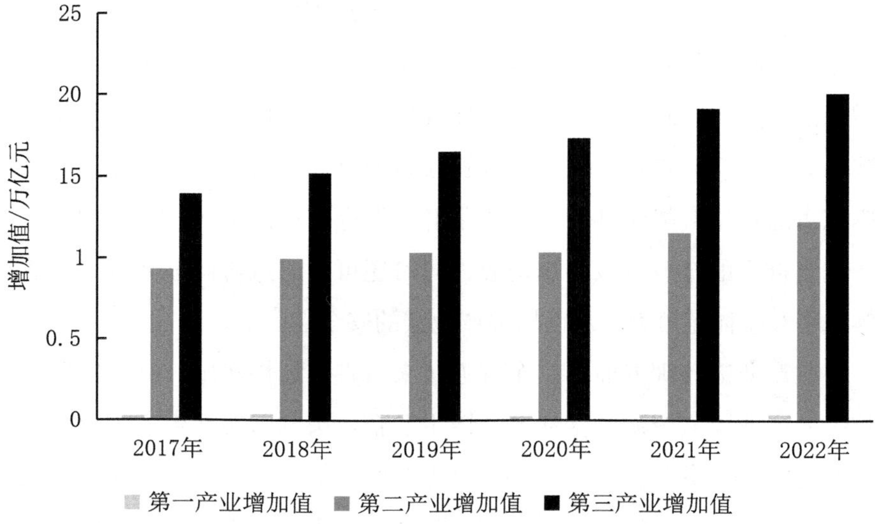

图3-1　2017—2022年深圳市三次产业增加值

资料来源：深圳市统计年鉴。

（二）持续加强创新链建设

尽管产业链完善成为众多企业选择深圳的重要原因之一，大量企业依托深圳及周边城市的产业链发展壮大，但由于中美贸易摩擦等外部条件影响，深圳产业链仍面临关键技术“卡脖子”等问题。在加强关键核心技术攻坚方面，深圳采取了一系列有力有效举措，突破“卡脖子”技术，实现关键核心技术自主可控，维护产业链供应链安全稳定。在创新“卡脖子”突破扶持方式上，深圳设立了重大装备和关键零部件研制专项，以“需求导向、优化机制、集中力量、重点突破”为原则，瞄准深圳战略性新兴产业重点布局领域，围绕龙头骨干企业及产业链上下游企业对“卡脖子”核心技术、重大装备和关键零部件的共性需求开展攻关，并通过“里程碑”式考核、“项目经理人”制管理等创新机制严格把控项目产出质量，形成一批自主可控的标志性成果。深圳市在安全性上下功夫，加强关键核心技术攻关，创造更多自主知识产权，完善贸易和物流体系，提升产业链供应链韧性和安全水平。2017—2023年深圳市发明专利授权总量如图3-2所示。

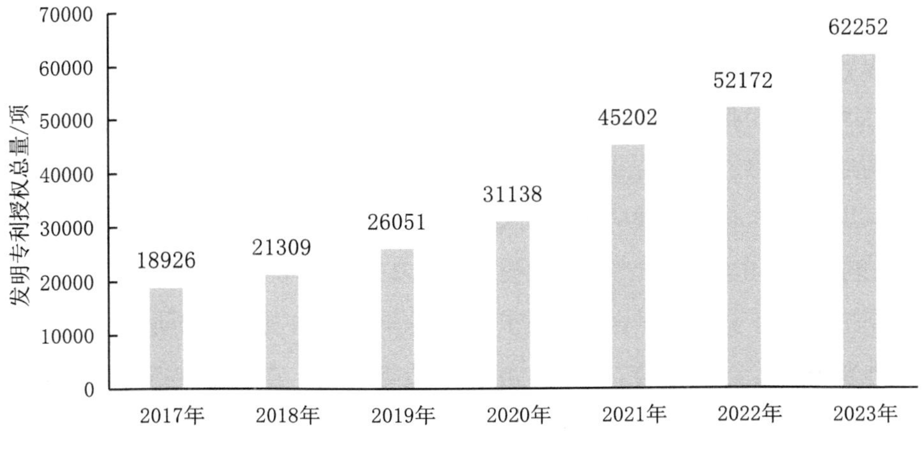

图3-2　2017—2023年深圳市发明专利授权总量

资料来源：深圳市统计年鉴。

（三）完善产业生态圈提高产业链韧性

深圳市是中国的电子信息产业中心，也是全球最大的电子产品制造基地之一。根据《深圳市国民经济和社会发展第十四个五年规划和二〇三五年远景目标纲要》，深圳市产业呈现“4+7+5”的布局体系。“4”指的是高新技术产业、物流业、金融业和文化产业四大支柱产业；“7”指的是新一代信息技术、生物医药、数字经济、高端装备制造、新材料、海洋经济、绿色低碳七大战略性新兴产业；“5”指的是6G、量子科技、深海产业、深空产业、氢能五大未来产业（见表3-1）。

表3-1 深圳市“4+7+5”的产业布局体系

四大支柱产业	七大战略性新兴产业	五大未来产业
高新技术产业 物流业 金融业 文化产业	新一代信息技术 生物医药 数字经济 高端装备制造 新材料 海洋经济 绿色低碳	6G 量子科技 深海产业 深空产业 氢能

资料来源：前瞻产业研究院。

深圳市的产业链主要涵盖以下几个方面。

电子信息产业链：深圳市是中国电子信息产业的重要基地，拥有众多的电子制造企业和供应链企业，涵盖集成电路、5G、人工智能、新型显示等领域。深圳深化物联网发展应用，前瞻布局柔性电子、量子信息等高端领域。许多国际知名的电子品牌都在深圳设有生产基地，如华为、富士康、TCL等。

制造业产业链：除了电子信息产业，深圳市还有其他制造业产业链的布局，涉及家电、纺织服装、化工、机械制造等行业。在家电制造方面，深圳市拥有众多的家电制造企业，如格力、美的、海尔等。在纺织服装方面，深圳市有大量的纺织服装企业和供应链企业。在化工和机械制造方面，深圳市也有一定的产业链布局。

现代服务业产业链：深圳市有发达的现代服务业产业链，涵盖金融、物流、科技创新等领域。深圳市拥有众多的科技创新企业和金融机构，如腾讯、华为、平安银行等。金融、物流和科技创新产业链相互关联，形成了深圳市现代服务业的产业链布局。

创新科技产业链：深圳市是中国的创新科技中心之一，拥有众多的高科技企业和创新创业平台，涵盖人工智能、物联网、生物医药、新能源等领域。深圳市的创新科技产业链主要包括科研机构、技术研发、创新创业孵化等环节。深圳市的创新科技产业链布局为城市的科技创新和经济发展提供了重要支撑。深圳提出组织开展半导体及集成电路、生物医药、空间技术、光载信息等重点领域研发计划，实施150个基础研究重点项目。同时，实施产业基础能力提升工程，聚焦高端制造设备、核心基础软件、关键零部件、先进材料和生产工艺等产业基础共性技术，开展25个产业基础再造、10个重大技术装备攻关项目。

文化创意产业链：深圳市是中国文化创意产业的重要基地，数字文化产业、创意文化产业等新型文化业态逐渐成为引领深圳文化产业快速发展的新兴力量，涵盖了影视制作、动漫游戏、设计创意、数字媒体等多个领域。深圳市拥有一批优秀的文化创意企业和创意人才，形成了独特的文化创意产业生态圈，为城市的文化建设和城市形象提升作出了重要贡献。

总体而言，深圳市在5G、信息通讯、汽车电子、计算机、医疗器械、消费类电子、光电、仪器仪表等领域，均构建了完整的上下游产业链，打造了全球独有的完整而高效的制造业产业链供应链。同时，深圳市拥有一批对全球产业链供应链具有较强把控能力的巨头企业，比如华为、迈瑞、比亚迪等，已经构建起了完善的产业生态圈。完善的产业生态圈直接带动了深圳市在多个领域多个层次具备强大的创新能力，并有效提高了深圳市产业链的安全水平。

（四）产业空间差异化协同发展

在空间布局上，深圳市统筹规划20个先进制造业园区和20个科技创新集聚区布局，为加快形成战略性新兴产业集群和未来产业体系提供空间支撑，为优化深圳产业空间布局和提高深圳市产业链韧性及稳定性提供了空间基础。2022年深圳市出台《关于发展壮大战略性新兴产业集群和培育发展未来产业的意见》等系列政策文件后，紧锣密鼓开展了“20+20”产业空间规划，优化产业园区布局方案（见表3-2），深化先进制造业园区布局，以《深圳市20大先进制造业园区空间布局规划》为依据，在宝安、龙岗、龙华、坪山、光明、盐田、大鹏新区、深汕特别合作区8个区布局20大先进制造业园区，引导战略性新兴产业制造环节集中布局。《深圳市战略性新兴产业与未来产业空间布局规划（2024—2035年）》强调，统筹科技创新集聚区布局，统筹深圳国家高新区、深圳国家自主创新示范区、高等教育校区等空间布局，衔接光明科学城、河套深港科技创新合作区深圳园区、西丽湖国际科教城、空港会展海洋新城等重点片区规划，在罗湖、福田、南山、盐田、宝安、龙岗、龙华、坪山、光明9个区布局20个科技创新集聚区，引导战略性新兴产业与未来产业研发环节及各类科技创新资源集中布局。集聚区依托各自产业基础和资源优势，明确差异化的产业发展方向，实现错位协同发展。

表3-2　深圳“20+20”产业空间规划

序号	20个先进制造业园区				20个科技创新集聚区			
	名称	所在区域	面积/km²	重点布局产业集群	名称	所在区域	面积/km²	重点布局产业集群
1	宝安区燕罗先进制造业园区	宝安区	22.50	超高清视频显示、高端装备与仪器、智能传感器、机器人、高性能材料、智能机器人、深地深海、前沿新材料	梅彩—八卦岭科技创新集聚区	福田区	3.22	智能终端、高性能材料、现代时尚、数字创意、光载信息、量子信息
2	石岩—百旺先进制造业园区	宝安区、南山区	15.26		车公庙科技创新集聚区	福田区	2.91	
3	宝安区新桥东先进制造业园区	宝安区	15.40		河套深港科技创新合作区深圳园区集聚区	福田区	4.30	
4	宝安区（前海）福海—沙井先进制造业园区	宝安区	13.67		罗湖北科技创新集聚区	罗湖区	6.21	大健康、现代时尚、安全节能环保、数字创意
5	龙岗区西部先进制造业园区	龙岗区	37.97	智能终端、现代时尚、数字创意、光载信息	大望—梧桐科技创新集聚区	罗湖区	2.54	
6	龙岗区中部先进制造业园区	龙岗区	19.73		南山高新园科技创新集聚区	南山区	12.87	网络与通信、智能传感器、机器人、海洋产业、数字创意、合成生物、光载信息、智能机器人、细胞与基因、脑科学与脑机工程、深地深海、前沿新材料
7	龙岗区东部先进制造业园区	龙岗区	33.30		深圳大学城科技创新集聚区	南山区	10.33	
8	龙华区九龙山先进制造业园区	龙华区	14.90	网络与通信、智能终端、智能传感器、机器人、智能机器人	蛇口科技创新集聚区	南山区（前海）	6.89	
9	龙华区清湖—大浪先进制造业园区	龙华区	21.05		留仙洞—尖岗山科技创新集聚区	南山区、宝安区	11.88	

续表

序号	20个先进制造业园区				20个科技创新集聚区			
	名称	所在区域	面积/km²	重点布局产业集群	名称	所在区域	面积/km²	重点布局产业集群
10	龙华区黎光—银星先进制造业园区	龙华区	9.24	网络与通信、智能终端、智能传感器、机器人、智能机器人	宝石科技创新集聚区	南山区、宝安区	4.48	网络与通信、智能传感器、机器人、海洋产业、数字创意、合成生物、光载信息、智能机器人、细胞与基因、脑科学与脑机工程、深地深海、前沿新材料
11	坪山区金沙—碧湖先进制造业园区	坪山区	11.57	智能终端、高端装备与仪器、细胞与基因	前海科技创新集聚区	南山区（前海）	19.64	
12	坪山区高新南先进制造业园区	坪山区	13.15		盐田海山科技创新集聚区	盐田区	1.47	海洋产业、现代时尚、大健康
13	坪山区高新北先进制造业园区	坪山区	6.97		铁仔山科技创新集聚区	宝安区	12	超高清视频显示、高端装备与仪器、智能传感器、机器人、高性能材料、智能机器人、深地深海、前沿新材料
14	光明区凤凰先进制造业园区	光明区	14.20	超高清视频显示、智能传感器、高性能材料、高端装备与仪器、合成生物、脑科学与脑机工程、前沿新材料	会展海洋城科技创新集聚区	宝安区（前海）	18.79	
15	光明区马田先进制造业园区	光明区	12.60		立新湖科技创新集聚区	宝安区	18.37	
16	光明区玉塘先进制造业园区	光明区	6.60		大运科技创新集聚区	龙岗区	5.28	智能终端、现代时尚、数字创意、光载信息
17	光明区公明先进制造业园区	光明区	7.15		龙华数字经济园科技创新集聚区	龙华区	6.42	网络与通信、智能终端、智能传感器、机器人、智能机器人
18	盐田—大鹏东部滨海先进制造业园区	盐田区/大鹏新区	13.46	海洋产业、现代时尚、大健康、细胞与基因	观澜—鹭湖科技创新集聚区	龙华区	16.01	

续表

序号	20个先进制造业园区				20个科技创新集聚区			
	名称	所在区域	面积/km²	重点布局产业集群	名称	所在区域	面积/km²	重点布局产业集群
19	深汕特别合作区鹅埠—小漠先进制造业园区	深汕特别合作区	42.49	高性能材料、安全节能环保	坪山高新南科技创新集聚区	坪山区	4.46	智能终端、高端装备与仪器、细胞与基因
20	深汕特别合作区鲘门先进制造业园区	深汕特别合作区	2.46		光明科学城科技创新集聚区	光明区	23.73	超高清视频显示、智能传感器、高性能材料、高端装备与仪器、合成生物、脑科学与脑机工程、前沿新材料

资料来源：深圳市规划和自然资源局。

二、广州市：促进产业全链条质量整体提升

（一）产业结构持续优化

广州市是广东省的省会，也是珠三角地区的重要经济中心。2022年，广州市产业结构不断优化。2022年广州市第一产业增加值312.4亿元，第二产业增加值7727.1亿元，第三产业增加值20793.6亿元。先进制造业增加值同比增长3.79%，占规模以上工业增加值的比重为57.18%；高技术制造业增加值同比增长5.21%，占规模以上工业增加值的比重为15.54%。现代服务业增加值13825.27亿元，同比增长1.0%，生产性服务业增加值11245.04亿元，同比增长2.4%。

（二）促进产业全链条质量整体提升

近年来，广州市积极响应质量强国战略，以产业高质量发展为主体，以创新和质量为产业腾飞两翼，以政策、资金、人才为质量强链支撑，奋力推进质量强链“广州实践”，为城市高质量发展注入强劲动力。广州市充分发挥链长统筹产业要素资源优势、“链主”企业头雁引领和生态主导优势。一方面，大力发挥链主企业的引领作用，推动链主企业将先进的质量管理理念、方法和工具向全产业链延伸。另一方面，加强产业链上下游企业的合作与交流，鼓励上下游企业积极参与产业链质量协同活动，共同构建良好的质量生态环境，促进资源优化配置，共同补链、稳链、强链，提高产业链安全水平。

在产业链方面，广州市的产业链涵盖了汽车制造、航空航天、装备制造、化工、金融等多个领域。目前广州已经形成了“三大支柱产业，八大战略性新兴产业，五大未来产业”架构的产业格局。“三大支柱产业”为汽车产业、电子产业和石化产业。“八大战略性新兴产业”为新一代信息技术产业、生物医药与健康产业、智能与新能源汽车产业、智能装备与机器人产业、新材料与精细化工产业、新能源和节能环保产业、轨道交通产业以及数字创意产业。“五大未来产业”为天然气水合物产业、区块链产业、量子科技产业、太赫兹产业和纳米科技产业（见表3-3）。广州市坚持人工智能与

数字经济、城市更新双引擎，围绕战略性新兴产业发展方向，坚持“一链一策”制定实施21条重点产业链高质量发展三年行动计划和工作体系，切实抓好产业链招商、数字建“链”、绿色强“链”和公共服务平台等重点任务落实，加快构建“万千百”规模化产业链群梯队，以点带面提升广州市产业链安全水平，为产业链韧性提供坚实的基础。

表3-3　广州市产业布局体系

三大支柱产业	八大战略性新兴产业	五大未来产业
汽车产业 电子产业 石化产业	新一代信息技术 生物医药与健康 智能与新能源汽车 智能装备与机器人 新材料与精细化工 新能源与节能环保 轨道交通 数字创意	天然气水合物 区块链 量子科技 太赫兹 纳米科技

资料来源:前瞻产业研究院。

广州市的产业链主要涵盖了以下几个领域。

制造业：广州是中国重要的制造业基地之一，涵盖了多个制造业领域，包括汽车制造、电子制造、家电制造、机械制造等。具体来看，汽车制造产业是广州三大支柱产业增加值贡献最大的细分产业。广州市汽车产业主要分为三个核心产业集群，北部汽车产业集群包括花都区和从化区，东部汽车产业集群包括增城区和黄埔区，南部汽车产业集群包括南沙区和番禺区。广州拥有众多的制造业企业和工业园区，其中包括广州汽车工业集团、TCL集团、格力电器等知名企业。

电子信息技术：广州在电子信息技术领域有较强的实力，在电子产业发展上重点布局超高清视频和新型显示、集成电路、软件等细分领域。广州拥有众多的电子信息企业，如华为、中兴通讯等，同时也孕育了一批本土的电子信息技术公司。

生物医药：广州在生物医药领域具有一定的优势，涵盖了医药研发、生物制药、医疗器械等方面。广州拥有一批国内外知名的生物医药学校和企业，如广东药科大学、华大基因等。

金融服务：广州作为中国南方的金融中心之一，金融服务业发展迅速。广州拥有多家银行、证券公司、保险公司等金融机构，同时也有一批金融科技企业在这里发展。

文化创意产业：广州在文化创意产业领域有较强的实力，涵盖了影视制作、动漫游戏、设计创意等方面。广州拥有一批知名的文化创意企业和园区，如广州星力动漫游戏产业园。

总体来说，广州的产业链较为完整。广州市正着力提升产业链水平，通过“建链”“强链”“补链”策略，引进集聚产业链龙头企业、配套企业、科技团队、高端人才，完善产业链。针对优势产业，如汽车、轨道交通等，广州市通过注入科技、品牌、数字经济等元素，不断提升自主研发能力，建立安全可控的关键零部件配套体系。

（三）产业空间协同互补

在产业空间布局上，为优化广州市产业空间布局和提高产业链韧性和稳定性，广州构建“一核引领、两极带动、三港辐射、多点支撑”的产业功能布局，推动数字经济、创新经济、枢纽经济、特色经济高质量发展，形成沿江、东南部、西部三大产业带，实现产业协同互补、集聚集群集约发展。其中，“一核引领”指依托中心城区建设数字经济核心区，重点发展数字经济核心产业、高端服务业和总部经济，以数字赋能带动传统产业升级；“两极带动”指发挥国家级开发区优势，集聚发展战略性新兴产业和未来产业，形成东部、南部创新经济增长极；“三港辐射”指发挥空港、海港、铁路港的辐射作用，带动周边区域发展枢纽经济，增强高端要素集聚配置能力；“多点支撑”指立足区域资源禀赋、功能特色，支持重点产业平台创新发展、提升能级，加快建设价值创新园区，形成错位联动、多点支撑的发展格局。

三、各地区的产业链布局

（一）珠三角核心区引领区域协同发展

广东省的产业布局呈现出明显的区域特色，珠三角核心区、沿海经济带东翼、沿海经济带西翼以及北部生态发展区在核心战略性支柱产业和核心战略性新兴产业上各有侧重，形成了差异化发展、协同布局的良好态势。这种布局有助于发挥各区域的比较优势，推动广东省经济的高质量发展，保障广东省产业链安全。

珠三角核心区作为广东省经济发展的核心引擎，其战略产业布局通过多元化布局、推动产业升级、促进区域协同发展和技术创新等多个方面对构建产业链安全发挥着重要作用。珠三角核心区战略性支柱产业主要集中在高端制造业和现代服务业，具体包括新一代电子信息、绿色石化、智能家电、汽车、软件与信息服务、超高清视频显示、生物医药与健康等。这些产业不仅产值高、技术含量高，而且对全省经济具有强大的辐射带动作用。珠三角核心区的战略性新兴产业同样丰富多样，涵盖了半导体及集成电路、高端装备制造、智能机器人、区块链与量子信息、前沿新材料、新能源、精密仪器设备等多个领域。这些新兴产业代表了未来科技和产业发展的方向，是广东省经济转型升级的重要支撑。广州和深圳作为核心城市，在战略性新兴产业的布局上尤为全面，各自发展了多个新兴产业集群，成为全国乃至全球的重要创新高地。

沿海经济带东翼主要包括汕头等城市。其战略产业不仅为区域经济发展提供了强大动力，还通过多方面的协同效应，增强了产业链的整体安全性和竞争力。沿海经济带东翼的战略性支柱产业相对珠三角核心区来说较少，整体规模和技术水平仍与珠三角核心区存在一定差距。产业主要集中在现代轻工纺织、生物医药与健康、现代农业与食品等领域。这些产业依托当地资源和产业基础，形成了具有地方特色的产业集群。例如，轻工纺织产业作为传统优势产业之一，在沿海经济带东翼占据一定地位。该区域依托其丰富的劳动力资源和完善的产业链体系，发展具有竞争力的轻工纺织产品。沿海经济带东翼的战略性新兴产业不如珠三角核心区丰富，但也在逐步发展。其核心战略性新兴产业为高端装备制造业。依托独特的地理位置和资源优势，该区域积极发展海洋装备制造业，包括海洋工程装备、海洋探测装备、海洋环保装备等，同时也推动制造业向数字化、网络化、智能化方向转型。

沿海经济带西翼包括湛江、茂名等城市，沿海经济带西翼的战略性支柱产业在整体规模和技术水平上不及珠三角核心区，但其利用后发优势，通过承接珠三角的产业转移和引进新的投资项目，加快战略性支柱产业的发展速度。特别是在绿色石化、钢铁等产业领域，其发展速度甚至超过了珠三角核心区的某些地区。沿海经济带西翼的战略性支柱产业主要集中在绿色石化、先进材料、现代轻工纺织等产业上。这些产业在当地经济中占有重要地位，为区域经济发展提供了有力支撑。战略性新兴产业也在逐步兴起，特别是在新能源领域。沿海经济带西翼拥有丰富的风能和太阳能资源，该区域正积极推进风电和光伏项目的建设，通过技术创新和产业升级，提高新能源的利用效率和经济效益，努力打造新能源产业集群。作为沿海地带，西翼还具备发展海洋能（如潮汐能、波浪能等）的潜力，未来有望成为新兴产业的增长点。

北部生态发展区包括韶关、梅州、清远、河源等城市，其产业布局总体趋势是围绕绿色、低碳、循环经济和生态友好型产业进行布局。其战略性支柱产业主要集中在现代农业与食品产业上。这些城市依托其良好的生态环境和农业资源，大力发展生态农业和绿色食品产业，推动农业产业化和现代化。通过加强农业科技研发和推广，提高农产品的自给率和品质，减少了对外部市场的依赖。由于北部生态发展区在生态保护方面具有重要地位，其战略性新兴产业的布局相对较为谨慎。然而，一些城市也在积极探索适合自身发展的新兴产业领域，如新材料等，努力在保护生态环境的同时实现经济转型升级。

广东省各地区战略性支柱产业和战略性新兴产业如表3–4所示。

表3-4 广东省各地区战略性支柱产业和战略性新兴产业

地区	战略性支柱产业	战略性新兴产业
珠三角核心区（除广州、深圳）	新一代电子信息、软件与信息服务、汽车、超高清视频显示、生物医药与健康、智能家电、先进材料、现代轻工纺织、现代农业与食品、绿色石化	前沿新材料、新能源、半导体及集成电路、精密仪器设备、智能机器人、安全应急与环保、高端装备制造、激光与增材制造
沿海经济带东翼	现代轻工纺织、生物医药与健康、现代农业与食品	高端装备制造
沿海经济带西翼	绿色石化、先进材料、现代轻工纺织、现代农业与食品	新能源
北部生态发展区	现代农业与食品	—

资料来源：根据《广东省制造业高质量发展“十四五”规划》整理。

根据《广东省制造业高质量发展“十四五”规划》，广东省的战略性支柱产业和战略性新兴产业的城市布局呈现出以珠三角为核心、多点开花的特点（见表3-5）。以珠三角为核心，辐射带动周边地区，形成多点支撑、协同发展的格局。具体而言，广州、深圳等核心城市在新一代电子信息、汽车、生物医药与健康等多个领域拥有完善的产业链和强大的创新能力，成为保障产业链安全的重要支柱。同时，其他城市如佛山、珠海等也在不同领域形成了各具特色的产业集群，为产业链的稳定性和韧性提供了有力支撑。珠三角地区以外的其他城市根据自身资源优势，积极参与相关产业的布局和发展。这种布局有助于优化资源配置，促进产业协同发展，增强产业链的整体竞争力和抗风险能力，从而有效保障广东省产业链的安全稳定。此外，随着产业布局的不断优化和完善，广东省还将进一步提升产业链的自主可控水平，减少对外部环境的依赖，为经济的高质量发展奠定坚实基础。

表3-5 广东省战略性支柱产业和战略性新兴产业的城市布局

分类	产业名称	核心城市	重点城市	一般城市
战略性支柱产业	新一代电子信息	广州、深圳、珠海、东莞、惠州	佛山、江门、河源、汕头	中山、肇庆、云浮、梅州、汕尾、潮州
	绿色石化	广州、惠州、湛江、茂名	深圳、珠海、佛山、东莞、汕头、揭阳	中山、江门、肇庆、清远、汕尾
	智能家电	珠海、佛山、江门	广州、深圳、惠州、中山、湛江	汕头
	汽车	广州、深圳、佛山	珠海、东莞、惠州、江门、肇庆、湛江、云浮	中山、汕尾、茂名、清远、韶关、河源、梅州
	先进材料	广州、佛山、湛江	深圳、珠海、东莞、惠州、肇庆、茂名、阳江、云浮、清远、韶关、河源、梅州、汕头	中山、江门、汕尾
	现代轻工纺织	佛山、东莞、中山、江门、湛江、汕头	广州、阳江、揭阳、潮州	深圳、珠海、惠州、肇庆、茂名、云浮、河源、梅州、汕尾
	软件与信息服务	广州、深圳、珠海、东莞	佛山、惠州、中山、江门、汕头	湛江
	超高清视频显示	广州、深圳、惠州	佛山、东莞、中山、江门	—
	生物医药与健康	广州、深圳、珠海、中山、江门、汕头	佛山、东莞、惠州、肇庆、揭阳、湛江、茂名、阳江、云浮	汕尾、潮州、清远、韶关、河源、梅州
	现代农业与食品	广州、佛山、惠州、中山、江门、肇庆、湛江、茂名、清远、韶关、河源、梅州、汕头、阳江	深圳、珠海、东莞、云浮、汕尾、揭阳、潮州	—

续表

分类	产业名称	核心城市	重点城市	一般城市
战略性新兴产业	半导体及集成电路	广州、深圳、珠海	佛山、东莞、江门	惠州、中山、肇庆、河源、汕尾
	高端装备制造	广州、深圳、珠海、江门、汕头	佛山、东莞、中山、阳江、韶关	惠州、肇庆、湛江、汕尾、揭阳
	智能机器人	广州、深圳、佛山、江门	珠海、东莞、中山	惠州、肇庆、湛江、汕头、揭阳、潮州
	区块链与量子信息	广州、深圳	珠海、佛山、东莞	中山、肇庆、江门
	前沿新材料	广州、深圳、珠海、佛山、东莞	惠州、江门、肇庆、湛江、阳江、清远、韶关、汕头	河源、梅州、潮州
	新能源	广州、深圳、佛山、东莞、湛江、阳江	珠海、惠州、中山、江门、汕头	云浮、汕尾、揭阳
	激光与增材制造	广州、深圳、江门	珠海、佛山、东莞、中山	惠州、阳江、河源、汕头、揭阳、潮州
	数字创意	广州、深圳	珠海、佛山、东莞、汕头	中山、江门
	安全应急与环保	广州、深圳、佛山、江门	珠海、东莞、清远、韶关、汕头	惠州、中山、肇庆、湛江、河源、梅州、汕尾、潮州、茂名
	精密仪器设备	广州、深圳、珠海、佛山	东莞、惠州、中山、江门、肇庆、韶关、汕头、河源	湛江、茂名、云浮、清远、梅州、潮州

资料来源：根据《广东省制造业高质量发展“十四五”规划》整理。

（二）产业体系完备构成产业竞争力的坚实基础

广东省的产业竞争力极为强劲。其不仅拥有多个具有国际竞争力的产业集群，如新一代电子信息、智能家电、新能源汽车等，而且制造业实力雄厚，规模以上工业企业数量全国领先。广东省的工业体系完善，产业链配套齐全，特别是在珠三角核心区，增加值占规模以上工业增加值的比重持续保持全国领先。

1.经济总量占比

经济总量占比测算的是地区经济发展规模占全国经济发展规模的比重，在一定程度上反映了地区经济对全国经济的影响程度。此处用地区生产总值占全国生产总值的比重来表示。2018—2022年广东省经济规模占全国经济规模比重的平均值为10.93%，其中珠三角核心区经济规模占比最高，平均值为8.84%，北部生态发展区经济规模占比最低，平均值为0.63%（见表3–6）。从时间上看，广东省各地区经济规模占比较为稳定，其中沿海经济带东翼及西翼经济规模占比呈现出一定的下降趋势。

表3–6　2018—2022年广东省经济发展规模占比

地区	2018年	2019年	2020年	2021年	2022年	均值
广东省	10.92%	10.98%	11.05%	10.93%	10.78%	10.93%
珠三角核心区	8.79%	8.87%	8.94%	8.84%	8.74%	8.84%
沿海经济带东翼	0.71%	0.71%	0.70%	0.68%	0.66%	0.69%
沿海经济带西翼	0.79%	0.77%	0.77%	0.77%	0.76%	0.77%
北部生态发展区	0.63%	0.63%	0.65%	0.64%	0.62%	0.63%

资料来源：根据广东省统计年鉴整理。

2.工业国内市场占有率

2022年广东省规模以上工业企业总产值占全国工业总产值①的比重为13.44%，其中分行业产值占比较高的是文教、工美、体育和娱乐用品制造业，家具制造业及计算机、通信和其他电子设备制造业，产值占比分别为32.65%、32.64%、29.78%（见表3–7），说明全国约1/3的文教娱乐、家具、计算机通信和其他电子设备均来自广东省，这意味着广东省在这些领域具备了显著的规模效应，使得相关产业链上下游企业在此高度集聚，形成了强大的产业集聚效应。这种规模效应能够进一步巩固和提升广东省在全球产业链中

① 由于统计局关于全国工业总产值测算只到2016年，因此本书参照相关文献将全国工业总产值测算为“工业总产值=当年营业收入+当年存货-上一年存货”。

的地位，增强其抵御外部风险的能力。

分地区来看，珠三角核心区占据了绝对的优势地位，珠三角核心区工业总产值占广东省工业总产值的比重为86.62%；在剔除广州市、深圳市后，珠三角核心区工业总产值占广东省工业总产值的比重为47.83%。广州市、深圳市工业总产值占广东省工业总产值的比重约为40%，广州、深圳的核心地位显著。从细分行业来看，深圳、惠州、东莞、潮州的计算机、通信和其他电子设备制造业占有率在各市工业中排名第一；珠海、江门、揭阳等的计算机、通信和其他电子设备制造业占有率在各市工业中排名前三。其他城市市场占有率排名第一的行业都不相同，说明广东省各个城市在工业制造业核心细分行业发展具有一定的差别，广东省产业链呈现出多元化、差异化发展的趋势，保障了广东省产业链的安全。

表3-7　2022年广东省工业市场占有率排名前十的行业

行业	广东省	珠三角核心区	沿海经济带东翼	沿海经济带西翼	北部生态发展区
工业	13.44%	11.64%	0.63%	0.61%	0.56%
文教、工美、体育和娱乐用品制造业	32.65%	27.54%	3.58%	0.08%	1.45%
家具制造业	32.64%	31.13%	0.16%	0.39%	0.95%
计算机、通信和其他电子设备制造业	29.78%	28.77%	0.33%	0.01%	0.67%
橡胶和塑料制品业	22.14%	19.04%	2.21%	0.18%	0.72%
纺织服装、服饰业	21.64%	12.97%	8.17%	0.19%	0.31%
印刷和记录媒介复制业	20.62%	16.96%	3.14%	0.19%	0.33%
电气机械和器材制造业	20.45%	19.72%	0.39%	0.13%	0.21%
造纸和纸制品业	19.35%	16.22%	1.33%	1.23%	0.56%
皮革、毛皮、羽毛及其制品和制鞋业	18.88%	13.07%	3.69%	0.31%	1.81%
金属制品业	18.81%	16.93%	0.84%	0.34%	0.71%

资料来源：广东省统计年鉴。

第二节　广东省产业链的国内合作概况

广东省作为中国重要的经济大省，其产业链优势体现在多个方面，如完整度与成熟度高、产业集聚、研发与创新能力较强、政策支持与市场开放等。然而广东产业链也存在着一些劣势，如高端技术与设备存在短板、高端人才短缺、产业链协作有待加强等。

因此，面对当下广东省产业链的优劣势，打造新发展格局战略支点，融入国内大循环极为重要。《广东省国民经济和社会发展第十四个五年规划和2035年远景目标纲要》提出，强化与国家重点区域战略对接。围绕国内统一大市场建设，加强“双区”与京津冀、长江经济带、长三角、海南自由贸易港、黄河流域、成渝地区等战略对接、协同联动，推动深度交流合作。发挥“广东制造”优势，加强与兄弟省区在科技、产业、人才、教育、环保等领域合作，支持企业优先布局国内，有序开展产业共建。推动“广东制造”深耕国内市场，提升“广货”国内市场占有率。

一、产业链的国内合作现状

广东省的产业链在国内合作方面具有较为广泛的合作现状。通过各种形式的合作，广东省的产业链不断优化和发展，提升了产业链的整体竞争力和附加值。以下是一些常见的国内合作形式。

（一）跨区域合作保证产业链的连续性和稳定性

广东省进行跨区域合作，形成产业链的延伸和互补发展。广东省跨区域交流协作不断走向深入，并不断向更大空间、更多领域、更高水平稳步推进。“十四五”期间，广东积极构建以粤港澳大湾区为龙头，以珠江—西江经济带为腹地，带动中南、西南地区发展，辐射东南亚、南亚的重要经济支撑带，促进泛珠区域陆海内外联动、东西双向互济。例如，与广东相邻的福建、江西、湖南等省份，在制造业、电子信息、物流等领域进行合作，形成区域产业链的互补和合作。

总的来说，产业链跨区域合作有助于增强产业链的韧性，使产业链在面对外部冲击时更加稳健。通过跨省份的合作，产业链上的各个环节可以在不同省份之间进行布局，实现生产资源的优化配置。这种布局方式有助于降低产业链对单一省份或地区的依赖，从而在遭遇自然灾害、政策调整等风险时，能够迅速调整生产布局，保证产业链的连续性和稳定性。以下是几个典型的跨区域产业合作事件。

（1）广东与江西的合作：江西与广东的互动最具代表性。江西作为“粤户闽庭”和泛珠三角经济区的核心成员，早在2002年，就将“融珠（湾）”作为主要招商方向，迄今已成功举办二十多届对接粤港澳大湾区经贸合作活动。作为江西省会，早在2021年，南昌就主动与广州、深圳、佛山、东莞等七市签订战略合作框架协议。

（2）广东与湖南的合作：2023年9月24日，广东、湖南两省合作发展交流座谈会在广州召开，共商深化湘粤交流合作事宜。大力推进两省在高端装备制造、人工智能、电子信息、新型储能、新能源汽车、新材料、生物医药与健康等领域的产业合作，突出加强能源保供和产业对接承接合作，进一步促进产业发展协作。

（3）广东和贵州的合作：两省打造更加紧密区域协作。推动两省重大战略规划有机融合，持续深化“广东总部+贵州基地”“广东研发+贵州制造”“广东企业+贵州资源”“广东市场+贵州产品”的“4+”合作模式，合作共建产业园区，大力推动粤企入黔，推动产业梯度转移。

（4）广东和山东的合作：两省深化科技产业合作，围绕新型储能、新能源、新材料、高端装备、特色农业产业等双方优势领域，共同开展技术攻关和产业协作，加快形成新质生产力，携手塑造发展新动能新优势。深化经略海洋合作，共同推进海洋资源开发利用和生态环境保护，做大做强做优海洋牧场、海上风电、海工装备、滨海旅游等现代海洋产业。

（5）广东和河北的合作：2023年11月16日，河北—粤港澳大湾区科技招商暨项目对接会在深圳举行，此次活动是河北省科学技术厅深入贯彻落实省委、省政府关于开放创新工作部署的重要举措。此次河北—粤港澳大湾区科技招商暨项目对接会的成功举办，为河北和粤港澳大湾区的创新合作和产业对接搭建了平台，有效推动了河北与粤港澳大湾区的交流与合作。

（二）产学研合作布局创新链

国内成果转化效果较差。数据统计，中国前沿科技成果只有10%—30%被应用于实际生产中，能够真正形成产业的科技成果仅为其中的20%，而一些发达国家的科技成果转化率为60%—70%。让科技成果走出“围墙”、走向市场，实现科研单位、企业、市场、政府之间的良性互动发展，是摆在中国科技成果转化中的一道难题。产学研深度融合，是深化科技体制改革的一项重要内容，在宏观层面能推动经济增长方式由要素驱动向创新驱动转变，在微观层面能实现企业、高校和科研院所等产学研主体的深度融合，形成创新合力。

广东省作为中国经济最发达的地区之一，一直在推动产学研合作的深入发展。这种合作不仅限于省内，而且广泛涉及与外省市的合作。通过这些合作，广东省能够引入外省的高质量教育资源、科研成果和创新技术，促进本地产业升级和科技进步，也可以将省内高校的科研成果推广到省外的企业，促进当地产业升级和技术进步。产学研合作能够促进企业间的知识交流和技术共享，加速新技术、新工艺的研发与应用，推动产业向高端化、智能化、绿色化转型。广东省围绕产业链布局创新链，有助于突破关键技术瓶颈，攻克“卡脖子”难题，实现产业链的自主可控。

以下是一些广东省进行产学研合作的示例。

（1）广东与湖南的合作：广东与湖南两省在多个领域开展了深入的产学研合作。例如，湖南大学与广东企业合作建立了研发中心，共同进行新能源汽车和智能制造领域的研究。2023年12月7日，广东工业大学智能信息处理研究所与湖南金荣集团举行产学研合作签约暨产业技术发展研究院揭牌仪式。双方发挥各自优势，创新融合“政产学研用金”要素资源，组建创新联合体，构建紧密产学研合作机制，以应用带创新，以创新促应用，按照“孵化+中试+产业化”一体化发展路径，建设运营产业技术发展研究院，共同为我国信息技术、智能制造、健康医疗产业的高质量发展作出贡献。

（2）广东与北京的合作：清华大学与广东省自1994年共同创立“广东清华科技创业投资基金”开始，不断加强全方位、多领域的合作，积极探索省校合作创新机制和模式：深圳清华大学研究院和清华大学深圳研究生院相继设立，珠海清华科技园、广东南海数字媒体产业园、深圳清华信息港等一批科技孵化载体落户广东。自1994年至2019年清华大学先后与广东省14家企业共建联合实验室，有13家广东企业加入清华大学与企业合作委员会，学校一批科技骨干参与到广东“省部企业科技特派员行动计划”中。清华大学一批重要科研成果在广东实现了产业化，为广东省的经济社会发展和建设提供了直接的技术支撑。

（3）广东与重庆的合作：2024年1月22日，广东交通集团下属新粤（广州）材料技术研究院有限公司、广州新粤交通技术有限公司、广东新粤佳富沥青有限公司与重庆交通大学土木工程学院、交通土建工程材料国家地方联合工程研究中心正式签署战略合作协议，携手打造“产学研合作基地”。本次的战略合作将依托双方共同打造的“产学研合作基地”，加深双方在人才培养、科技创新、资源共享和加速科研成果转化等方面合作，让广东高速公路建设走向智能、走向绿色、走向低碳。

（4）广东省内合作：广东创智智能装备有限公司与广东工业大学“产学研”战略合作签署暨揭牌仪式在肇庆举行。根据协议，双方将在前期合作基础上，快速推进科研成果转化，打造机械类非标设备智能化研发及工控系统产学研合作基地、大学生实习基地等创新联动平台。

（三）上下游合作提高整体产业链的响应速度

企业在产业链的上下游进行合作，涉及上游供应商和下游客户。两者之间的紧密合作，可以提升产业链整体竞争力。上下游合作有助于实现资源共享、优势互补，可以促进资源优化配置，提高生产效率，加速技术扩散和应用。加强上下游企业之间的沟通与协作，还可以优化生产流程，减少等待时间和物流成本，提高整体供应链的响应速度和生产效率，推动产业链的协同发展，从而增强整个产业链的综合竞争力和国际影响力。例如，广东在新能源汽车、电子信息等领域推动产业链合作，有助于形成产业集群效应，提升在全球市场的份额。

以下是广东省产业链上下游合作的一些示例。

（1）佛山与广州的产业链整合：佛山与广州在地理上相邻，经济上紧密相关。两市在多个产业领域实现了深度合作，尤其是在汽车、家电、装备制造等产业链上。通过产业链上下游的紧密合作，两地共同提升了产业竞争力。

（2）广东与江西的新能源合作：广东省与江西省在新能源领域有着紧密的合作关系。江西省富含稀土资源、锂矿等，这对于新能源汽车的电池制造至关重要。广东的新能源汽车企业如比亚迪等与江西的稀土企业建立了上下游的合作关系，共同推进新能源汽车及其关键零部件的研发和生产。

（3）广东与内蒙古的光伏合作：内蒙古不仅是光伏发电项目装机大区，也是我国重要的硅材料产业基地之一，内蒙古在光伏材料如多晶硅的生产上具有优势。广东省的一些企业在光伏产品的制造和应用端具有强势地位，通过与内蒙古的多晶硅生产企业合作，广东企业能够保障原料供应，降低成本，同时推动光伏产业链的整体发展。

（4）广东与四川的双向共融：川粤合作从广东“单向投资”演变为川粤“双向共融”的发展格局。近年来川粤产业合作层级不断提升，合作方式也由“单个项目投资”向“产业集群合作”演变。川粤产业互动已从最初的纺织服装、家具等劳动密集型产业，向电子信息、装备制造、现代农业、现代服务业等产业升级。华为、比亚迪等一批粤企入川，将推动四川重点产业链条的进一步完善与层级提升。广东省的电子信息企业如华为、TCL等与四川的企业形成了良好的上下游合作关系，共同推动5G、物联网、智能硬件等领域的技术创新和产业升级。

（5）广东与河北的钢铁合作：河北省是我国重要的钢铁产业基地，而广东省则是电子、机械等高新技术产业发达的地区。两省在产业结构和优势上有较强的互补性。广东省的电子企业可以从河北省采购优质的钢材作为原材料，用于生产电子产品的外壳等部件。通过这种上下游合作，广东省的电子产业可以确保原材料的稳定供应和质量保障，同时降低生产成本，提高竞争力。而河北省的钢铁产业也可以通过与广东省的电子产业合作，拓展市场，提升产品附加值，实现产业升级和转型。

这些案例展示了广东省在不同产业领域与外省进行上下游合作的广泛性和深入性，这些合作不仅提升了广东省的产业链水平，也促进了区域经济的整体发展和协同进步。随着中国经济高质量发展的推进，广东省与外省之间的产业合作将进一步加强，形成更加紧密的合作网络。

（四）“互联网+”合作实现经济高质量发展

“互联网+”合作是指利用互联网技术和平台，推动传统产业的数字化、智能化转型，促进不同企业、行业或者领域之间合作、共享资源、共同发展的商业模式。在广东省产业链中，“互联网+”合作已经成为推动产业升级、提升竞争力的重要手段。互联网平台的开放性和共享性促进了创新资源的流动与重组，激发了跨行业、跨领域的创新合作，推动新产品、新业态、新模式不断涌现，加速产业升级和经济结构优化。“互联网+”合作符合国家关于数字经济、智能制造、新型基础设施建设等战略方向，有助于实现经济高质量发展，增强国家在全球产业链中的竞争力。

以下是“互联网+”合作在广东省产业链中的一些具体应用和实践。

（1）广东与浙江的合作：浙江省是我国互联网产业发达的地区，而广东省则是制造业和电子产业发达的地区。广东省的制造业和电子企业可以与浙江省的互联网企业合作开发智能制造、物联网等技术，实现生产过程的数字化和智能化。同时，浙江省的互联网企业也可以为广东省的制造业和电子企业提供“互联网+”解决方案，如物流管理、供应链优化等服务。通过产业间的“互联网+”合作，广东省的制造业和电子产业可以提升生产效率、降低成本，实现智能化生产和管理。浙江省的互联网企业也可以借助广东省的产业基础，拓展市场，推动互联网技术在制造业中的应用，促进产业升级和转型。

（2）粤港澳合作：随着广东制造业的崛起和粤港澳大湾区的发展，在广东耕耘多年的鸿利达已与其合作伙伴香港生产力促进局协同研发了基于人工智能的数字化管理系统，实现了产品从研发到量产的全流程数字化。以鸿利达为代表的港澳企业持续深入参与大湾区制造业转型升级的进程，在不断地发展中获得红利。鸿利达公司2023年人均营收比2018年提升约138%，产值大幅增加，利润也有明显提升。

（3）广东省内合作：在人工智能技术日益成为驱动未来发展的关键力量之际，UBAI（上颖人工智能）与联通（广东）产业互联网有限公司举行了一场关于生成式AI技术应用的战略合作探讨会议。这次战略合作探讨标志着UBAI和联通（广东）在人工智能领域的深入合作的开始，预计将在智能数据处理、客户服务优化以及新产品开发等多个方面产生显著影响。

这些案例展示了广东省与省内外企业的“互联网+”合作。产业“互联网+”合作可以促进技术交流与合作，激发创新活力，推动新技术、新产品和新模式的研发与应用；有助于产业实现数字化、智能化和网络化，推动产业升级和转型、提高竞争力、拓展市场，促进创新发展，推动区域经济的协同发展，为经济发展注入新的动力。

二、产业链的国内合作趋势

广东省产业链的国内合作趋势体现出高度的开放性、协同性和前瞻性，旨在通过深化国内合作与产业升级，推动经济高质量发展，同时促进区域经济一体化和国内外市场的深度融合。广东省在产业链的国内合作方面展现出了以下几个显著趋势。

（一）向数字化和智能化转型

随着数字经济的快速发展，广东省产业链将逐步向数字化、智能化转型。广东省拥有一批在数字化、智能化领域具有领先优势的龙头企业。这些企业不仅实现了自身的数字化转型和智能化升级，还通过订单牵引、技术输出等方式，带动产业链上下游企业共同推进数字化、智能化转型。各行业将加强合作，共同推动信息技术与传统产业的融合，实现智能化生产和管理，提高产业链的效率和竞争力。这种“链式改造”模式在广东省内得到了广泛应用，形成了良好的示范效应。

（二）向高端制造和服务升级发展

广东省产业链将朝着高端制造和服务升级方向发展。企业之间将加强合作，注重加强技术创新与研发合作。通过共建研发中心、联合实验室等方式，推动产学研深度融合，加速科技成果的转化和应用，共同推动技术创新和产品升级，打造高品质、高附加值的产品和服务。这种合作模式有助于提升广东省产业链的整体技术水平和创新能力。

（三）向绿色和可持续发展转变

绿色和可持续发展已成为全球产业发展的重要趋势，广东省产业链也将向绿色、可持续发展方向转变。广东省通过产业升级与转型，推动产业链向绿色、可持续发展方向迈进。一方面，加快传统产业改造升级，推动传统产业向高端化、智能化、绿色化方向发展；另一方面，积极培育新兴产业，打造新的经济增长点。企业将加强合作，共同推动绿色生产和发展循环经济，实现资源的节约利用和环境的保护。

（四）跨行业、跨领域合作增加

广东省产业链的合作将向跨行业、跨领域拓展。随着市场需求的不断变化和技术进步的加速推进，广东省产业链上的企业面临着更加复杂多变的竞争环境。为了应对这一挑战，企业纷纷寻求跨行业、跨领域的合作机会，以整合资源、降低成本、提高效率。不同行业之间将加强合作，实现产业链的全面融合和协同发展，促进产业链的创新和多元化。

第三节　广东省产业链国内合作的机遇和挑战

广东省作为中国重要的制造业基地，其产业链合作在国内经济体系中占据核心地位。面对国内外经济环境的变化，产业链国内合作不仅有助于广东省构建更为安全、稳定的产业链体系，也为产业升级、市场拓展、技术创新等提供了重要机遇。广东省在享受国内产业链合作带来的好处的同时，也需要审慎应对合作过程中带来的挑战，通过政策引导、技术创新、标准化建设和加强监管等措施，确保产业链安全并持续健康发展。

一、产业链国内合作的机遇

（一）实现资源优化配置

广东省与其他省区各自拥有独特的资源禀赋和优势产业，通过合作，可以实现资源的共享和互补。例如，广东省的电子信息产业发达，而部分西部省份拥有丰富的矿产资源和劳动力资源，二者跨省合作可以实现原材料供应和生产制造的有效对接，降低生产成本，提高产业效率。

（二）促进技术创新和产业升级

广东省作为我国的经济发达地区之一，拥有强大的科研实力和创新能力。通过与其他省区合作，广东省可以引入更多的创新资源和先进技术，推动产业链的升级换代。推动产业链供应链安全稳定发展，既是保障实体经济平稳运行、助力制造业高质量发展、构建新发展格局的重要内容，也是国家经济安全的重要组成部分。而与其他省区进行产业链的合作能够推动广东省产业链的升级，提高产业链的韧性。

（三）拓展市场空间

广东省的产品和技术在国内外市场上具有较高的知名度和竞争力，但受限于本地市场需求和产能规模，有时难以充分发挥其优势。广东省与其他省区合作，可以共同开拓市场，扩大销售网络，提高产品的市场占有率和影响力。合作也拓宽了广东省产品的国内市场渠道，减少了对国际市场的依赖，帮助企业在国内庞大的消费市场中寻找新的增长点，实现市场多元化，增强经济安全性。

（四）推动区域经济的协调发展

广东省与其他省区合作，可以促进地区间的产业协同和资源共享。广东省可以利用国内合作机会，与国内其他省区的产业集群形成互补优势，共同打造具有国际竞争力的产业链条，比如在电子信息、智能制造、新能源汽车等领域形成协同发展的产业生态。这有助于缩小地区间的经济差距，促进全国经济的均衡发展。

（五）提升供应链稳定性

通过与国内其他省区企业深度合作，广东省能够构建更加多元化的供应链体系，减少对单一供应来源的依赖，增强供应链的抗风险能力，特别是在国际贸易环境不确定性增加的背景下，这种稳定性尤为重要。

二、产业链国内合作面临的挑战

（一）广东省内产业链与创新链发展不平衡

就国内循环而言，创新链发展不平衡现象较为严重。在城市群、都市圈尺度上，高端创新要素过度向首位城市倾斜。在广东省内，广州、深圳在发明专利授权量、高新技术企业数量等各项指标上的领先优势大幅扩大，其他地区的部分指标出现下滑。

创新要素在空间布局上的不平衡虽有其合理的一面，但创新要素过度向部分城市、地区倾斜会造成部分城市或地区创新链难以支撑其实现产业链现代化任务，难以形成区域间产业链协同发力的局面。为了实现产业链现代化的目标，在产业链的布局上既要考虑如何培育高质量发展第一梯队、全球先进制造业基地、新兴产业集群、新兴产业增长新引擎等重要增长极、关键节点，也要充分考虑其他协作区域、配套节点的产业链供应链现代化水平能力的提升，实现重要增长极、关键节点与协作区域、配套节点之间的融通发展。广东省在大力发展广州市、深圳市经济的同时，也要将资源合理分配到其他城市和地区，实现当地产业链的升级和转型，带动地区经济的增长。为了实现产业链供应链现代化目标，既要考虑如何发挥大城市的产业链供应链布局，同时也要考虑中小城市、农村地区的布局，实现大城市、中小城市、农村地区产业链供应链的融通发展。要实现上述不同层面各区域间的融通发展局面，离不开创新要素的合理布局。

（二）高技术制造环节的数字化能力和平台不健全

基于5G数字化的远程服务和支持，物联网、工业自动化、工业互联网等技术成为疫情后企业复工复产的重要手段，也是拉动各地区经济复苏的重要“助推器”。但广东省仍存在工业生产部分环节的数字化程度低、底层基础能力不足等问题，这将对广东省高技术产业的内循环高质量发展造成阻碍，使广东省高技术产业面临更大的市场风险。

第四节　提高广东省产业链韧性和安全性

一、着眼全局加快强链补链建链

全面摸查主要产业链供应链情况，全面梳理其国产化、本土化生产及可替代情况，梳理主要产业链各环节代表性企业，评估其技术水平，充分发挥龙头企业引擎作用和辐射带动功能，推动大中小企业在产业链供应链上融合创新发展。对于汽车、电子等在广东省具有较好基础的行业，建议立足产业前沿，注入资金、科技、品牌、互联网等元素“强链”。对于新材料、新能源、基础软件等在广东省具有一定基础且增长潜力巨大的行业，建议在高端芯片制造、共性支撑软件研发等方面下大力气抓紧“补链”，努力形成完整产业链供应链体系。对区块链、人工智能、量子通信等未来产业领域，建议通过优化营商环境、引进领军人才吸引企业集聚，推动产业规模逐步壮大“建链”。

二、围绕产业链供应链开展精准招商

一是围绕战略性产业集群，针对跨国企业、行业龙头企业和专精特新企业开展产业链专项招商，每年引进一批高质量、强带动的大项目、好项目，落地一批跨国公司地区总部、功能性总部。二是着力推进关键零部件供应链招商。针对供应链短板问题，认真梳理补链强链招商清单，以落实《广州南沙深化面向世界的粤港澳全面合作总体方案》为契机，抢抓窗口期，围绕汽车等产业定向出击，积极争取在长三角布局的外资零部件巨头在广东特别是南沙设立区域总部或“第二工厂”，打造全国汽车供应链华南中心，与上海形成一南一北双枢纽格局，疏解和防范供应链断链风险。

三、做好产业链供应链合理布局

一是加强产业链供应链统筹规划和资源整合，引导生产要素向优势产业和优质企业集聚，避免盲目扩张和低水平重复建设，提升资源利用效率和产业竞争力。二是鼓励企业主动针对产业链供应链关键环节和“卡脖子”技术，坚持创新发展路径，增强自主创新能力，努力在全球产业链供应链高端和高附加值环节赢得优势。

四、完善数字化机制和信息基础设施建设

重视广东省数字化基础设施建设工作，抢占新一轮产业竞争制高点。进一步发挥广东省在全国乃至全球产业链供应链的重要枢纽地位和产业稳定容错能力，推动互联网、大数据、人工智能和工业系统的深度融合，支持智能制造和工业互联网建设，构建安全、可信的工业大数据平台联通机制，占领高技术产业新一轮竞争的制高点。

五、强化高技术产业人才体系建设

为保障知识链的高质量内外循环发展，广东省应进一步强化高技术产业人才体系建设。世界经济形势依然严峻、复杂，要持续深化改革开放，与国际社会形成更广泛联系，通过营造安全稳定的营商环境、健全的产业链配套等优势，吸引更多优秀国际企业加入我国高新技术产业链集群。要重视人才队伍建设，通过线上、线下相结合的方式，推进出国留学人员、来华留学生、外国专家等来粤工作，并向海外留学人员和外国人才发布招聘信息和优惠政策，有效完善人才保障机制，拓宽人才流动渠道，为全球人才提供快速、安全的进出通道和精准贴心的政策服务。

第四章 广东省产业链的国际合作[①]

在全球化背景下，各国经济相互依存度加深，通过国际合作可以优化资源配置，促进技术创新，提升产业竞争力。通过国际合作，企业能够获取更广阔的市场、更先进的技术和更丰富的资源，从而推动产业升级和转型。广东省作为中国改革开放的前沿阵地，其产业链的国际合作尤为重要。广东省凭借其强大的制造业基础和开放的经济环境，积极融入全球产业链，与世界各国开展广泛的经贸合作。通过与国际伙伴在产业链上的深度合作，广东省不仅提升了自身产业的国际竞争力，还促进了区域经济的协同发展。这种国际合作不仅有助于广东省实现产业升级和转型，也为全球产业链的稳定和发展作出了积极贡献。

第一节　广东省产业链的国际合作概况

当前产业链的国际合作环境呈现出复杂而多变的特点。受到全球经济形势、地缘政治、科技进步和全球治理结构变化的影响，当下产业链的国际合作环境既充满挑战也蕴含机遇。广东省产业链的国际合作网络广泛，涵盖了亚洲、欧洲、北美等多个地区，合作形式多样，包括共建产业园区、产能合作、技术引进与输出、贸易投资、金融合作等，在合作趋势上呈现出多元化、区域化、数字化、绿色化的特点。产业链的国际合作不仅促进了广东省自身产业升级和经济结构优化，也为全球经济的复苏与增长贡献了广东

① 本章第一执笔人为暨南大学产业经济研究院王晓彬。

力量。

一、产业链的国际合作现状

广东省产业链的国际合作展现了其在全球经济舞台上的活跃度和深远影响。广东省作为中国对外贸易的重要窗口，持续巩固其作为世界工厂的地位，与"一带一路"沿线国家、美国、日本等建立了良好的合作伙伴关系，不仅在传统制造业和贸易领域保持领先地位，还在高新技术、数字经济、绿色经济等多个前沿领域不断拓展国际合作的新空间。广东省产业链的国际合作呈现出多元化、高层次的特点。

（一）与东盟国家的开放合作动力愈发强劲

在全球新冠疫情肆虐、各国经济下行压力加大、国际贸易大幅萎缩的背景下，中国与东盟国家克服新冠疫情的负面影响，经贸合作逆势增长。东盟历史性地成为中国第一大贸易伙伴，并形成了中国与东盟互为第一大贸易伙伴的良好格局。近年来，随着全球产业链加速重构、东盟上升为中国第一大贸易伙伴以及RCEP的实施，中国—东盟开放合作动力愈发强劲。

东盟国家如越南、马来西亚、泰国等以其劳动力成本优势、年轻的人口结构和日益完善的基础设施吸引了大量中国制造业企业投资，特别是在纺织服装、电子产品组装、汽车及零部件制造等领域。中国企业在这些国家设立生产基地，利用当地资源进行生产，然后出口至全球市场，包括返销中国。首先，在劳动力成本方面，根据国际劳工组织《2020—2021年全球工资报告》显示，2019年中国名义月工资1165美元、印度尼西亚202美元、马来西亚888美元、泰国477美元、越南292美元。东盟国家相比中国存在劳动力成本优势，促使劳动密集型企业加大对廉价劳动力国家的投资，并逐步转移产能。其次，在人口结构上，截至2020年末，东盟10国总人口为6.67亿人，相当于中国总人口（14.12亿人）的47.24%，15～64岁劳动力人口数量合计4.52亿人左右，其中，印度尼西亚、菲律宾和越南为东盟10国中前三大人口国，总人口分别为 2.74亿人、1.10亿人和 0.97亿人，分别拥有15～64岁劳动人口1.85亿人、0.71亿人和 0.67亿人（见图4-1），这不仅能为劳动密集型产业供给充足劳动力，还能提供广阔的销售市场。国际劳工组织2020年发布的《世界就业和社会展望：2020年趋势》中指出，东南亚地区自21世纪初起的工业化进程和经济发展全面提速很大程度上得益于该地区充沛的劳动力资源供应。在2000—2020年，东南亚各国为全球劳动力市场累计输送超过1亿的劳动力。当前东南亚主要国家的劳动力资源优势比较明显，这也是驱动产业转移的重要因素。

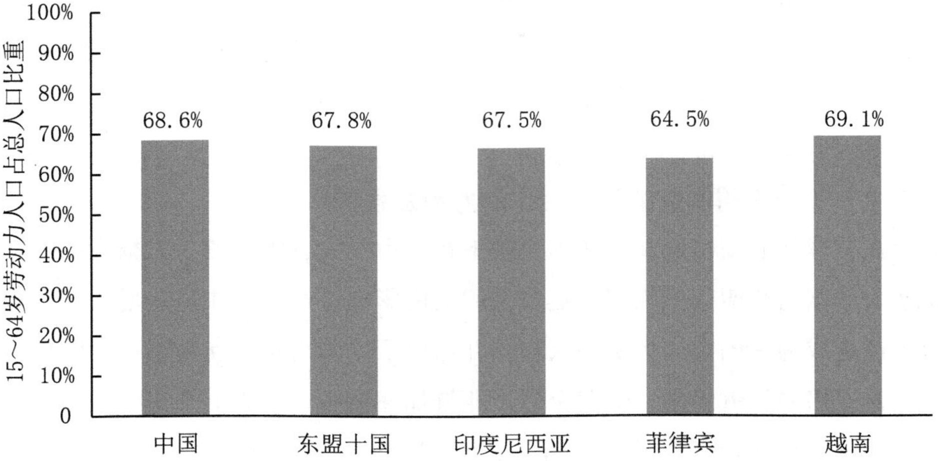

图4-1　2020年中国与东盟国家人口结构比较

资料来源：公开数据。

从双向投资来看，2023年前7个月，来粤投资的东盟企业共有363家，同比增长71.23%，实际使用外资金额同比增长67.68%。截至2023年7月底，广东企业对东盟投资额达49.55亿美元，其中投资最大的前三个国家依次为新加坡、印度尼西亚、越南。其中，比亚迪、广汽传祺、广汽本田、深圳华为技术、华大基因、迈瑞生物、珠海润鼎智能等一批广东企业的行动，折射出广东与东盟经贸合作的新趋势，即更紧密的贸易往来、更深入的跨境布局、更精细的产业协作。

比亚迪在东盟地区的布局非常广泛。针对东盟市场，比亚迪先是携手本土企业，从公交、新能源商用车以及乘用车等多个领域切入，与东盟国家形成良好的合作关系，共同推动东盟汽车产业以及新能源汽车的发展和转型。为了更好地融入东盟市场，比亚迪还将公司首个海外乘用车生产基地落户在了泰国，以绿色技术和产业，助力东盟国家新能源汽车的发展。其中，比亚迪宣布在印度尼西亚投资13亿美元（约94亿元人民币），建设年产能达15万辆的汽车工厂，比亚迪还在泰国设立了生产基地，并规划年产15万台整车，预计将为当地创造大量就业机会。华为在东盟地区深耕多年，与当地合作伙伴共同推动通信基础设施的建设和升级。例如，在泰国，华为与主要运营商建立了紧密的合作关系，成为市场主流设备供应商，并通过OpenLab平台推动中小企业的发展。在马来西亚，华为的产品和解决方案服务着80%以上的人口，并带动了上万人就业。

（二）与美国的合作面临挑战

2017年以来，美国政府挑起中美贸易摩擦，推行单边主义和保护主义，中美经贸关系出现恶化趋势，美方沉迷于通过“脱钩断链”迟滞甚至中断中国发展进程。在经贸方面，美方对中国输美商品加征关税，不仅出于政治目的限制中国企业赴美投资，还不断限制美国企业对华投资；在科技方面，美方不仅政治打压中国高科技企业，还滥用出口管制，胁迫、诱拉一些国家组建遏制中国的小圈子。美方的做法严重破坏市场规则和国际经贸秩序，影响全球产业链供应链稳定，阻碍世界经济复苏发展。中美贸易摩擦直接导致中美双边贸易额下降，对全球供应链和产业链产生冲击，引发贸易投资转移效应。而广东省作为外向依存度较高的经济体首当其冲，出现出口增速大幅下滑、部分企业外迁、工业增长乏力等问题。

在此形势下，对美国产业优劣势的认识显得很有必要。美国半导体产业链具有全球性的整体优势；药品供应链在高端药物、抗疫药物等关键环节上具有强大影响力。相比之下，美国在大容量电池、关键矿产资源的产业链上并未呈现明显的竞争优势。

以半导体行业为例，半导体是电子产品的核心和电子信息产业的“基石”。美国拥有全球领先的半导体产业集群与技术专利。美国半导体企业占据了全球半导体市场的近50%，其中2022年美国半导体行业销售额为2750亿美元，占全球半导体行业销售额的47.91%，较2018年的44.56%上涨3.35个百分点；2018—2022年中国半导体行业销售额不断增长，其中2022年销售额为

1803亿美元，占全球半导体行业销售额的31.41%，较2018年的21.05%上涨10.36个百分点（见图4–2）。中国半导体行业在近年得到快速的发展，但同美国仍有差距，高技术半导体产品、制造设备等仍依赖进口，从特朗普政府到拜登政府，美对华半导体管制呈现出由“有限出口”向“全面出口管制”转变的趋势，很大程度上阻碍了中国半导体行业的持续发展。

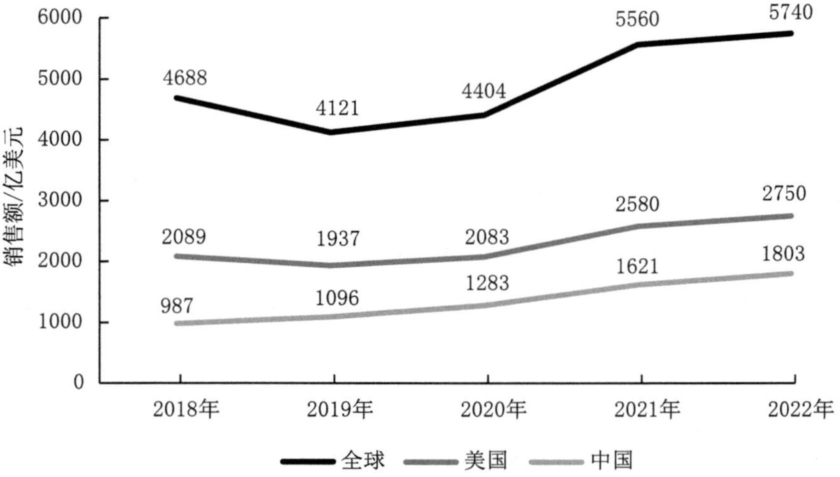

图4–2　2018—2022年中国、美国半导体市场销售额

资料来源：公开数据。

在半导体行业的合作上，中国应积极加强与美国半导体行业的合作，通过设立联合研发中心或参与国际研发项目，与美国半导体巨头进行技术交流，共同攻克行业难题；积极参与国际标准制定，提高中国企业在国际市场上的竞争力和合规能力。中国积极参与半导体行业的国际合作，2021年3月11日，中美两国半导体行业协会成立工作组，旨在通过对话与合作解决两国半导体产业面临的出口管制、供应链安全等技术和贸易限制问题；2023年12月24日，美光科技与福建省晋华集成电路有限公司达成了全球和解协议，结束了两者之间的法律纠纷。此协议不仅解决了双方的商业争议，还被许多业内人士视为中美半导体行业合作新开端的信号，对全球半导体市场的稳定与发展具有积极意义。2024年1月，中美科学家携手创造了世界上首个石墨烯半导体，这一突破性成果预示着计算机芯片技术的根本性变革。这次合作不仅在

科研领域取得了重大进展，也展现了两国在前沿技术开发上的合作潜力。

中美贸易摩擦对广东省产业链产生了一系列的影响。首先，广东省重要产业薄弱环节集中体现在高端芯片缺失。广东省90%以上的高端芯片依赖进口。高端芯片如空调主控芯片依赖于美国或日本进口，还有些家电企业的美国经销商强制要求使用美国芯片，但因进口关税和出口关税的双重加征，导致企业无利可图。其次，重点链主企业面临较大困境。链主企业面临美国诸多手段的围剿，如美国启用“实体清单”，精准制裁华为产业链企业，意图阻断华为配套供应链，华为公司的生存和发展面临重大挑战。核心产业供应链受制于美国的链主企业，可能面临断供风险。链主企业从美国引进人才、技术更加困难。最后，珠三角制造业企业向国外产业转移加快。自2023年10月开始，到2024年8月，不到10个月的时间，中国企业在越南总共注册了1795家企业，投资目的地涵盖越南36个省市，以北宁省、胡志明市、平阳省最多。其中新入驻的中资企业中，选择北宁省的达到了505家，选择胡志明市的达到了354家，选择平阳省的有283家。这1795家中资企业里，投资规模在30亿越盾（约合人民币85~86万元）以上（含）的企业有1198家。

（三）与欧洲国家合作推动新能源发展

在欧洲工业发展过程中，产业政策发挥了巨大作用。得益于有效的产业政策，工业为欧洲带来了长达两个多世纪的繁荣和进步。2022年，欧盟工业增加值总额高达3.085万亿美元，比上年增加157.36亿美元，位居全球第3位。欧洲工业在高附加值产品、绿色技术专利和高科技领域处于世界领先地位。欧盟在新冠疫情引发的供应链危机后，将产业政策的重点放在了强化欧盟产业链供应链韧性上。

而广东省与欧盟的产业链合作现状呈现出积极、互补且持续加强的趋势。中欧双方产业链互补、经济契合度高，开展第三方市场合作将有助于充分发挥双方产业的比较优势，促进海内外市场的深度融合。广东与欧洲的经贸合作十分紧密。数据显示，2022年，广东对欧洲进出口总额达1823.4亿欧元，同比增长12.3%。广东实际吸收欧洲外资9.1亿欧元，同比增长10.1%。2023年上半年，广东实际吸收欧洲外资8.3亿欧元，同比增长1.2倍。从“量”

上来看，贸易企稳回暖，据海关总署广东分署统计，2024年前5个月，广东对欧盟进出口3861.4亿元，同比增长0.1%。投资大幅增长，据广东省商务厅统计，2024年前5个月，欧洲对广东实际投资53.6亿元，同比大幅增长203.1%。从“质”上来看，新兴产品正加快“出海”，2023年前5个月，广东对欧盟出口新能源产品增长迅猛，其中电动载人汽车出口增长452.8%、太阳能电池出口增长192.0%。欧洲企业在粤投资更多向创新倾斜，巴斯夫、西门子、科思创、默克、赛诺菲、威立雅、莱茵集团、欧绿保等多家重点企业均向先进制造、高新技术等领域加大投入。

与竞争对手相比，欧盟弱势的技术领域和产业主要有人工智能、机器人、微电子、网络安全、电池和光伏产业等。电池产业是欧盟追赶型产业的典型代表。发展有竞争力的、可持续的电池产业链供应链，不断提高欧盟电池产能，最终实现电池自给自足，是欧盟电池产业发展的重要目标。2023年，全球锂离子电池出货量为1202.6GWh，同比增长25.6%，其中中国锂离子电池出货量为887.4GWh，占全球出货量的73.79%（见图4–3）；2023年，太阳能光伏全球装机量新增345.5GW，中国装机量新增216.88GW，占比为62.77%（见图4–4）。可见，在锂电池及光伏产业板块，中国相较欧盟具有优势。

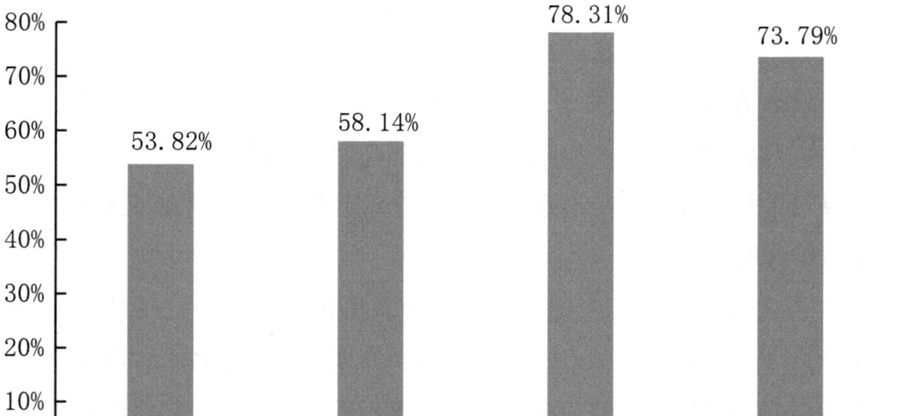

图4–3　2020—2023年中国锂电池出货量在全球占比

资料来源：工业和信息化部。

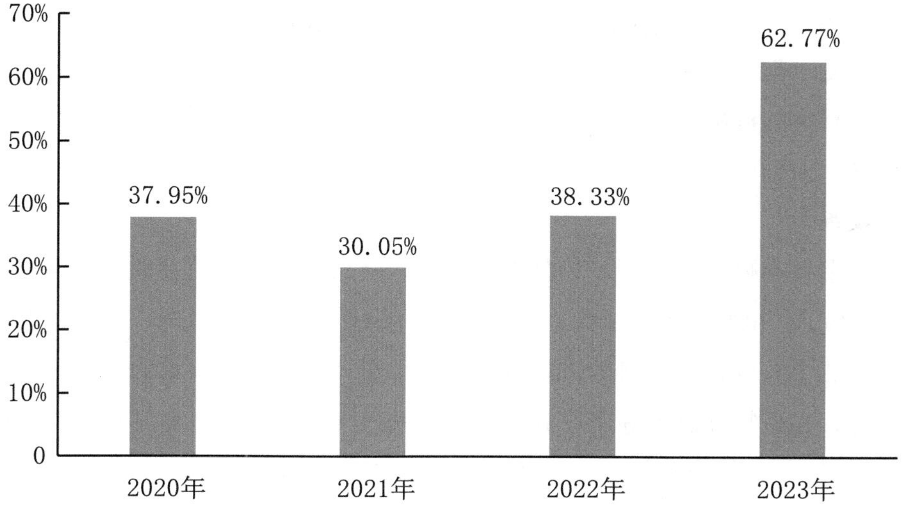

图4-4　2020—2023年中国光伏新增装机量在全球占比
资料来源：工业和信息化部。

随着欧盟对锂电池需求的增长，中国作为电池生产和出口大国，与欧盟形成了相互依赖的伙伴关系。2022年欧盟对华投资同比增长96.6%，其中大众汽车集团投资24亿欧元，与中国智能驾驶计算平台提供商地平线共同成立新公司，聚焦自动驾驶领域的技术开发。在锂电池产业，中国领先的电池制造商宁德时代，在匈牙利德布勒森市投资建设了大型电池产业基地，项目总投资额高达73.4亿欧元，与德国和其他欧洲国家的一级汽车供应商建立供应链联系，以及与欧洲研究机构和企业进行技术交流与合作，以加速技术创新和产业升级；其中广东省企业亿纬锂能在匈牙利投资新建电池制造项目，为宝马集团供应大圆柱电池，其在欧洲已与多个知名品牌建立了合作关系，包括BMW、Rimac、梅赛德斯-奔驰、捷豹路虎等，覆盖储能、动力和消费电池市场。在光伏产业，隆基绿能作为中国光伏行业的领军企业，与欧洲多个国家的光伏项目开发商和分销商建立了紧密的合作关系，供应高效单晶硅光伏产品，共同推进欧洲的可再生能源转型。隆基绿能还与欧洲研究机构合作，推动光伏技术的创新和应用。晶科能源参与了众多欧洲光伏电站的建设和升级项目。面对欧盟的能源转型计划，晶科能源抓住机遇，扩大在欧洲的市场份额，加强与当地伙伴的业务协同。

（四）与日韩共同参与国际产能合作

从日本的进出口数据可以看出，日本的优势产业链领域是运输机器、一般机械；而韩国的进出口数据则显示出韩国的优势产业链领域是机电产品、运输设备。

依据日本财务省统计，2021年日本进口商品排名前三的分别是矿物性燃料（20%）、电气机器（16%）、化学产品（11%）。一般机械、运输机器的进口占比小，矿物性燃料的进口占比大，表明日本在这些领域的产业链上具有优势，在矿物性燃料等产业具有劣势。2021年，韩国进口商品排名前三的分别是矿物产品（29.9%）、机电产品（28.4%）、化学产品（9.6%）（见图4–5），表明韩国在矿物产品产业上具有劣势。

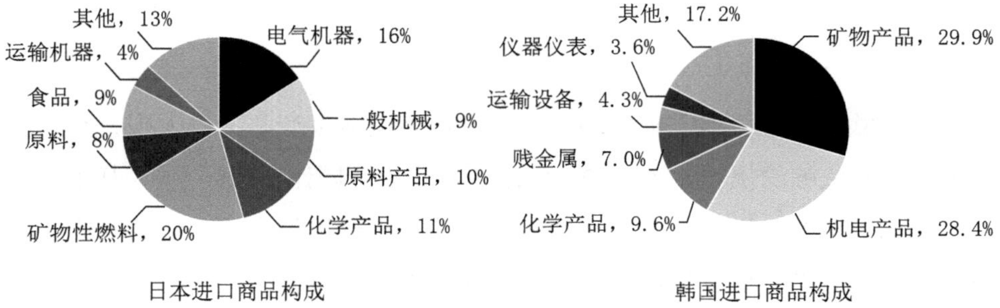

图4–5　2021年日韩进口商品构成

资料来源：公开数据。

从日本2021年出口商品构成来看，出口商品排名前三的分别是一般机械（20%）、运输机器（19%）、电气机器（18%），表明日本在一般机械上具有产业链优势；从韩国2021年出口商品构成来看，出口商品排名前三的分别是机电产品（38.7%）、运输设备（18.3%）、化学产品（10.3%）（见图4–6）。韩国的机电产品出口份额占总出口额的近四成，表明其在该领域具有产业优势。

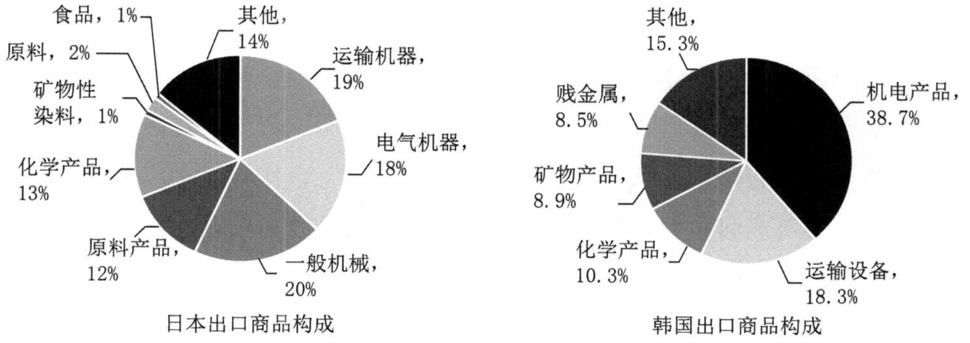

图4-6　2021年日韩出口商品构成

资料来源：公开数据。

近年来，我国与日韩在安全、经贸等各领域的交流合作回暖，其背后的美国因素明显，美国意欲以更大力度推动其亚太盟友构筑排华的产业链供应链。然而，中日韩长期互为重要经贸合作伙伴，中国是日本和韩国的最大贸易伙伴，韩日分别是中国的第四和第五大贸易伙伴。随着数字化的转型，中日韩三国在数字化、芯片、半导体等超前服务领域有着重要的合作潜能。三国探索“中日韩+X”合作模式，即三国携手与其他国家和地区合作，共同参与国际产能合作项目，特别是在半导体、大健康等产业，这有助于拓展市场、分散风险，并促进区域内外的协同发展。

在产业合作上，中日韩三国在机电、运输设备方面的合作是其经济合作的重要组成部分，涉及多个层面和领域。其中，中日（常州）合作产业园作为江苏首批中日韩产业合作示范园区之一，专注于高端制造、精密机械、电子信息等领域，体现了三国在机电产业合作上的深度与广度；中国机电产品进出口商会携手包括日本在内的13国商协会发布东盟+中日韩产业链供应链合作倡议，旨在共同应对全球供应链挑战，确保产业链和供应链的稳定性和韧性；在矿产和海洋资源合作上，基于日本在深海矿产资源勘探与开发设备方面的优势、韩国在造船和海洋工程装备上的专长，以及中国在海洋经济发展策略上的经验，三国合作举办论坛，共同推进先进海工装备的研发与应用，促进海洋资源的有效开发和利用。

中日方面，广东省与日本在汽车产业的合作尤为显著，包括整车合作及产业链上下游的深化合作。广东省吸引了如爱信、丰田纺织等日本零部件、商贸企业落户广东，促进了广汽等自主品牌的自主研发与国际合作。中韩方面，随着中韩半导体产业从“互补性”向“竞争性”合作转变，广东省在半导体、显示屏等高科技领域与韩国的合作也在持续升级，双方在技术研发、产品创新及市场开拓方面寻求更多合作机会。

（五）与“一带一路”沿线国家共同推进产业链共建

金融危机爆发以来，国际经济贸易体系发生重大调整，世界经济格局从之前“中心—外围”的单循环体系向“双环流”体系转化。中国已经成为世界第二大经济体、世界第一大货物贸易国，但同时，中国也正处于经济转型的发展阶段。我们看到，进入21世纪以来，新兴市场和发展中国家已经成为全球经济增长最突出的地方，其中“一带一路”沿线国家和地区尤为显著。从数据来看，2013年至2022年，中国与“一带一路”沿线国家进出口总值从6.46万亿元增至13.83万亿元，年均增长8.8%，占同期我国外贸进出口总值的比重从25%升至32.9%。2013年至2023年6月底，我国对“一带一路”沿线国家非金融类直接投资累计超过1600亿美元，其中2022年对沿线国家非金融类直接投资1410.5亿元，较上年增长7.7%，高于整体增速0.5个百分点。在产业链共建方面，共建“一带一路”倡议提出的10年以来，中国与共建国家共同推进国际产能合作，深化钢铁、有色、建材、资源能源等传统产业合作，探索数字经济、新能源汽车、5G等新兴产业合作，与有意愿的国家开展三方、多方市场合作，促进各方优势互补、实现共赢。

广东省积极响应国家“一带一路”倡议，与沿线国家在可再生能源、节能环保、清洁生产等领域开展了广泛的合作。2015年，广东省率先上报《广东省参与建设“一带一路”的实施方案》，提出将广东省打造成为“一带一路”的战略枢纽、经贸合作中心和重要引擎的目标。随后，广州、深圳等地也相继出台政策，进一步深化与共建“一带一路”国家在基础设施、国际产能、战略性新兴产业等多领域的合作。这不仅有助于推动绿色“一带一路”建设，也为广东省产业链的国际合作开辟了新的空间。据海关总署广东分署统计，2013年至2022年，广东对共建“一带一路”国家进出口规模从2013年的1.92万亿元，到2022年首次突破3万亿元大关，进出口值增至3.01万亿元。广东上市公司正积极推动“一带一路”建设从要素驱动向创新驱动转化，探寻人类命运共同体的“汇合点”。广东企业“走出去”增势平稳，对共建“一带一路”国家年实际投资额从3.8亿美元增长到4.2亿美元，十年来累计新设立的境外企业机构近1500家，实际投资近50亿美元。

盛视科技现已与一些大型企业进行了合作，除了技术的联合，也有意借助其现有的渠道平台，实现“借船出海”。目前，公司相关智能管理终端、多国车牌识别等产品已经在塞尔维亚、沙特阿拉伯、孟加拉国、阿联酋等多个国家落地应用；智动力在“一带一路”倡议的指引下于越南投建“智动力精密技术（越南）工厂建设项目”，其中包括消费电子结构件越南生产基地和散热组件越南生产基地；康泰生物已参加多个国家的计划免疫招标，已与巴基斯坦、印度尼西亚、沙特阿拉伯等地的合作方签订疫苗生产、经销协议及技术转移协议，且已启动了成品的注册和技术转移合作。在未来，康泰生物还将探索在核心片区设立研发和生产中心的可能性，如在当地开展临床研究，与当地的大学、研究机构等做联合研发，以创新驱动发展。在科技合作方面，落地在中白工业园的中白产业技术联合创新中心，由广东省科学院与白俄罗斯国家科学院共建，双方借此积极推动白俄罗斯科技成果到中国落地转化。根据两国政府联合公报，双方重点推进以下领域合作：支持建立联合实验室、应用研究中心及高科技园区；开展2024—2025年科技合作项目联合遴选；设立中白基础科学研究中心等专项平台。

二、产业链的国际合作趋势

习近平总书记指出，新发展格局以现代化产业体系为基础，经济循环畅通需要各产业有序链接、高效畅通。加快构建新发展格局，是把握未来发展主动权的战略部署。现代化产业体系是现代化国家的物质技术基础。只有加快构建新发展格局，提升产业体系现代化水平，才能夯实我国经济发展的根基，增强发展的安全性稳定性。当前，全球产业体系和产业链呈现多元化布局、区域化合作、绿色化转型、数字化加速的态势，这是经济发展规律和历史大趋势，不以人的意志为转移。我们要准确把握全球产业体系和产业链新态势，顺应产业运行逻辑深度变化，构建现代化产业体系，在全球新一轮科技革命和产业变革中赢得主动、赢得先机。

（一）多元化布局

当前，世界百年未有之大变局加速演进，全球产业链供应链面临不安全不稳定的挑战。一国对外依存度高的基础产品和技术面临断供风险，产业链上下游配套的协调难度加大。极限情况下，关键能源资源、粮食、核心技术很可能被“卡脖子”，影响产业发展和国家安全。面对复杂多变的环境，各国纷纷着手推动本国产业链供应链多元化布局，跨国公司主动调整战略、分散投资，多点布局产能，推进能源矿产等来源地和运输通道多元化，提高产业链供应链韧性。

（二）区域化合作

受逆全球化、贸易保护主义抬头和发达国家推动产业链回迁等多重因素影响，各国积极签订和实施相关贸易协定，推动不同区域内的经贸合作。各国在产业链布局中更加重视安全和韧性，并逐渐将产业链相关核心环节迁回本土或进行“友岸外包”。产业链韧性偏好的一个重要表现是区域化安排。进入数字时代，企业具备更强的将产业链布局在数字化和智能化水平相近的区域内部的动机和意愿，创新型价值链的区域化倾向尤为明显，致使技术密集型产业附加值创造的区域集聚效应凸显。受益于区域内部便利化、机制化的贸易条件，区域化不仅有利于巩固产业链韧性，还会因产业内分工深化而扩大中间品和最终产品的贸易。这就推动制造业关键环节加速向北美、欧洲和亚洲主要生产基地集聚，北美供应链、欧盟供应链和亚洲供应链等区域供应链“三足鼎立”格局加速形成，产业链区域化合作态势更明显。

（三）绿色化转型

进入21世纪，全球气候变化已经成为当前人类社会面临的严峻挑战之一。过去，世界各国产业竞争力主要来源于综合成本、产品质量和生产技术等因素，人类社会在历经了工业化、信息化之后，加快迈向绿色化，以化石燃料耗费为特征的工业文明向绿色生态文明跨越发展，这必将影响生产组织方式和企业价值创造的发展方向。从发展趋势看，绿色化正成为产业发展的重要趋势和必然要求。世界主要国家已在绿色低碳转型领域开启了一场科技、标准、产业政策、治理机制的全方位竞争。不少国家已通过立法等多种渠道加速绿色低碳转型，跨国公司已深度开展绿色低碳供应链建设，绿色认证等国际规则将直接影响各国产品的国际竞争力。通过推进产业绿色低碳转型提升产业国际竞争力，已成为全球共识。

（四）数字化加速

近年来，数字经济蓬勃发展，并与许多传统产业深度融合，对世界各国经济增长和生产生活方式产生了重要影响，成为重组全球要素资源、重塑全球经济结构、改变全球竞争格局的关键力量。总体看，主要国家数字经济发展持续提速。新一轮科技革命与产业变革催生未来产业群，以数字技术为引领，数字产业化与产业数字化共同赋能全球产业链重构，将生产端和消费端集成的海量数据要素投入新农业、新矿业、新制造、新金融、新商业的发展之中，通过自组织、网络化、分布式、平台型再造，全球产业链将被赋予生产与服务深度融合、上下游边界趋于模糊、批量化与定制化共存的新特征。全球各国加快推动数字经济重点领域发展，在数字产业化、产业数字化、数据要素等领域积极抢抓发展机遇。5G、人工智能等新兴产业快速发展，整体进入深化应用阶段。产业数字化转型应用领域由生产研发向供应链协同、绿色低碳方向延伸，推动产业高端化、智能化、绿色化、融合化发展，助力提升产业链韧性和安全水平。

当前，新一轮科技革命和产业变革加速演进，把握全球产业体系和产业链供应链新态势，有助于我们顺应产业发展大势，统筹抓好产业升级和产业转移，增强产业发展的接续性和竞争力，开辟发展新领域新赛道。我们要在产业转型升级和优化布局过程中着力延链补链强链，推动重点产业在国内外有序转移，支持企业深度参与全球产业分工和合作，切实打造自主可控、安全可靠、竞争力强的现代化产业体系。

三、参与全球产业链合作的必要性

全球产业链分工既是全球化的重要表现，也是世界经济一体化的重要驱动力。当下，全球产业链加速重构，维护和打造稳定、安全、畅通的全球产业链体系尤为关键。保链、稳链、固链，既是国际工商界的共同期盼，也是国际社会的共同责任。在全球化背景下，参与全球产业链合作是顺应经济全球化趋势、提升本国或本地区经济竞争力的必然选择。当前广东省产业链存在着外部依赖、断链等风险，更需要参与全球产业链协作。

（一）产业链外部依赖性强

从进口来看，广东省为集成电路第一大进口省份。2024年，广东省进口集成电路1896亿个（占全国总量的34.5%），总进口额1.12万亿元（占全国总进口额的40.8%）。广东省是我国信息产业第一大省，在消费电子、通信、人工智能、汽车电子等领域拥有国内最大的半导体及集成电路应用市场。

（二）“卡脖子”问题突出

在一些关键技术领域，如芯片制造、高端元器件等，广东省仍存在“卡脖子”问题。这限制了产业链上下游企业的协同发展，影响了整体产业链的稳定性和竞争力。国产芯片生产制造环节所需核心零部件、高端装备主要依赖进口，2023年我国芯片的自给率为23.3%，绝大多数芯片依靠进口。广东省重要产业薄弱环节集中体现在高端芯片缺失。广东省90%以上的高端芯片依赖进口，如空调主控芯片依赖美国或日本进口。

（三）产业链协作配套能力不足，断链风险大

部分产业链延伸不够，产品较为传统，高端产品较少。例如，在石化产业中，广东省虽然布局了五大炼化基地和园区，但总体规模不大，发展联动效应不足，规模优势效应发挥不明显。这限制了产业链上下游企业之间的协作和配套能力。另外，广东省内各区域之间的经济发展水平存在差异，导致产业链协作配套时难以形成高效的资源配置和协同效应。一些经济相对落后的地区在基础设施建设、人才储备等方面存在短板，难以有效承接产业链中的某些环节。

（四）受到全球贸易争端及贸易保护主义影响

近年来，美国和欧盟等国家（地区）和国际组织频繁对我国商品进行反倾销反补贴调查，通过增加关税等方式大幅削弱我国出口商品的成本优势。2011年11月美国对中国光伏产品发起“双反”（反倾销，反补贴）调查。2012年9月欧盟对中国出口的太阳能电池和组件发起反倾销调查。2024年6月，欧美发起对国内光伏组件企业又一轮“双反”调查，进一步加剧中国光伏行业的波动。中美贸易摩擦直接导致中美双边贸易额下降，对全球供应链和产业链产生冲击，引发贸易投资转移效应。而广东省作为外向依存度较高的经济体首当其冲，出现出口增速大幅下滑、部分企业外迁、工业增长乏力等问题。

第二节 参与全球产业链合作的优势

全球产业链的多元化和区域化并不意味着“去中国化”，相反，未来中国作为亚洲产业链供应链核心的地位有望进一步巩固，而且中国也是全球产业链多元化的重要发展地。尽管国际形势复杂，广东仍是跨国企业投资的首选地。疫情冲击国际产业链供应链，却并未阻挡外资企业投资广东的脚步。原因有以下几方面。

一、开放包容的制度优势

习近平总书记指出，中国疫情防控和复工复产之所以能够有力推进，根本原因是党的领导和中国社会主义制度的优势发挥了无可比拟的重要作用。作为全球产业链的重要环节，中国成功地复工复产不仅对国内经济恢复有着重要作用，也展现了中国经济发展的强大韧性以及相对其他市场的制造优势，体现了中国国家制度和国家治理体系的强大生命力和显著优越性。

中央及地方政府可在开放政策落实、公平营商环境及企业发展优惠政策方面予以更多支持。目前商务部建立了外商投诉中心，可建议并引导外企到外商投诉中心处理相关事宜并及时反馈处理结果，帮助其了解相关政策。同时，外商投资法、RCEP、自贸区等相关开放政策落地过程中要注重完善配套措施，阶段性核查政策落实情况并逐步清除或纠正与新政策相矛盾的既有政策，通过完善知识产权、制定行业路线图、对外资企业诉求从了解到反馈形成闭环机制等加速营造稳定公平、开放透明的市场化、法治化、国际化营商环境。

二、超大市场规模

广东省拥有巨大的市场潜力和规模，2023年，规模以上工业企业、高新技术企业均超过7万家，已形成8个万亿级产业集群，区域创新综合能力连续7年全国第一，高质量发展的基础更牢、成色更足。2023年，广东继续稳居外贸第一大省，从总量看，外贸运行向好态势明显。份额上，广东外贸占全国比重从年初低位的17.6%回升至全年的19.9%。2023年广东外贸展现出较强韧性和活力，成绩来之不易，充分体现广东作为经济大省勇挑大梁的责任担当。2024年，外部环境复杂性、严峻性、不确定性依然突出，但正视这些困难挑战的同时也要看到，我国经济回升向好、长期向好的基本趋势没有改变，广东外贸运行有利因素增多，并不断推动经济高质量发展。2024年，广东成为全国首个经济总量突破14万亿元的省份，全年地区生产总值达141633.81亿元，5年接连跨越5个万亿元级台阶，经济总量连续36年居全国首位。全年进出口总额突破9万亿元，连续39年居全国首位，旅游总收入突破万亿元，海洋生产总值突破2万亿元。经营主体突破1900万户，其中企业超830万户，总量均居全国第一。

未来外资在华企业可能会尽量把面向中国市场的全产业链放在中国，虽然跨国公司出于多元化考虑，存在转出部分产能的可能，但由于中国庞大的市场规模和潜力，未来中国依然会是跨国公司最重要的市场之一，产业链大规模外移的可能性很小。中国欧盟商会与罗兰贝格咨询公司发布的《中国欧盟商会商业信心调查2020》显示，中国市场对大多数在华欧盟企业有着强烈吸引力，超六成受访者表示中国仍是其前三大投资目的地之一。而且，部分尚未在中国投资建厂的企业，出于分散风险、扩大市场规模等考虑，也可能来华开拓商机，助推中国产业转型升级。而广东省巨大的市场规模和市场潜力将会吸引更多的跨国公司来粤投资。

三、劳动力供给充足、基础设施配套完善

尽管中国国内劳动力成本较高，却拥有全世界数量最庞大的熟练劳动力群体，且电力、运输等配套基础设施的完善程度要远高于东南亚等潜在产业链搬迁地。根据第七次全国人口普查数据，广东劳动年龄人口数量居全国之首，劳动年龄人口总规模依然庞大，全省15—59岁的劳动年龄人口达8669.76万人，总量比2010年第六次全国人口普查增加1013.36万人。同时，广东省制造业基础扎实雄厚，产业链集群优势明显。此外，随着广东省经济金融开放程度日益提高，营商环境不断改善，知识产权保护力度不断加大，产业链专业化程度和产业集群效应将不断增强，对跨国公司的吸引力将日益增强。

四、制造业产业链配套完备

广东有完善的产业链供应链和庞大的消费市场，拥有制造业的全部31个国民经济行业大类，其中15个行业规模为全国第一。纳入全国规模以上工业统计目录的近600类工业产品中，广东产品覆盖率超八成。由此形成了一批产品集中生产、专业化协作配套、产业链条成熟的产业集群。这种由高度专业化分工和大规模协作形成的产业链，具有较强的韧性，即使遇到冲击，也可以在较短时间内自主修复和恢复。由此铸造的强大产业链整合能力，正是广东制造的“核心武器”。因此广东历来是外资企业最青睐的投资热土之一。特别是2023年以来，广东以实体经济为本、坚持制造业当家，加快优化对外开放布局，打好外贸、外资、外包、外经、外智“五外联动”组合拳，着力打造市场化、法治化、国际化一流营商环境，向全球投资者展现出招商引资、合作共赢的诚意。广东以全球化的视野和布局，不断提升产业链韧性和安全水平，构建产业链的生态体系。围绕提升产业链韧性和安全水平，广东提出开展产业链“百链韧性提升”专项行动，充分发挥“链长+链主”的协

同作用，“一链一策”实施精准补链强链，提升自主知识产权和替代接续能力，增强产业链国际综合竞争力，助力广东现代产业体系在全球价值链中实现不断跃升。

第三节　参与全球产业链合作的机遇和挑战

参与全球产业链分工，对于一个国家或地区而言，既蕴含着重要的机遇，也面临着多方面的挑战。尤其是在产业链安全方面，既为国家和地区提供了前所未有的发展机会，也带来了诸多安全隐患。因此，平衡好开放合作与自主可控的关系，加强供应链多元化建设，提升本土创新能力，是维护产业链安全的关键。

一、参与全球产业链合作的机遇

全球产业链重构既是新一轮科技革命和产业变革的重要组成部分，也是国际格局嬗变中多种因素相互作用、相互交织的结果。中国作为世界第一工业大国和货物贸易大国，已经深度融入国际分工体系，全球产业链重构对中国产业链发展及稳定产生了日益深远的影响。一方面，全球部分产业正从中国向美、欧、日等发达国家和地区以及东南亚的发展中国家转移。另一方面，美欧等国家推动制造业回流，以国家安全的名义推行“友岸外包”等政策，全球产业链朝着本土化、区域化和多元化方向重构。我国应凭借自身优势，利用好新的发展机遇，加快产业链的转型升级，更深入地融入全球产业链分工体系。在全球化趋势下，广东省面临着与国家整体相似的机遇。

（一）有利于产业链加快转型升级

全球产业链的稳定性受到巨大冲击后，世界各国对本国的产业链自主性与可控性愈发重视，最终产品本地化生产的偏好更加明显，各国开始呼吁产业链回归本土化、就近化以维护本国产业的稳定发展。全球产业链的本土化、就近化趋势对产业链发展具有较强的倒逼作用，加速广东省走出“内生”、技术依赖性的道路，促进广东省产业链在自主可控的基础上加快转型升级。与此同时，全球产业链重构导致对关键零部件和核心技术的需求更加迫切，推动企业改变原有的跟随式发展和被动式发展模式，以突破新技术、改进完善现有产品或技术为目标，通过加大投入、采取奖励创新等方式激励创新，进而提升产业链的竞争优势，推动我国产业链实现转型升级。参与全球产业链重构可以促进中国产业结构调整和升级，推动传统产业向高端制造业和服务业转型，提高产业链的附加值和竞争力。

（二）有利于广东省突破“中低端锁定”的困境

在全球产业链重构背景下，全球治理体系也面临着巨大挑战，世界各国均希望建立对本国有利的全球治理体系，这导致全球治理体系逐渐偏向碎片化。过去，全球产业链的主导者一般为发达经济体；现在，随着新兴经济体在全球价值链分工中地位的不断提升，国际形势发生了巨大变化。例如，2022年《区域全面经济伙伴关系协定》的生效意味着亚洲区域贸易投资自由化便利化进入了一个崭新阶段，进一步丰富和发展了亚洲经贸合作机制的内涵。我国企业借助丝绸之路国际博览会、进口博览会、东盟博览会等重点经贸展会的线上线下平台，积极开展与成员国企业之间的多领域、多形式经贸合作。区域原产地累积规则让广东省企业优化供应链，灵活进行产业布局，建立更精细、更完善的产业链分工体系，降低最终产品的生产成本，推动区域价值链深度融合。其带来的巨大贸易创造效应和更高的社会福利水平，为广东省经济持续增长提供了新机遇。

（三）有利于获得更多国际合作机会

在全球产业链重构的多元化发展趋势下，广东省发展较为成熟的这一部分产业链转移对于总体产业链发展具有一定的积极作用。参与全球产业链重构，广东省不仅有机会获得来自发达国家的先进技术和管理经验，促进技术转移和创新合作，提升自身产业链的技术水平和创新能力，还可以帮助本土企业拓展海外市场，提升产品质量和品牌知名度，实现产品升级和附加值提升，增强国际竞争力。一方面，成熟产业体系的转移能留出更多的资源或空间给省内其他发展未成熟的产业体系；另一方面，向外转移意味着广东省将与产业转移的国家或地区间的联系更为紧密，在产业链层面与其他国家或地区的关联度会进一步提升，拓展了广东省对外开放合作的范围，带来了更多的国际合作机会。未来广东省仍需利用好国际合作机会，充分整合和利用可得资源，尤其是国外的高端和先进生产要素，以促进广东省的产业链发展。

（四）科学评估产业链安全形势

对于中国企业来讲，在参与全球产业链合作的同时，会面临缩链、供应链本土化、产业链多元化带来的问题。比如，部分西方国家通过脱钩和去风险使供应链本土化、多元化、区域化和短量化，对中国企业的出口形成压力。同时，以前他们的出口市场集中在中国，而现在出于多元化考量会减少对中国的供应，我国的生产也会受到一定冲击。这也是广东省面临的产业安全问题，尤其是制造业部门的产业安全问题要跟全球产业链分工、产业链贸易的变化结合考量，因为制造业产业相当程度上跟全球制造业的产业链分工密切结合，其他国家的进口供应来源变化和出口目标市场变化都会对我国造成影响。因此，全球产业链的合作会促使广东省政府科学评估产业链供应链安全形势和保障能力，精准识别断点堵点，坚持创新驱动，坚持有效市场与有为政府相结合，加紧补短锻长，不断突破产业链关键环节上“卡脖子”的核心技术和关键零部件，全面提升产业基础能力，实现创新链产业链互促融合。

二、参与全球产业链合作面临的挑战

我国进入新发展阶段后，经济发展方式开始转为创新驱动，由此，产业链现代化动能也需转向创新驱动，但我国创新链对产业链现代化的支撑力较弱。受全球频发的极端事件、地缘政治因素的影响，近年来，全球产业链发展格局进入转折期，出现“圈子化”现象，给产业链带来了巨大的不确定性，国家间、地区间产业链发展冲突风险增加，危及产业链的安全稳定，给我国产业链现代化带来新挑战。在全球化大环境下，广东省面临着同样的风险和挑战。

（一）产业链受到产业回流的巨大冲击

新冠疫情暴发以来，全球产业链受到严重冲击，中国也面临若干挑战。受全球经济的不稳定性以及新冠疫情等因素的影响，世界经济增长动能不足，下行风险持续积聚。在全球产业链重构的背景下，世界各国特别是发达国家纷纷转向经济本土化发展，使得包括制造业在内的多产业出现回流趋势。值得注意的是，产业回流不仅仅指劳动密集型产业的回迁，还包含了产业中高端环节的回流，这直接导致我国的产业链受到一定程度的冲击，对我国产业链转型升级产生了一定影响。

新冠疫情前，在中美贸易摩擦日益升级、中国劳动力成本上升等背景下，一些劳动密集型产业（如家具、玩具、纺织品等）、加工贸易行业及以美国市场为目标的中低端产业已经开始了外迁进程。近年来，中国对美出口的机电产品主要被墨西哥、日本、德国等替代，而家电、玩具等主要被越南、加拿大和中国台湾地区所替代，纺织品主要被越南、印度、印度尼西亚等替代。新冠疫情后，随着各国政府鼓励涉及国家安全和基础民生的产业（如医疗设备、药品、军工、高科技产业等）回流，以及跨国公司出于兼顾成本与分散风险等考虑而调整产能布局，降低在华生产的产业链比重，中低端产业链可能继续外迁。

（二）产业基础与技术差距加大了我国竞争压力

广东省目前虽然具有较完整的产业体系，但从产业基础与产业技术上看，其与发达国家或地区的差距仍不可忽视。从全球化分工可以看出，我国主要掌握产业链的中低端环节，在核心技术和关键零部件上对发达国家还存在较大程度的依赖。全球产业链重构使得全球产业分工出现较大改变，世界各国之间的互补、合作关系正朝竞争关系转变，产业基础和产业技术上的短板使广东省在某些领域处于弱势地位，一旦国际贸易中出现对相关技术进出口贸易的封锁，那么该核心技术就会成为我国产业发展的“卡脖子”问题，不利于国家间竞争。因此，我们不仅需要进一步关注与发达国家存在的技术差距以及相关产业发展中核心技术供给不足的问题，还要形成“长板”技术，实现技术水平的反超。

创新链的现代化是产业链现代化的关键支撑。长期以来，生产要素低成本是支撑制造业形成国际竞争优势的重要因素，但随着资源环境制约日益凸显、人口红利逐渐消失，传统劳动密集型产业的成本优势弱化。与此同时，印度、马来西亚、越南等新兴经济体成本优势逐渐显现，加之其采取了一系列产业扶助政策，在价值链中低端环节对广东省构成较大竞争，广东省传统优势的制造业产业链存在被替代和转出的风险。为此，广东省必须通过培育产业链竞争新优势加以应对，关键是围绕产业链布局创新链、围绕创新链布局产业链。

（三）贸易保护主义和反全球化

近年来，贸易保护主义和反全球化思潮在欧美等发达国家从民间蔓延至政府层面。2011年9月，美国兴起抗议社会不公的“占领华尔街”运动。2016年6月，英国举行“脱欧”公投，超过半数的投票者支持英国脱离欧盟。2016年11月，鼓吹“美国优先”的右翼民粹主义代表特朗普在美国总统竞选中胜出。2017年特朗普就任总统后，美国先后退出联合国教科文组织、《中导条约》《巴黎协定》等国际组织和协定。

近年来，全球范围内平均每年新增加的贸易投资限制措施有223项，新增加的贸易投资自由化措施仅有61项。其中美国出台的贸易投资限制措施明显多于其他国家，占所有限制措施的7.43%。尤其是特朗普担任美国总统期间，美国的贸易保护主义越来越严重。2018年2月，美国基于“201调查”对进口的太阳能电池板和洗衣机分别加征30%和50%的关税；3月，基于“232调查”对钢、铝分别加征25%和10%的关税。2017年以来，美国修订并实施《外国投资风险评估现代化法案》，强化对外国在美投资的审查力度。拜登政府上台以后没有改变特朗普政府时期的相关贸易政策。

（四）大国博弈和地缘政治冲突阻碍国际供应链发展

随着中国经济实力日益增强，美国战略焦虑增大，对中国进行全面遏制打压，严重破坏了国际供应链的健康稳定发展。大国博弈主要从四个维度影响国际供应链发展。一是美国国际经济政策调整影响国际供应链发展；二是美国的出口管制政策破坏国际供应链分工；三是美国对中国加征关税加大贸易成本；四是中美关系和地缘政治的不确定性增加企业生产经营风险。

2023年4月，美国国家安全顾问沙利文在布鲁金斯学会发表关于美国国际经济议程的演讲，阐述美国当前和未来的国际经济政策。美国推行的所谓“去风险化”、重振美国工业等贸易政策和产业政策助推“友岸”“近岸”“回岸”等贸易模式兴起，造成国际供应链收缩。美国以维护国家安全为名推行“小院高墙”政策，不断加强对华高科技产品的出口管制，给半导体等高科技产业国际供应链带来巨大破坏，并对其他产业供应链造成负面影响。美国通过“301调查”对中国加征的大量关税至今未取消，严重冲击国际供应链发展的市场运行环境，迫使一些在华跨国企业将部分产业转移到综合成本更高的越南、印度、墨西哥等国家。大国关系发展的不确定性也使许多企业不得不在生产经营过程中进行多元化配置，影响国际供应链的运行效率。

第四节　积极应对全球产业链合作

一、积极推动科技创新

科技创新是实现产业链升级的必要条件。从具体措施来看，一是加大研发投入，鼓励和推动企业进行科技创新，为企业提供包括资金、人才以及科创基地等在内的充分的资源要素。企业应充分利用现有资源，吸引更多人才投入建设，激发创新活力。二是建立健全相关政策制度，不断完善科技创新体制，深入推进科技体制改革。三是以国内外协同创新推动实现科技创新与产业链转型升级。学习借鉴其他国家的先进技术以及创新经验，注重自主创新，避免“闭门造车”。坚持以全球视野谋划和推动科技创新，全方位加强国际科技创新合作，积极主动融入全球科技创新网络，既要“走出去”，也要“引进来”，打造具有成本优势与市场优势的新技术，通过技术进步实现产业链升级，推动形成互利共赢的科技创新合作新局面。

二、调整优化现有产业链

一方面要补短板，重视产业链中的关键环节，加大研发投入，同时加强对产业链中低效率环节的关注，发挥有效市场与有为政府的协同作用，解决影响产业链发展的各项问题，从而避免出现产业链中断、生产受影响等情况。另一方面要创造长板，鼓励和引导企业进行技术创新，在增强总体竞争力的同时与其他国家或地区建立友好合作关系，进一步推动广东省产业链的发展与转型升级。在调整优化现有产业链时，需要始终保持产业链的安全与稳定，维护产业链体系的完整与畅通。其中很重要且有效的一点是培育更多具有生态主导力的产业链“链主”企业，通过多层级的市场主体来支撑产业链。对于中小企业，可以为他们提供各类所需资源要素，促进其创新研发，提高其核心竞争力；对于大企业，需充分考虑其在全球产业分工体系中的地位，为其在全球产业链中掌握主导权提供助力。

三、充分发挥市场规模优势

我国作为全球第二大经济体，具有超大规模市场优势，在全球产业链重构背景下，应充分发挥我国超大规模市场优势，在扩大内需的同时吸引全球生产要素集聚，进而促进我国产业链的进一步发展与升级。广东省作为国内的大省，拥有超大规模市场。2023年广东省地区生产总值超过13.5万亿元，连续35年居全国第一，增量排名全国第一。广东省应努力提升产业链与国内需求的适配程度，发挥好国内消费市场的带动作用，保证产业链朝正确方向发展。同时，广东省的规模经济效益对全球要素具有强大吸引力。在全球产业分工体系下，本土市场规模越大，对其他国家或地区资源要素的吸引力就越大，而外来资源要素的持续流入将加快推动广东省产业链的转型升级。

四、克服知识垄断对本土企业发展的影响

与其他技术相比，数字技术的知识垄断除了建立在知识产权的基础上，更重要的是其具有规模经济、网络外部性以及互补性等特点。知识垄断会使企业的市场势力得到不断加强，而企业市场势力的增强又会反过来进一步提

高其知识垄断程度。因此，知识垄断者在交易过程中拥有较强的价格溢价能力。广东省应加大力度鼓励发明创造，促进知识产权的产业化，防止出现企业知识垄断。具有知识产权优势的企业应在一定程度上推行知识共享，避免知识垄断；不具有知识产权优势的企业应充分利用政策支持，提升科技创新能力，实现知识产权的产业化，将特色产品的资源优势转变为品牌、市场的竞争优势。

五、推进本地服务业高质量发展

“十四五”规划提出，要“深入推进服务业综合改革试点和扩大开放”“深化服务领域改革开放”“促进服务业繁荣发展”。服务业的高质量发展对于推动我国产业体系发展、实现产业链转型升级具有重要意义。但从目前的发展情况看，广东省服务业仍需进一步推动市场化开放，进一步完善体制机制。首先，对部分服务业存在的高门槛、垄断经营等问题加强规制监管。其次，广东省相关部门可以根据各地区服务业发展水平的差异，采取有针对性的举措。例如，鼓励服务业较发达的地区充分发挥自身的经济优势、科技优势、人才优势等，在培育服务业新业态新模式的同时，提高服务业的集聚发展水平；对服务业发展较差的区域，应采取适当的扶持措施，依托本地的优势资源，大力发展服务型企业。最后，扩大服务业对外开放，以推动本地服务业与国际产业链接轨，提高服务业在全球产业链中的地位。

六、加快推进产业转移进程

当前，经济全球化遭遇逆流，国际经济政治格局发生显著变化，世界各国高度重视产业链安全，不断从战略层面推动产业链体系建设。例如，美国关键产业转移呈现区域化、伙伴化特征。在2018年中美贸易摩擦之后，美国对我国的进口比例明显下降，并且在轻工业品和电子产品上都出现了明显的“外流”现象。疫情之后，美国对我国的工业依赖程度明显下降，进口份额超过40%的品类出现明显下降。从2010年起，我国开始向东南亚与印度进行产业转移，而在中美两国发生贸易摩擦之后，产业转移又有了进一步加快的趋势。我国对东南亚、印度等国家和地区的产业转移仍在继续，而且随着国外供应链的修复，转移速度也得到提升。在产业转移过程中，广东省需要始终掌握向外转移的主导权，保证转移的国家既能接受广东省的产业转移，又能提高其对广东省进口的依赖性。

七、实现产业数字化与数字产业化

从内外部环境来看，当前产业链发展在外面临“数字+绿色”时代加快产业链迭代升级步伐等压力，部分产业面临产业转移和贸易转移双重风险；在内存在支持产业跃升的现代制造业发展不充分、支撑产业竞争的关键核心技术主导力不强、支配产业生态韧性多元的经济“双循环”不畅等短板。对此，应充分发挥数字经济对广东省产业链体系发展的促进作用。一方面，产业数字化使得传统产业的技术和效率得到一定程度的提升，同时推动了数字经济与实体经济的深度融合。另一方面，数字产业化能够丰富信息产业发展模式，通过信息通信产业发展带动产业结构升级。从具体措施来看，政府部门需积极参与产业数字化进程中，出台相关政策制度，利用各行业的活动数据为数字企业提供助力。

八、掌握全球产业链主导权

在全球产业链重构过程中，企业的生产流程正逐步呈现出全球化、可细分的特性，传统的纵向综合分工模式已被打破，全球产业链开始出现“片段化”的趋势，各国的产业链将在全球各地发生重组与转移。全球产业链在供需和制度方面出现的变化使得发达国家和发展中国家都存在全球产业链重构的动机。逆全球化现象更是加快了全球产业链重构的速度，进一步强化了投资、贸易的区域化或本土化，世界各经济体系都会相继出台相关政策以提高本国产业链自主性。我国要把握好全球产业链重构这一重要机遇，掌握全球产业链主导权，进而提升话语权与影响力，同时避免全球产业链出现断链而对我国产生的不良影响。广东省应积极推动产业体制机制改革，实现本土产业链转型升级，在此基础上，构建完善、公平、多元化的国际合作平台，利用对外开放平台深化国际合作，扩大开放范围、开放领域和开放层次。

第五章
广东省对稳链发展的政策支持与监管①

结合前文对于传统产业、新兴产业和未来产业的分析，我们可以发现政府的支持和监管在产业链安全稳定发展中起着至关重要的作用。本章基于前文的产业链分析，先介绍了广东省政府在稳链中的政策思路，再分析政府财政和金融支持在稳链中的作用以及建立健全的监管机制和法律框架的重要性。

第一节　广东省稳链政策思路

广东省政府在产业链的安全发展中实施了多项政策措施，以推动经济发展和确保国家经济安全。广东省政府在稳链中的政策思路可以从以下视角展开。

一、提升产业链供应链透明度

政策支持是提升产业链供应链透明度的重要手段。各地政府出台专门的产业政策来保持产业链供应链的透明度，进而实现产业链稳健安全发展。通过各地政府和部门印发的具体文件，可以发现政策措施在实际操作中是如何推动产业链供应链透明度提升的。广东省政府率先出台《广东省深化“互联网+先进制造业”发展工业互联网实施方案》和《广东省支持企业“上云上平台”加快发展工业互联网的若干扶持政策（2018—2020年）》，通过加强

① 本章第一执笔人为暨南大学产业经济研究院张文娟。

推动产业数字化转型，进而提升制造业产业链供应链的透明度，促进产业链安全发展。广东省政府在《广东省国民经济和社会发展第十四个五年规划和2035年远景目标纲要》中，明确指出要引导各地发挥区域优势和特色产业优势，完善产业链供应链，稳步提升关键技术水平，这表明了广东省在规划层面推动产业链供应链透明度提升的决心与策略。《中共广东省委 广东省人民政府关于高质量建设制造强省的意见》旨在通过政策指导和规划布局，构建现代供应链高地，提升供应链透明度。《广东省制造业高质量发展促进条例》也明确指出要坚持创新驱动、区域协调等原则，通过立法方式提升产业链供应链的透明度，推动产业稳链发展。《商务部等8部门关于进一步做好供应链创新与应用试点工作的通知》则探索了供应链透明度提升的有效路径。

二、推动区域协同发展，促进科技成果跨区域转移

为推动区域协同发展以维护产业链安全发展，政策可以从引导区域间产业转移与合作、促进科技成果跨区域转移等方面制定和落实。这些政策措施有助于提高产业链的效益和安全性，推动区域经济的协同发展。

在区域间产业转移与合作方面，政府发布相关政策引导产业在不同区域之间进行有序转移，实现资源优化配置和产业的协同发展，促进区域间的协调发展，维护产业链安全发展的稳健性。广东省出台的《关于推动产业有序转移促进区域协调发展的若干措施》旨在推动产业有序转移，促进区域协调发展，支持粤东粤西粤北地区承接国内外产业转移。2023年，广东省政府设立15个主平台，累计承接产业转移项目775个，总投资3300亿元，旨在通过这些平台促进产业转移与区域协调发展。广东省区域间产业转移与合作政策的核心在于构建多层次、体系化的合作网络，通过政策引导、资金支持、创新机制和跨区域合作，促进产业有序转移，优化资源配置，实现区域经济的协调发展和转型升级。这些政策旨在通过强化基础设施建设、提升产业竞争力、促进科技与创新融合，为广东省乃至全国的经济高质量发展提供强大动力。

在科技成果跨区域转移合作方面，政府发布相关政策促进科技成果的跨

区域转移，加强不同地区之间的科技创新合作。这有助于提升整体产业链的技术水平和竞争力，进而达到稳链的目的。广东省通过在现有技术转移区域中心、国际技术转移中心的基础上，进一步加强与“一带一路”沿线国家、京津冀地区、长江经济带等重点区域的科技合作，促进科技成果的跨区域流动与共享。《科技部关于支持广东省建设珠三角国家科技成果转移转化示范区的函》重点围绕创新驱动发展战略要求和经济社会发展需求，推动科技成果的转移转化。广东省还发布了《广东省促进科技成果转化条例》，该条例是全国首部围绕“基础研究+技术攻关+成果转化+科技金融+人才支撑”全过程创新链谋篇布局的科创立法，旨在规范科技成果转化活动，促进科技成果转化为现实生产力。通过上述政策和法律法规，广东省为科技成果的跨区域转移合作提供了坚实的法律基础，旨在构建开放、合作、共享的科技创新生态，促进科技成果的有效转化与应用，维持产业链的安全稳定发展。

三、促进技术创新，为稳链发展提供“补链”支撑

科技自立自强在提升产业链韧性和安全水平方面起到了关键引领作用。政府可以通过资金支持、税收优惠等政策措施，促进产业链的技术创新，进而弥补产业链短板；引导企业采用先进的技术和管理手段，提高产业链的安全性和竞争力，降低安全风险，填补漏洞；及时缩短“卡脖子”技术清单，实现关键技术的国产化替代，提升产业在全球价值链中的地位，补短板、强弱项，有效规避“脱钩断链”风险。广东省为促进技术创新和提供“补链”支撑，实施了一系列政策和规划。这些政策旨在加强技术创新体系的建设，优化创新环境，支持企业成为技术创新的主体，以及推动战略性新兴产业的发展。

四、发展数字经济，为提升稳链开拓“强链”场景

数据为深化产业链安全发展提供了强大的支撑，集中体现为数字技术贯穿产业链的各个环节，不仅扩大了供给侧的生产边界，而且激活了需求侧的消费潜力，高效达成产业链的供需匹配，实现产业链安全发展，达到稳链

的目的。广东省在地方层面出台各项条例政策，如《广东省数字经济促进条例》，为数字产业提供法律保障，保障产业链安全稳定发展，为提升稳链开拓“强链”场景，以促进数字经济在法治轨道上行稳致远。广东省在数字基础设施建设方面投入大量资源，通过实施“大环境”生态优化行动，优化法律服务，提升服务效率。此外，广东省还通过建设一体化数字平台，鼓励大型企业提升运行效率和产业链协同效率。除此之外，广东省聚焦战略性产业集群建设，以行业龙头、中小型制造企业、产业园和产业集聚区、产业链供应链四类主体的数字化转型为切入点，强化产业集群的数字化基础，推动产业链优化升级。《广东省科技创新“十四五”规划》明确提出要提升产业链供应链的稳定性和竞争力，加强产业链关键环节的“补链”和“强链”。

五、加强国际合作和信息分享，共面跨国产业链安全挑战

广东省可以加强与其他国家和地区的合作，分享安全经验和信息，共同应对跨国产业链的安全挑战。通过加强国际合作，政府能够更好地了解和应对全球范围内的产业链安全问题，共同维护全球供应链的安全和稳定。广东省采取的加强国际合作的措施主要涉及以下三个方面：一是推动高水平对外开放，持续打造市场化、法治化、国际化营商环境。广东省出台的《广东省外商投资权益保护条例》明确指出，促进外商投资，保护外商投资权益，优化外商投资服务，规范外商投资管理，坚持外商投资促进、保护、服务、管理一体推进，形成全面开放新格局。二是搭建国际交流合作平台。广东省政府通过政府间的对话机制，开展产业政策协调对接，为产业合作搭建平台。广东省工业和信息化厅发布的《广东省促进中小企业特色产业集群发展暂行办法》鼓励产业集群积极参与国际合作机制或交流活动，推动技术、管理、人才和资本等方面的交流合作。

六、促进创新和人才队伍的建设，支持创新活动

政府可以通过提供研发资金和基础设施，支持企业和研究机构的创新活动。同时通过制定有关创新的法规和政策，例如知识产权保护法、科技发展

计划和创新鼓励政策，以鼓励企业和个人的创新活动。除此之外，政府还可以建设高水平的科研机构和人才培训基地，吸引和培养顶尖的科研人才。通过建设高水平的教育系统，提高人民的文化水平和科学素养，培养出优秀的人才，进而为产业链安全稳定发展提供人才支持。与此同时，政府可以通过优化就业环境和社会保障制度，吸引和留住高素质人才，进一步建设人才队伍。《广东省技能人才发展条例》作为全国首部关于技能人才发展的地方性法规，旨在加大技能人才培养力度，保障技能人才的合法权益，优化技能人才发展环境，培育和发展新质生产力，促进经济社会高质量发展。广东省出台的《关于加强新时代广东高技能人才队伍建设的实施意见》旨在充分发挥人社部门的职能作用，加快培养新时代高素质技能人才，赋能新质生产力，助推制造强省建设，进而促进产业链安全稳定发展。

七、实施“链长制”，推动战略性产业集群协调联动

广东作为全国率先将“链长制”写入省级政府工作报告的省份，近年来，广东加快实施“链长制”，从省级到市级层面，关于“链长制”的配套举措陆续出台。“链长制”与战略性产业集群的深度融合发展，是广东的最大特色。广东希冀通过实施“链长制”，切实有效助推战略性产业集群培育发展，进而能加快建设“制造强省”。2021年广东省政府工作报告提出，探索实施“链长制”，培育一批控制力和根植性强的链主企业和生态主导型企业，打通研发设计、生产制造、集成服务等产业链条，构建核心技术自主可控的全产业链生态。同时，培育发展战略性产业集群是广东破解“卡脖子”问题、提升产业链供应链自主可控能力的重要突破口。在全面推进战略性产业集群建设的过程中，要准确把握好政府与市场、补短板与锻长板、整体与部分的关系。

其中，针对突破“卡脖子”关键核心技术，需要处理好“链长”和“链主”的关系，大力培育具有市场或技术控制能力的“链主”，“链长”应在产业政策上主动作为。提升产业创新驱动力将是广东“链长制”的重要使命。广东要打好产业基础高级化和产业链现代化攻坚战，围绕产业链部署创

新链、围绕创新链部署人才链、围绕人才链部署教育链，积极推进产业、科技、教育深度融合，推动科技自立自强，着力解决“卡脖子”问题和产业基础问题，增强产业体系抗冲击能力。

八、增强产业链自主可控能力，提升整链现代化水平

要增强广东省产业链供应链的自主可控能力，推动广东省重点产业加快迈向全球价值链中高端。

第一，实施产业基础再造工程，提升产业基础水平。瞄准广东省重点产业加快建设产业共性技术平台，提升基础能力水平，夯实产业发展基础。加大制造业等领域科研攻关力度，掌握产业基础关键核心技术和产业基础数据。《中共广东省委 广东省人民政府关于高质量建设制造强省的意见》通过加大研发投入、鼓励技术创新、优化产业结构、提升产业链供应链水平等，实现制造业转型升级，提升产业基础能力。《广东省建设现代化产业体系2025年行动计划》通过培育壮大主导产业、优化产业链布局、推动产业协同发展等措施，构建以先进制造业为主导的现代产业体系，提升产业基础水平。这些政策和法律法规旨在通过多种手段，包括资金支持、技术创新、知识产权保护、安全生产管理等，全面提升广东省的产业基础水平，推动产业结构的优化升级。

第二，保障重点产业的产业链稳定安全。建立广东省重点产业链的核心企业库，围绕产业链关键核心环节强化招商引资。聚焦电子信息、装备制造、汽车、生物医药领域，梳理产业链上下游关键核心技术的短板、薄弱环节、有望突破的细分领域，形成补短板路线图和锻长板清单。《关于开展质量基础设施助力产业链供应链质量联动提升行动的通知》指出，要建立产业链安全预警机制、推动产业链区域协同、加强产业链关键环节的保障，进而确保重点产业的供应链安全，提升产业链的稳定性和竞争力。《广东省建设现代化产业体系2025年行动计划》通过搭建产业链上下游企业合作机制、产业链金融支持、产业链人才培养等，促进重点产业链上下游企业协同发展，增强产业链的整体竞争力。这些政策和法律法规旨在通过法律和行政手段，

确保广东省重点产业链的稳定和安全，防止因外部因素或内部问题导致的供应链中断，同时促进产业链的健康发展。

第三，推动产业协同融合发展。大力发展服务型制造业，支持平台型企业、龙头骨干企业等开展专业化服务，建设一批服务型制造示范企业、平台和项目。加快对制造环节的数字赋能，拓展大规模个性化定制、网络化协同制造、共享生产平台等模式，推行制造业全链条数字化智能化。《广东省国民经济和社会发展第十四个五年规划和2035年远景目标纲要》涉及产业转型升级、区域协调发展、创新驱动发展等方面的战略部署，旨在推动产业协同融合发展，构建现代化经济体系。《广东省建设现代化产业体系2025年行动计划》包括产业协同创新平台建设、产业链金融支持、人才引进和培养等，旨在促进产业链上下游、不同产业之间的协同融合。这些政策和法律法规旨在通过多种手段，包括政策引导、资金支持等，推动广东省内不同产业之间的协同融合，实现产业结构的优化升级，提升整体产业竞争力。

第二节　广东省财政支持在稳链中的作用

广东省政府提供的财政支持在推动产业链安全发展中起着至关重要的作用。结合前文对于广东省传统产业、新兴产业和未来产业的产业链分析，广东省政府提供财政支持在稳链中的作用可以总结为以下五个方面。

一、培育核心产业链与关键环节，提升产业链现代化水平

财政政策可以引导市场的发展趋向，以其引领作用着重培育核心产业链和关键环节，提升产业链现代化水平。广东省财政部门支持搭建省级政策性基金体系，通过贷款贴息、风险补偿、事后奖补等财政政策，支持集成电路、新能源、新材料等重点产业的发展，培育核心产业链和关键环节。广东省财政对工业企业技术改造项目使用保险作为增信工具融资的，按不超过50%的比例给予保险费用补贴，单个企业每年最高补贴40万元，这旨在鼓励

企业通过技术改造提升自身竞争力，优化生产流程，增强重点产业产业链的稳定性和韧性。广东省产业链现代化是在不断扩大开放中推进的，改革开放以来，广东省发挥比较优势，抓住全球产业分工重塑的机遇，融入全球产业分工体系，快速提升了产业链竞争力。之后，随着劳动力成本的上升和资源环境约束的加剧，创新和国内需求在推动产业链现代化中的作用逐步提升，广东省日益重视结合自身优势积极培育核心产业链和关键环节，促使广东省产业链现代化水平不断提升。产业链现代化水平的提升有助于其顺应时代潮流，提升自身竞争力，进而更加安全稳健地发展。

二、推动大中小企业融通发展，协同提升稳链水平

广东省在提升产业链供应链现代化水平的同时，积极推动大中小企业融通发展，通过加快科技创新、共享融通模式和优化发展环境等方式，推动大企业与中小企业共享生产要素，构建了以龙头企业或关键环节主导企业牵头，联合产业链上下游、横向同类企业，以协同提高产业创新能力、供应链畅通能力、市场拓展能力等为目标的新型产业组织形态，实现了大中小企业的融通发展、共同发展。为了有效处理产业链供应链中中小企业生存能力低于大企业的问题，广东省发布大量财政政策，以财政支持实现大中小企业的融通发展。广东省政府设立中小企业发展专项资金，用于支持数字化转型、大中小企业融通发展、地方特色培育等项目，旨在推动中小企业高质量发展。广东省政府通过降低制造业企业成本支持政策，如对“广东省高成长中小企业板”的挂牌企业按照融资金额的3%给予补助，每家企业补助资金不超过300万元，旨在减轻中小企业负担，增强企业活力，促进整体产业链的健康发展。《广东省人民政府关于印发广东省制造业数字化转型实施方案及若干政策措施的通知》提出通过数字化转型，提升中小企业竞争力，促进大中小企业融通发展。

三、促进技术研发和创新，加快企业发展和转型升级

财政支持可以用于资助科研项目、技术研发和创新活动，从而提高产业

链的技术水平和竞争力。通过提供资金支持，政府可以鼓励企业在关键技术领域进行研究与开发，推动整个产业链向更高端、更具竞争力的方向发展。与此同时，政府的财政支持可以帮助企业开展扩大生产规模、引进先进设备和技术、提升管理水平等方面的投资活动。这有助于提高企业在产业链中的地位和竞争力，同时促进产业链的整体发展。《2024年广东省数字经济工作要点》强调产业链关键共性技术的研发与应用，通过制造业创新中心的辐射引领作用，促进产业链上下游协同创新，推动产学研深度融合，以创新推动产业企业的发展升级，维护产业链安全发展。同时，鼓励政府与金融机构及企业共同投入，共担风险，共享利益，建立科技投入机制，促进创新链与产业链的深度融合，提升产业链的技术含量和创新水平，加快企业发展和转型升级。同时，广东省财政部门通过开展城市试点，支持地市政府综合施策，探索中小企业数字化转型的方法路径、市场机制和典型模式，加快企业发展和转型升级。广东省政府还通过《广东省推动专精特新企业高质量发展的指导意见》等文件，强调支持专精特新企业发展，鼓励大企业将这些企业纳入产业链、供应链、创新链体系，进行先试、首用，促进大中小企业融通创新。技术的创新和产业链整体发展水平的上升都会促进产业链的安全发展。

四、建立重点产业产品目录，以竞争性政府采购促稳链发展

政府通过建立重点产业的关键产品目录，以竞争性政府采购为手段来提高产业链供应链的韧性和安全水平，促进生产本土化并补足产业链供应链的短板，进而使得整个产业链安全稳健发展，实现稳链的目的。首先，明确广东省重点产业，这些产业通常具有附加值高、市场需求大、对经济有重要贡献的特点。再对重点产业进行细分，确定细分领域，以更精确地定位产业发展方向和需求。这有助于广东省政府和企业更精准地规划和投入资源。接着基于产业发展趋势、市场需求和技术先进性，筛选出关键技术和重要产品，确保目录涵盖的技术和产品具有竞争力和市场潜力。之后通过政府采购政策，鼓励和支持关键技术和产品的研发与应用，为可持续、绿色、高质量的产品和服务提供更大的市场机会，促进产业链上下游的协同创新和优化。通

过政府采购政策，提供资金、税收优惠等激励措施，支持关键技术和产品的研发、生产与应用，增强产业链的韧性和安全性。《广东省经济和信息化委办公室关于征集广东省产业发展基金第二批重点项目及企业的通知》指出广东省政府重点支持的财政支持政策聚焦于特定产业，如新一代信息技术、高端装备制造、绿色低碳、生物医药、数字创意、新材料、工业互联网等。同时，政府通过采购政策推动这些产业的发展，促进产业链供应链的完善与升级；鼓励企业开展技术改造，并通过采购政策支持创新产品应用和推广，如通过政府采购、优先采购、订购首购等措施，推进创新产品在市场上的应用。

五、推动现代化产业体系建设，更好应对外部风险和挑战

现代化产业体系的建设能够提升产业链的现代化水平，增强产业链的核心竞争力，并增强其应对外来风险和挑战的能力，实现稳链目的。广东省财政加大投入，推动实施产业基础再造工程和重大技术装备攻关工程，加快基础、关键技术和重要产品工程化攻关。落实税收、政府采购、首台（套）保险补偿等政策，支持传统产业改造升级和新一代信息技术、高端装备、新材料等战略性新兴产业发展。同时，广东省财政厅通过制定促进产业有序转移的财政支持方案，以粤东西北地区承接产业转移为主平台，支持园区基础设施建设，提升粤东西北地区的产业承接能力，促进产业链区域布局的优化，打造更加合理的现代化产业体系，更好应对外部风险和挑战。《中共广东省委 广东省人民政府关于高质量建设制造强省的意见》也明确指出通过产业布局优化、产业集群发展、产业技术创新、产业链协同等措施，实现政策推动产业体系现代化。

第三节　广东省金融支持在稳链中的作用

广东省政府提供的金融支持在推动产业链安全发展中起着至关重要的作用。结合前文对于广东省传统产业、新兴产业和未来产业的产业链分析，广

东省金融支持对产业链安全发展的作用可以总结为以下五个方面。

一、解决产业链中小微企业融资难、融资贵的问题

当前，中小微企业常常面临信用不足等问题，政府通过提供金融支持，引导金融机构创新金融服务模式和产品，为这些企业提供信贷支持，增加它们的融资渠道，有助于提高企业的生产能力和技术水平，增强企业的竞争力，促进产业链上下游企业的合作与发展，实现产业链的安全发展。《广东省支持中小企业融资的若干政策措施》中提出金融支持措施，包括提高政府补贴、降低融资成本等。同时，广东省还搭建相关平台，如“中小融”平台和“粤信融”平台，旨在解决信息不对称问题，为中小企业提供便捷的融资服务。广东省政府与金融机构及相关部门合作，定期通报中小微企业融资情况，研究政策措施，协调解决融资难题。广东省政府还提出建立省中小微企业信用信息和融资对接平台，完善信贷风险补偿机制等措施。

二、推动供应链金融的快速发展

供应链金融是指运用金融科技手段，整合资金流、产销信息流等信息，构建核心企业与上下游企业一体化的金融供给体系。政府的金融支持可以促进供应链金融的创新，提高供应链企业信息协同共享的能力，增强核心企业参与配合度，从而促进产业链的安全发展。广东省出台多项政策，鼓励金融机构深度参与供应链金融，推动数字技术与供应链金融深度融合，完善风险防控机制，促进供应链金融可持续发展。广东省财政厅发布政策，支持供应链金融业务发展，鼓励金融机构加大对中小微企业的金融支持力度。其中，深圳市发布《深圳市关于金融支持供应链高质量发展的实施意见》，提出优化供应链金融模式，保障产业链稳定。广东省切实落实《关于规范发展供应链金融 支持供应链产业链稳定循环和优化升级的意见》要求，实现供应链金融精准服务于供应链产业链完整稳定，通过供应链金融的规范、发展和创新，优化供应链金融体系，提高产业链运行效率。

三、加大产业体系现代化水平，推动产业链升级和优化

现代化产业体系是综合系统，各个环节的顺畅运转和协同配合是重要前提。金融支持可以满足产业体系建设的资金需求，保障产业链各环节的顺利发展，提高现代化产业体系的效率和加快进程，促进产业链安全发展。与此同时，政府的金融支持可以用于推动产业链的升级和优化。通过资金的引导和扶持，政府可以帮助企业实施产业结构调整和技术升级，推动传统产业向高新技术产业、绿色产业等高附加值产业转型，提高产业链的安全性和可持续发展能力。广东省人民政府办公厅印发的《关于加快推进科技金融深度融合助力科技型企业创新发展的实施意见》，旨在引导金融机构加大对本地科技创新型企业及战略性新兴产业的金融扶持，助力科技企业做强做大，推动产业链升级优化。《中共广东省委 广东省人民政府关于高质量建设制造强省的意见》通过优化产业布局、推动战略性新兴产业集群发展、支持企业创新和人才引进等措施，构建现代化产业体系。

四、加大技术创新和研发投入，强化风险防控和保险保障

政府的金融支持可以用于支持企业的技术研发和创新项目。通过提供资金支持，政府可以鼓励企业加大对新技术、新产品的研发和引进力度，提升产业链上的技术水平和创新能力，提升产业链整体水平，强化其应对风险的能力，增强产业链的安全性和竞争力。与此同时，政府的金融支持可以用于建立健全的风险防控体系和保险保障机制。通过提供风险补偿、保险扶持等金融手段，政府可以帮助企业应对外部风险和不确定性，提高产业链的安全性和抗风险能力。广东省人民政府办公厅发布的《关于加快推进科技金融深度融合助力科技型企业创新发展的实施意见》提出15条政策措施，旨在推动科技金融深度融合，助力科技型企业创新发展，提升技术创新水平和增加研发投入。广东省通过制定和实施一系列金融法律法规和政策，构建了支持技术创新和研发投入、强化风险防控和保险保障的金融体系。这些措施旨在降低企业研发风险，促进科技成果的转化和应用，同时保障保单持有人权益，促进金融稳定和科技创新的协同发展。

五、促进国际合作和市场拓展

政府的金融支持可以用于支持企业的国际合作和市场拓展，使企业能够更好地利用国内外市场资源，提高产业综合竞争力。通过提供资金支持和金融服务，政府可以帮助企业提升产业链的多元化和国际化程度，提高产业链的安全性和竞争力，实现产业链安全发展。广东省政府通过《关于金融支持“百县千镇万村高质量发展工程”促进城乡区域协调发展的实施方案》等文件，强调金融机构加大对制造业的支持力度，优化制造业外贸金融供给，强化出口信用保险保障，支持企业“走出去”。广东省鼓励金融机构在合作区内开展跨境金融业务创新，如自由贸易账户业务、跨境租赁业务等，以促进跨境资金流动和金融服务的便利化。这有利于企业“引进来”和“走出去”，加强与国际市场的连接。

第四节　广东省健全监管机制在稳链中的重要性

建立健全的监管机制，是确保产业链发展顺畅、安全可靠的关键措施。结合前文对广东省传统产业、新兴产业和未来产业的产业链安全发展的分析，具体来看，广东省建立健全的监管机制在稳链中的重要性可以总结为以下六个方面。

一、保障关键技术创新和应用，防止技术泄露

为了防止关键技术的泄露，建立健全的监管机制至关重要。监管机制可以通过立法和政策来明确规定技术保护的标准与要求，实行有效的技术安全控制，监控技术交流和转让过程，以及加强对违规行为的监督和处罚。监管机制的建立和完善，不仅能够防止技术泄露所带来的负面影响，还能通过减少不确定性来提高企业和投资者的信心，促进关键技术的研究开发和商业应用。监管制度能为技术创新提供稳定的法律环境，而企业和个人的诚信则是

监管有效执行的前提。结合监管与诚信的概念，则形成了产业链安全发展的有机保障体系。在完善监管的同时倡导诚信，可以构建出一个相互信任、风险可控、鼓励创新的产业生态，这对产业链安全发展至关重要。《广东省技术秘密保护条例》明确了技术秘密的定义，构建了较为完善的防止技术泄露的监管体系，旨在保护技术秘密、个人信息安全，促进科技创新和知识产权保护。

二、规范市场秩序，保护消费者和小微企业合法权益

有效的监督机制可以有效地规范市场秩序，避免市场中的垄断行为，进而保护消费者和小微企业合法权益，保护市场创新活力，保障消费者合法权益。广东省还制定了《广东省市场监管条例》，该条例强调了市场监管部门在商品和服务质量、价格、安全、卫生等方面的管理和监督职责。《广东省实施〈中华人民共和国消费者权益保护法〉办法》对消费者权益保护法进行了细化和补充，确保消费者在商品和服务质量、价格、安全、卫生等方面的权益得到充分保障。《广东省激发企业活力推动高质量发展的若干政策措施》旨在改善企业经营环境，保障企业公平参与市场竞争，保护企业经营者的人身和财产安全，加强对小微企业的政策支持和服务管理。健全的监管机制使得产业链中各个环节均处于健康的市场竞争环境下，消费者和小微企业的合法权益得到了保障，这一方面有助于社会秩序的稳定发展，另一方面能够保证产业链中的市场主体在安全的市场环境下得以稳健发展，从而达到稳链的目的。

三、提升产业链的透明度，创造良好市场环境

监管机制可以对全产业链环节进行监督管理，使得产业链过程一定程度透明化，而产业链透明化是提升高质量产品市场竞争力的关键因素。透明度高意味着制造过程、材料来源、质量控制等信息可以被公开监督和审核，从而推动企业提高产品质量和生产效率。广东省坚决落实《关于社会信用体系建设的若干意见》，强调压实相关主体信息披露责任，提升市场透明度，强

化市场信用约束，提升产业链透明度的同时，创造良好的市场环境。监管机制可以确保产业链中的各个环节都符合行业相关的质量和安全标准，从源头上阻止不达标的产品进入产业链。《广东省国民经济和社会发展第十四个五年规划和2035年远景目标纲要》提出加强源头治理，提升产业链的透明度，创造良好的市场环境。健全的监管机制可以保障公众的利益，防止因监管不严导致劣等品流入市场，进而造成公众利益受损。

四、引导加大研发投入，激发创新活力

完备的监管机制能够引导企业加大研发投入，激发创新活力。广东省政府监管的目的，不仅在于推动产业链更加稳定安全地发展，还在于促进产业链更加现代化高效率发展。为推动产业链现代化发展，应聚焦于“四链融合”，四链其中一条就是以科技自立自强为引领，打造创新链。这要求强化企业科技创新主体地位，全链条整体部署技术创新决策、研发投入、科研组织和成果转化，并系统布局政策、资金、项目、平台、人才等关键创新资源。故健全的监管机制会引导企业加大研发投入，更多地贡献到创新方面，激发创新活力，使得广东省的产业链更具备核心竞争力，进而提升产业链整体地位。《广东省科技创新条例》在新型研发机构成果转化方面提出创新机制，规定对完成、转化科技成果作出重要贡献的个人给予相应激励，推出多项全国首创制度措施，构建了包括资源配置、人才培养、科技评价、激励保障等在内的制度体系，为科技人员提供良好的创新环境。广东省人大常委会通过的《广东省制造业高质量发展促进条例》，强调了创新驱动、区域协调等原则，引领现代化产业体系建设。

五、全链条监控，提高产业链运行效率

健全的监管机制可以对产业链中的各个环节都进行监督管理，层层监管使得产业链中的薄弱环节与风险都得到了有效的控制，从而防止因为产业链中薄弱环节的断裂导致整个产业链条的不稳定，也避免了产业链中各种隐蔽风险的发生和各种效率低下问题。故建立健全的监管机制可以有效地提高产业

链的运行效率，减少因监管不严导致的产业链效率低下。《广东省数字政府改革建设“十四五”规划》提出利用大数据等技术手段，加快推进全链条智慧监管，提高产业链运行效率。建立产业链供应链风险监测预警体系，有效避免因为各种风险导致的产业链运行断裂，提升产业链运行效率。而产业链运行效率的提高使得其更具商业价值，在市场中更具竞争力。《广东省智能制造发展规划（2015—2025年）》实施信息化先导战略，实现全链条监管，推动制造业与服务业融合发展，发展新型生产方式和商业模式，提升运行效率。

六、引导企业承担社会责任，维护产业链安全稳定发展

健全的监管机制能引导企业更好地承担社会责任，促使企业在追求经济效益的同时，维护产业链安全稳定发展。若没有健全的监管机制，企业可能会因为追求更高的经济效益而损害人民乃至社会的权益，而这将会产生一定程度的社会经济动荡，不利于产业链的安全稳定发展，故建立健全的监管机制尤为重要，这可以使得产业链中的各个企业主体不仅关注自身的经济效益，还要关注自身的社会责任，避免为产业链带来风险。除此之外，企业诚信也是尤为重要的，诚信是维护产业稳健运行的根本保障。诚信作为市场经济的基石，不仅是企业赖以生存和发展的根基，也是产业链每个环节高效协同的前提，而企业的诚信则需要监管机制全程监督。《广东省企业和企业经营者权益保护条例》指出，企业和企业经营者应当依法从事生产经营活动，积极承担社会责任，不得损害国家利益、社会公共利益，维护产业链安全稳定发展。广东省国资委通过发布社会责任报告、评选“十佳案例”和“十佳报告”，对监管企业的社会责任实践进行综合评价，促进企业社会责任的履行。《中共广东省委 广东省人民政府关于深化国有企业改革的实施意见》指导企业如何更好地履行社会责任，包括在环保、可持续发展、公平竞争等方面的具体措施。

第五节 广东省健全法律框架在稳链中的重要性

法律框架对于产业链的稳定和安全发展具有不可或缺的作用。结合前文对于广东省传统产业、新兴产业和未来产业的产业链安全发展的分析，建立健全的法律框架在稳链中的重要性可以总结为以下四个方面。

一、确保产业链主体的合规性和法律遵从性

产业链中涉及了各个环节的企业、机构和个人，健全的法律框架为产业链参与者提供明确的规则和要求，以确保他们在业务运作中合规并遵守法律法规。这有助于防止违法行为的发生，维护产业链的稳定和安全。广东省工业和信息化厅等相关部门每年开展一次“链主”企业遴选工作，旨在推动产业集群的发展，确保产业链主体的合规性和法律遵从性。这包括对企业的合规性、真实性和可行性负责，并作出承诺，确保项目符合国家、省、市产业发展规划和产业技术政策。广东省发布的《2024年广东省数字经济工作要点》中也强调引入法律法规审查专业力量，持续做好政务服务事项动态管理，强化公平合规经营，确保数字经济领域的合规性。法律系统对产业链主体合规性和法律遵从性的促进作用体现在多个方面。首先，通过法治手段确保产业链的合规性，法律提供了明确的合规标准和监管框架。其次，法律系统通过立法提供了企业进行自查自纠、规避法律风险的机制。再者，法律系统还提倡通过合宪性审查、备案审查等手段预防法律风险，提高产业链主体的法律遵从性。最后，法律制度的完善还通过保障知识产权和维护企业权益等方式提高了产业链的整体安全性和稳定性，为市场参与者提供了遵循法律行事的动力和保障。

二、保护产业链中各方的权益和公众利益

在产业链中，各个环节的参与者都有自己的权益和利益需要得到保护，

法律框架能够规定各方的权益和义务，维护各方的合法权益。具体而言，第一，对企业权益的保护。法律框架通过设立一系列的法律制度，如合同法、知识产权法、劳动法等，来确保企业在经营活动中的合法权益不受侵害，同时筑牢企业数据确权授权机制，以促进企业之间公平的市场竞争和创新，同时为中小企业发展保驾护航。第二，对消费者权益的保护。法律框架确立了一系列消费者权益法律保护的内容，以期实现对消费者权益的公平对待和有效保障。广东省通过《广东省扩大内需战略实施方案》加强了消费者权益保护，建立健全了产品伤害监测、产品质量担保、假冒伪劣产品惩罚性制度。第三，对劳动者权益的保障。法律框架通过劳动法等相关法律规定，维护劳动者的合法权益，比如对劳动合同、工作条件、工资待遇、社会保险等方面作出详细规定，保护劳动者在产业链中的权利。《广东省实施〈中华人民共和国劳动合同法〉若干规定》进一步细化了劳动合同法的实施，包括经济补偿、医疗补助费的支付等，保障了劳动者的合法权益。在产业链运行的具体过程中，法律框架可以确保产品和服务在产业链中的生产、流通和销售环节符合安全和质量标准，这有助于保护消费者的合法权益，防止虚假宣传和欺诈等违法行为发生，并确保公众的利益得到维护，从而促进产业链的健康发展，实现稳链的目的。

三、促进产业链中的创新和技术发展

产业链的创新和发展需要有利于创新的环境和条件，健全的法律框架为产业链提供了稳定和可预测的环境，有利于企业进行创新和技术发展。通过为知识产权保护提供保障，法律框架鼓励企业在产业链中共享其创新成果，并保护创新成果的合法权益。同时，法律框架也促进技术转移和知识共享以及行业的进步和发展，推动产业链的创新和发展。产业链的创新和发展可以优化产业链的核心技术，提升产业链的核心竞争力与运行效率，进而使其获得稳定的发展。法律框架通过设立专门的创新激励机制和政策支持措施，鼓励企业加大技术研发投入，推动技术创新和转化。除此之外，法律框架还通过促进科技创新、保护知识产权、提供研发补贴等手段，鼓励产业链中的技术发展和创新。同时，法律框架还可以促进创新链与产业链的对接，推动科技成果的应用和产业化，提高产业链的技术水平和竞争力。广东省发布了若干法律法规来促进产业链的创新和技术发展，《广东省推动专精特新企业高质量发展的指导意见》支持企业开展关键核心技术和工程化技术研发攻关，促进创新成果产业化。《广东省制造业高质量发展促进条例》指出遵循创新驱动等原则，以科技创新引领现代化产业体系建设。《广东省科技创新条例》也为科技创新提供法律依据和制度保障。

四、促进各方的合作与协调发展

健全的法律框架为不同利益相关者提供了一个共同遵循的基础准则，使得他们能够在同样的法律约束下进行运作，降低了交流的成本，提升了交流的效率，可以有效地促进合作与协调。法律框架可以通过建立合作机制、规范合同关系等方式，促进企业之间的合作与协调，提高产业链供应链的安全性和稳定性。通过确立透明度、责任和合作原则，法律框架可以促进各方之间的合作，进而共同推动产业链的安全发展，助力产业链深度融合。《中共广东省委 广东省人民政府关于高质量建设制造强省的意见》指出，通过优化营商环境，提升产业创新能力、促进产业链协同发展。《粤港澳大湾区发展规划纲要》旨在深化粤港澳合作，构建国际一流湾区和世界级城市群，推动区域经济一体化。《广东省2023年度法治政府建设情况的报告》强调协同开展重点领域联动执法，建立多部门协同执法机制，以加强法治政府建设。《广东省深汕特别合作区条例》也指出促进区域协调发展，规范、保障和促进深汕特别合作区健康有序发展，通过加强与汕尾市的区域合作，推动合作共享和发展。

产业篇

第六章

广东省传统产业的产业链安全发展分析①

根据广东省人民政府在广东省第十四届人民代表大会第二次会议所作报告，2023年广东地区生产总值达到13.57万亿元，同比增长4.8%，是全国首个突破13万亿元的省份，经济总量已经连续35年位居全国首位。回首“领跑”之路，广东奇迹发端于20世纪80年代。改革开放初期广东率先通过产业政策“筑巢引凤”，结合彼时港澳台先后产业升级需要的“天时”，毗邻港澳、位居南海航运枢纽的“地利”以及侨胞资源丰富和重商传统深厚的“人和”，通过“三来一补”率先打下产业基础，“珠江水”“广东粮”“岭南衣”“粤家电”造就了广东制造业高速增长的奇迹。二十一世纪的前几十年，广东先经历了要素成本上升促使产业结构从轻工业走向适度重工业化，再见证了服务业的强势崛起以及传统产业的现代化转型升级，产业结构发展趋向新而优。

改革开放至今，广东省经济结构经历了从农业经济向发达经济、工业增加值规模持续快速增加、第三产业占比波动上升的变化。四十多年来，广东三次产业结构比重排序发生了两次重大变化，从“二一三”演变为“二三一”，再演变为“三二一”的格局，但始终不变的是以工业立省、以制造业当家的底色。在此过程中，广东省逐渐形成了汽车制造业、家用电器业、纺织服装业、建筑材料业、食品饮料业、金属制品业、轻工造纸业、家具制造业、中成药制造业等传统优势行业，还有石油、天然气、煤炭等传统能源行业以及种植业、畜牧业、渔业等传统农业。

① 本章第一执笔人为暨南大学产业经济研究院陈超。

一般而言，传统产业具有以下几个特征。一是发展时间较长，通常在工业化进程前一阶段经历高速增长并保留下来；二是技术稳定性，传统产业技术范式已经形成，传统技术、传统工艺生产的产品因此也具有需求弹性小、附加值低等特征；三是具有资源依赖型或劳动密集型特征，且资源利用率及废品处理率处于较低水平；四是成长趋缓性，占生产总值比重以及对经济增长的贡献率长期趋于下降。

传统产业在我国经济追求高质量发展的目标下必须走上转型升级的道路，但同时也要注意到，传统产业并不是低端的、低效的、落后过时的产业，更不是无用的、可以抛弃的产业。一方面，传统优势产业在区域经济体系中拥有较高的地位，甚至是区域支柱产业，具有明显的竞争优势，比如广东的传统优势产业依旧是广东省制造业的“顶梁柱”之一，种类占据全省规模以上工业的三成以上，部分行业规模在国内甚至全球都有较强的影响力和竞争力。广东省人民政府划定的十大战略性支柱产业集群中就有六个属于传统产业范畴。广东的传统产业是整体工业的基础，它们既是高技术需求端产业的主要用户，也从供给端为新兴产业提供生产所需的投入品，从这两个角度看，传统产业担当着“哺育者”的角色。另一方面，传统产业是个动态的概念。传统产业在引进新兴技术后可以转型升级成新兴产业，传统产业可以成为现代产业的基石，是发展新动能的主要来源。

因此，广东省在追求整体产业转型升级，实现经济高质量发展的过程中，很有必要对本省传统产业进行产业链分析，从产业发展现状、发展特点、发展趋势等方面进行分析，探讨传统产业产业链安全发展的挑战和机遇，进而提出推动传统产业转型升级的方案策略。

第一节　广东省传统产业的产业链分析

本小节将对代表性的广东省传统产业产业链进行分析，具体而言，即围绕产业发展概况、产业发展趋势、产业链构成及各环节的优劣势，分析广东省的代表性制造业，包括汽车制造业、纺织服装业、家电业、电子信息制造业、传统能源产业以及传统农业。

一、汽车制造业：整车制造较强，零部件环节制约发展

汽车制造业是广东省的传统优势产业，也是广东省的十大战略性支柱产业之一。经过多年发展积淀，广东省汽车制造业已经具备整车及零部件研发、设计、生产、销售等较为完备的产业链。下面将分别分析广东省汽车制造业的产业发展概况、产业链构成、产业发展趋势及各环节的优劣势。

（一）发展概况：规模领先，政策完善，创新体系初步建立

广东汽车产业规模保持全国领先。据广东省工业和信息化厅数据，2023年，广东省汽车产量达到519.19万辆，占全国总产量的17.2%，同比增长24.99%（见图6–1、6–2），已连续六年排名全国第一。近年来广东省大力支持新能源汽车产业发展，2023年广东省新能源汽车产量达到253.18万辆，占全国总产量的26.8%，同比增长83.3%，增速高出全国53个百分点。

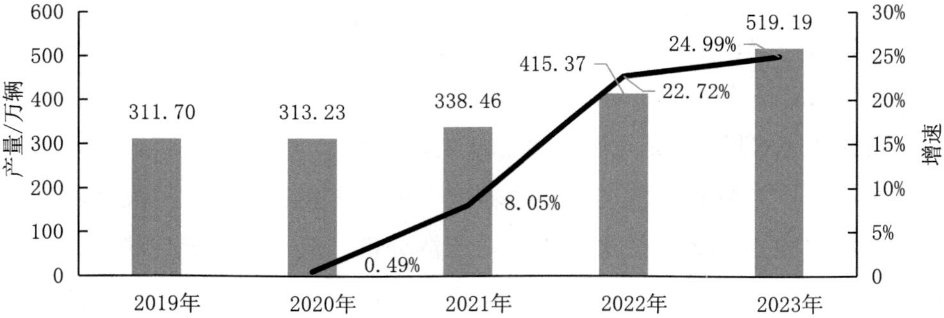

图 6–1　2019—2023年广东省汽车产量及增速

资料来源：广东省工业和信息化厅。

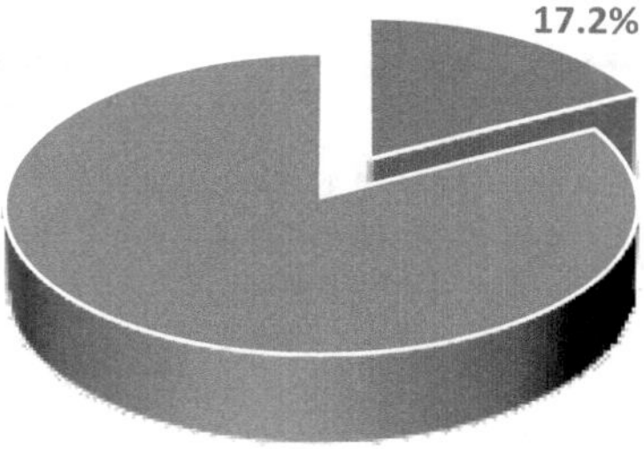

图 6-2　2023年广东省汽车产量占全国汽车产量的比重
资料来源：广东省工业和信息化厅。

广东省人民政府为本省汽车产业发展出台多维度支持政策（见表6-1）。在整体产业发展上，根据《广东省发展汽车战略性支柱产业集群行动计划（2023—2025年）》，到2025年，广东汽车制造业营业收入预计突破1.35万亿元，其中汽车零部件制造业营业收入将突破6000亿元，汽车工业增加值将超过2800亿元，新能源汽车产量将超过全省汽车总产量的50%。为确保这些目标的实现，广东省人民政府采取了多项措施促进汽车消费和出口，比如为居民提供以旧换新的政策优惠，并为汽车企业的出口活动提供支持。此外，政府还着力加强汽车制造产业的相关配套设施建设，包括强化汽车零部件环节产业链，并完善新能源汽车的充电基础设施建设，以支持产业发展并满足市场需求。

表 6-1　广东汽车制造业代表性政策

领域	颁布时间	代表性政策	核心措施
整体产业发展	2023年12月	《广东省发展汽车战略性支柱产业集群行动计划（2023—2025年）》	坚持创新引领，抢占前沿新兴汽车技术创新高地；实施品牌提升行动，打造全球知名品牌；持续深化产业合作，加快发展新能源汽车；推广智能网联汽车，打造示范应用区；坚持错位发展，形成优势互补的产业空间布局；加速国际化进程，增强全球化发展能力
促进消费和出口	2023年11月	《广东省进一步提振和扩大消费的若干措施》	优化汽车购买使用管理；扩大新能源汽车消费；活跃二手车市场；加大汽车金融支持

续表

领域	颁布时间	代表性政策	核心措施
零部件强链补链	2022年9月	《广东省汽车零部件产业“强链工程”实施方案》	①构建三大发展支撑载体：统筹建设特色产业园区；打造产业协同创新平台；发挥基金投资引导作用。 ②筑牢六大关键环节基石：做强做优动力总成；夯实底盘系统基础；发展壮大智能网联；提质增效车身系统；创新突破工业软件；推动建设仓储物流
新能源汽车配套	2021年12月	《广东省电动汽车充电基础设施发展“十四五”规划》	①加快充电基础设施体系建设。 ②完善充电基础设施配套支撑体系。 ③培育可持续发展商业模式。 ④强化充电基础设施安全管理

当前，广东省已初步构建起以企业为主体、市场为导向、产学研紧密结合的研发创新体系，为汽车技术自主创新奠定了基础。作为广东汽车产业“双核”之一的广州已经建设了东风日产技术中心、广汽研究院等国家级、省级汽车技术研发中心及检测机构。在新能源汽车领域，广东已初步形成了涵盖电池、电机及智能网联等关键核心技术的完整体系，技术水平居全国前列。

（二）产业链分析：链条相对完整但“整强零弱”凸显

汽车制造业上游主要是汽车零部件制造，包括汽车硬件、汽车电子等；中游负责汽车整车制造，涉及汽车设计和汽车生产制造；下游则分为购车服务以及后市场服务（见图6-3）。经过多年发展，广东汽车制造业已经拥有整车及零部件研发、设计、生产、销售等较为完备的产业链，产业链各环节均有代表性知名厂商。广东汽车制造业产业链上游产业规模偏小，技术受国外垄断，威胁整体产业链安全稳定。根据公开资料，2022年，广东汽车产业整零比为1：0.78，而广州汽车产业整零比仅有1：0.35，较汽车工业发达国家1：1.7的整零比有较大差距。一方面，广东汽车零部件产业规模与整车生产规模不相匹配，2021年广东规模以上零部件和配件企业只有912家，占全国的6.7%。另一方面，零部件制造商多以日系合资企业为主，自主创新能力不足，且现有零部件制造也多为加工制造，研发投入不足，导致核心零部件如车用关键芯片（驱动类、控制类及集成电路芯片）均被国外厂商垄断，对外依存度过高。目前国内只有长三角地区聚集了较多高技术、高附加值及高利润率的核心零部件制造商，广东汽车核心零部件供应受该地区生产状况制约。

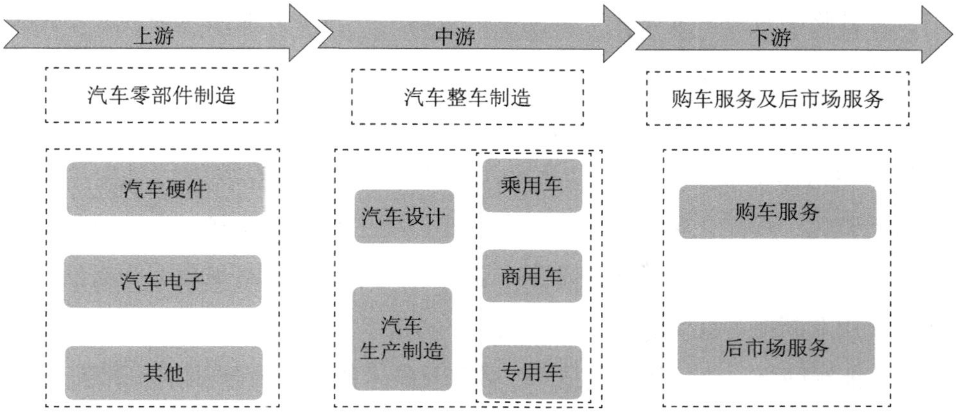

图6–3　汽车制造业产业链结构图

汽车制造业产业链中游则集群效应突出，新能源汽车本土品牌逐渐崛起。如今，广东已汇集了东风日产、广汽集团、一汽大众以及比亚迪、小鹏汽车等知名整车厂商，并在广州、深圳、佛山等地形成了整车制造产业集群。以广州为例，作为全国三大汽车生产基地之一以及国家外贸转型升级基地（汽车及零部件），汽车制造业是广州第一大支柱产业，全市拥有12家整车制造企业，且形成了东部、西部和北部三大核心汽车产业集群。从整车市场格局看，广东传统车企中占比较高的依旧是合资企业，自主品牌在产销量上与其仍有不小的差距。但在新能源汽车市场，国产品牌强势崛起，挑战合资燃油车市场地位。以往广东汽车销售市场呈现日系车一家独大的格局，但2023年广汽丰田销量同比下滑5.47%，广汽本田更是同比下滑13.66%，主要原因便是日系品牌对自主品牌的优势逐步被追平乃至被赶超。在中低端车型市场，自主品牌在电动化、智能化以及性价比方面明显占据优势，国产品牌逐渐取得更大的市场份额。

（三）未来趋势：低碳智能转型，“强链工程”保障安全可控

未来，“四化”趋势、“双碳”战略将引领广东汽车产业变革。随着中国新能源汽车产业的蓬勃发展以及新能源汽车渗透率的持续提升，以电动化、智能化、网联化、共享化为代表的汽车“新四化”逐渐成为业内高频词，预计将为汽车产业带来“马路上的革命”。汽车产业绿色低碳转型则是国际共识，减少汽车从生产、销售到使用、回收等各节点的碳排放，是国内外汽车产业落实“双碳”目标的重要路径。基于以上两点，未来，广东将加速氢燃料汽车等新能源汽车以及无人驾驶智能网联汽车发展，且生产制造将向低碳化、智能化转型。《广州市汽车产业中长期发展规划（2023—2035年）》已明确提出支持整车企业制定新能源汽车发展战略规划，全面推动公共领域用车新能源化，持续加大新能源汽车推广力度，此外还要推动汽车与城市、能源网络、新一代信息技术、数字化技术的跨界融合、协同应用。

未来，供应链近地化将加速广东汽车产业集聚。在国际逆全球化思潮抬头、国际经贸规则面临重构等背景下，全球汽车制造产业链供应链趋于区域化、本地化。因此，广东省将持续优化空间布局及区域分工协作，推进汽车产业集群建设，推进广深双城协同打造世界级智能网联汽车产业集群，推动广州与肇庆等区域建设互补的汽车产业集群。

未来，“强链工程”将弥补广东汽车零部件产业的劣势。广东省将落实汽车零部件“强链工程”实施方案，发挥龙头车企引领作用，加强重点汽车零部件项目建设，着力打造安全可控的产业链配套体系。根据方案，到2025年广东省要打造2至3个产值超1000亿元的汽车零部件特色产业园，培育1家营业收入超500亿元、3至5家超百亿元的零部件企业集团、100家以上省级专精特新汽车零部件企业，车规级国产芯片当年应用总量比例系数达到20%。

二、纺织服装业：成本优势渐失，高端化发展不足

纺织服装业是广东的传统支柱产业之一，也是重要的民生产业。经过多年发展，广东省已经具备从上游纺织原料及印染到中下游设计、生产、销售的完整产业链，没有明显的“卡脖子”短板。下面将对广东省纺织服装业

的产业发展概况、产业链构成、产业发展趋势及各环节的优劣势分别展开分析。

（一）发展概况：特色集群发展，行业地位遭受挑战

多种因素制约下，全省纺织服装企业数量持续下降，产量下滑，出口压力增大。在生产成本上升、市场竞争加剧以及地区产业调整等多方面因素影响下，近年来广东省规模以上纺织服装、服饰企业数量持续下降。2017—2021年，广东省规模以上纺织服装、服饰企业从2784家减少到2547家，下降了8.5%（见图6-4）。但从企业总量上看，广东省纺织服装、服饰企业数量约占全国总量的五分之一，仍占重要地位。根据企查查数据，2023年广东服装企业总量超过229万家，居全国首位。在企业数量持续减少的背景下，国内中西部省份及周边国家服装业兴起，叠加国际市场需求变化，给广东服装产量及出口额都带来较大负面冲击。一方面，以新疆为代表的中西部省份凭借原料及劳动力成本优势快速发展起纺织服装产业，国际服装供应链也逐渐迁入靠近中国的老挝、越南等东南亚国家。另一方面，后疫情时代全球主要市场服装零售持续疲软，美国等西方国家的"友岸外包""涉疆法案"也对广东以棉涤为主的服装出口业造成了不利影响。根据国家统计局数据，2015—2022年，广东规模以上服装企业产量持续下滑，占全国比重也持续下降（见图6-5）。根据海关总署数据，2018—2023年广东省服装出口额也整体波动下降，虽然当前出口总额仍居全国首位，但未来行业地位将面临较大挑战（见图6-6）。

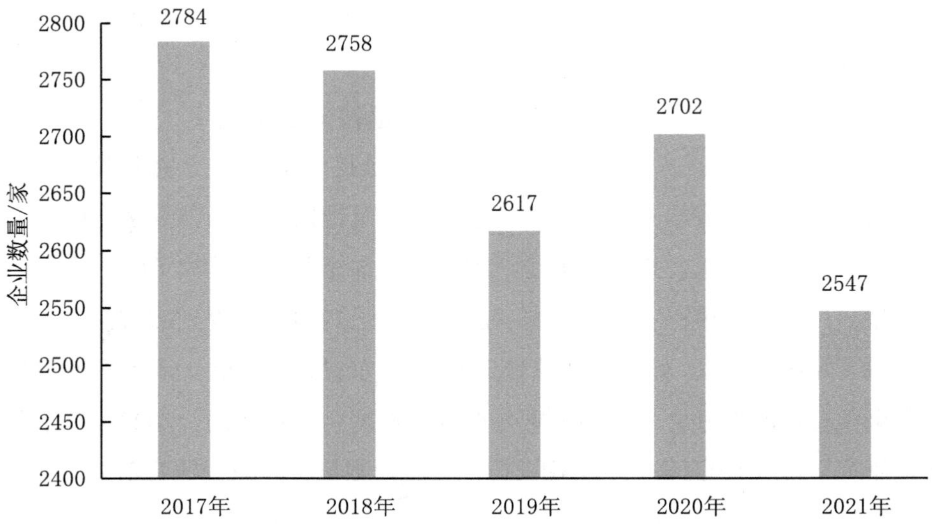

图6-4 2017—2021年广东规模以上纺织服装、服饰企业数量

资料来源：广东省统计局、前瞻产业研究院。

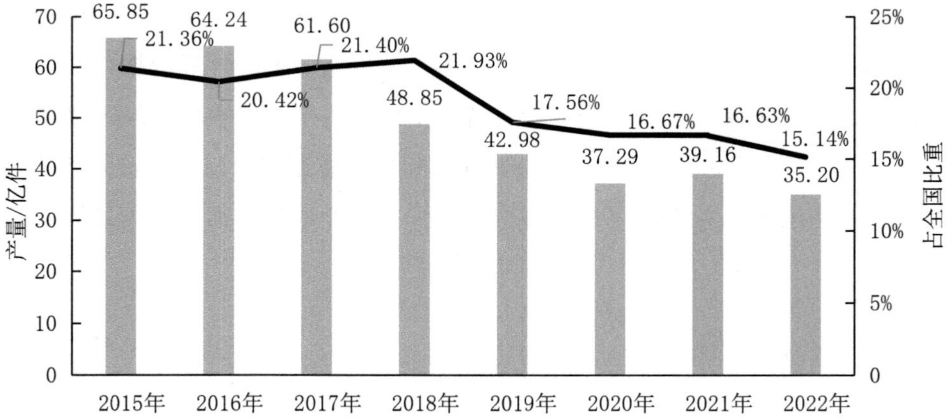

图6-5 2015—2022年广东服装行业规模以上企业产量及占全国比重

资料来源：国家统计局、广东省统计局。

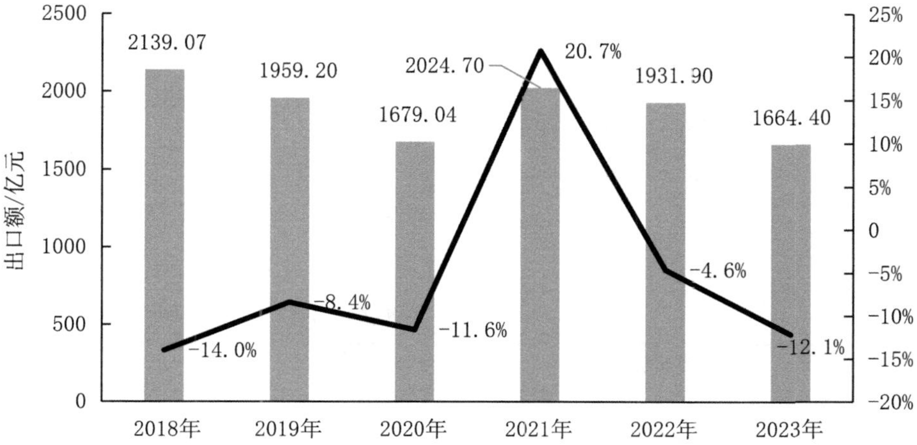

图6-6　2018—2023年广东省服装及衣着附件出口额及增速

资料来源：海关总署。

当前广东省纺织服装产品品类齐全，产业集群化发展趋势显著。广东纺织服装产品已覆盖童装、内衣、男装、女装、西装礼服以及牛仔装、羊毛衫等绝大多数品类，且形成了大朗毛织、虎门女装、盐步内衣、开平牛仔服等超过20个知名产业集群，大部分集群集中在珠三角区域，另一部分则在东部的潮州、揭阳、汕头三市（见表6-2）。

表6-2　广东服装产业空间布局

广东省服装产业代表性地市	地市服装产业集群
广州	新塘“牛仔装”；越秀“服装商贸”
佛山	盐步“内衣”；张槎“纺织”；环市“童装”；均安“牛仔装”
江门	开平三埠“牛仔装”
中山	大涌“牛仔装”；沙溪“休闲装”；小榄“内衣”
东莞	虎门“女装”；大朗“羊毛衫”；茶山“品牌服装制造”

续表

广东省服装产业代表性地市	地市服装产业集群
揭阳	普宁流沙东“内衣”
汕头	谷饶“针织内衣”；澄海“工艺毛衫”；峡山“家居服”；陈店“内衣”；两英“针织”
潮州	潮州“婚纱晚礼服”
惠州	惠城“男装”；园洲“休闲服”

资料来源：前瞻产业研究院。

（二）产业链分析：结构完整，中高端产品供应不足

纺织服装产业链分为三层，上游主要提供纺织原料并进行印染，纺织原料包括棉、麻、羊毛、蚕丝等天然纤维以及人造纤维、合成纤维等化学纤维，涉及农业种植、养殖、化工等相关行业；中下游则包括服装设计、生产和销售。广东纺织服装产业链供应链已基本齐全，没有明显的“卡脖子”环节。不管是上游丝绸、棉纺、毛纺、印染、化学纤维，还是中下游服装设计、生产和销售，都有品牌知名度较高的代表性企业（见图6–7）。

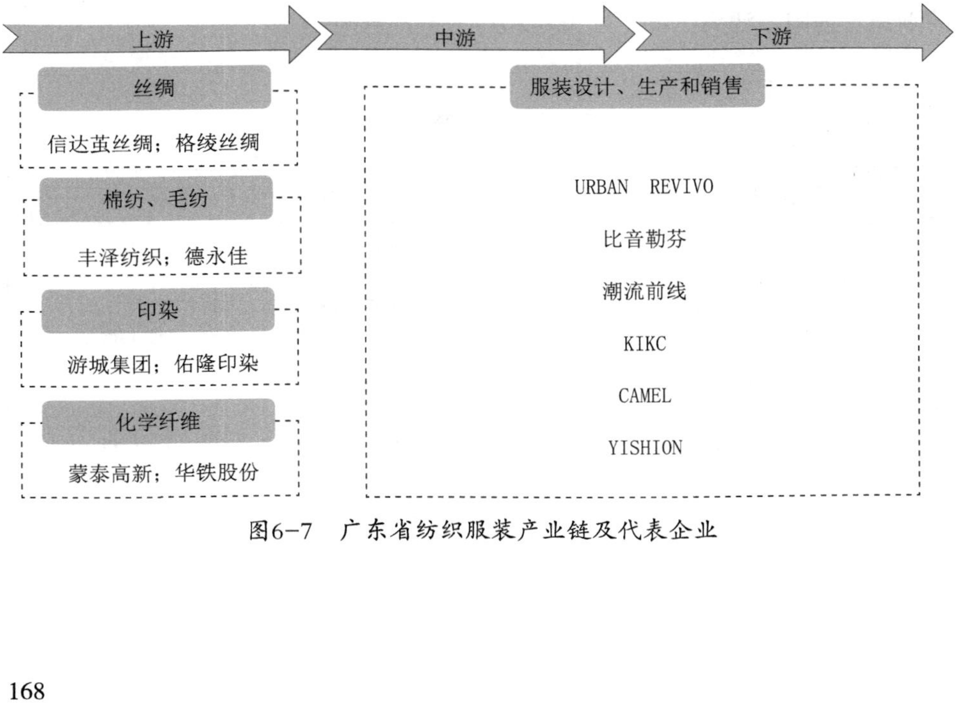

图6–7　广东省纺织服装产业链及代表企业

从产业链上游来看，需提升高端纤维材料供应能力，同时强化协同发展水平。广东棉、麻、羊毛、蚕丝等天然纤维资源供应较为缺乏，多依赖从我国其他省份或其他国家采购。近年来，广东与新疆进行产业深度协作，棉纺供应稳定。广东化纤产业经过多年发展，已具备一定实力，拥有多个化纤纺织知名品牌，但目前全省化纤产业在集聚发展和协同耦合发展方面还有待提升。此外，跟发达国家相比，广东纺织产业在功能纤维新材料、高端用纤维材料及纺织品、前沿纤维新材料等领域发展不足，先进功能纤维供应有待进一步提升。

从产业链中下游来看，广东省服装、服饰出口遇冷，高端产品供应不足，环保合规压力较大。当前广东省服装设计、生产和销售企业主要面临以下难题。一是生产要素成本上涨导致国际比较优势偏弱，叠加国际政治经济因素的影响，产品出口出现下滑。用工成本不断攀升已迫使珠三角部分服装纺织企业选择外迁至东南亚及南亚国家。二是中低端产品过剩，同质化竞争现象较严重。一方面，广东省纺织服装产业集群间缺乏协调机制，未能达到国际服装设计产业集群所具备的共同行动能力。另一方面，行业整体缺乏知识产权意识和创新意识，导致产品多集中在中低端领域，高端领域产品供应不足，利润率不高。三是本土品牌国际影响力低。相对世界先进纺织服装产业集群，广东纺织服装企业生产模式主要是模仿和贴牌加工，导致附加值更高的设计研发、品牌营销环节较为薄弱，尚未形成以设计为先导的服务型时尚产业体系，全球品牌认可度相对偏低。四是产业链协同分工水平较低，产业链上下游形成割裂态势，下游服装生产和销售企业未能和中游服装面料以及上游棉纺、化纤原料企业进行及时有效的沟通，进而无法形成稳定的协同研发、协同生产。当前国内终端消费市场愈发呈现新时尚、快时尚需求趋势，多数企业大规模批量生产的模式无法适应国内市场短周期、小批量、迅速响应终端需求变化的订单生产模式。五是制造环节存在高能耗、高水耗、高污染现象，在我国节能减排力度持续增强的背景下，产业发展将受到一定的制约。

（三）未来趋势：加强品牌塑造，转型升级助力降本增效

未来，广东服装业将重点走品牌化、国际化道路，着力打造纺织服装创意设计基地。根据广东省工业和信息化厅发布的《关于进一步推动纺织服装产业高质量发展的实施意见》，未来，广东纺织服装业将重点打造总部集聚，加强产品设计，提升产品品质，培育名企名品名区名城，加强品牌推广和消费引导。在加强原创设计方面，将鼓励纺织服装企业与设计师合作，发展个性化、定制化、功能化服装产业。此外，政府还将重点培育纺织服装国际国内名牌，推动国际化合作，促进纺织服装出口。

广东纺织服装业还将走数智化、低碳化道路，着力实现生产经营降本增效。广东将着力推动纺织服装业数智化、低碳化发展，推广应用节能减排技术，提升绿色制造水平。行业将推进环保印染，建设环保污染处理中心，鼓励纺织服装企业绿色环保发展。同时，政府将引导传统纺织服装工厂进行智能化改造，加速应用智能装备，培育智能制造系统解决方案供应商和示范工厂。此外，行业还将培育一批纺织服装产品技术标准领跑者，集中突破行业关键共性技术，加强高端功能性服装供应能力。

在珠三角要素成本上涨的背景下，广东将发展新型“前店后厂”模式，实现泛大湾区纺织服装业融通发展。近年来，广东一直致力于引导纺织服装企业向粤东西北地区迁移。例如，通过建设广清纺织服装产业有序转移园，方便广州中小纺织服装企业迁移至清远地区。受到产业的持续外溢影响，珠三角周边的泛大湾区地带将成为主要的承接区域。此外，江西、湖南、广西、云南等地将承接广东化纤、纺织、印染、制造等环节的转移，品牌和总部则将留在广东省，形成一种新的“前店后厂”的模式。

三、家电业：核心技术受制于人，协同发展有待增强

家电业在广东省制造业中占据着举足轻重的地位。当前广东家电业正迎来转型升级的关键时期，下面将对广东省家电业发展概况、产业链发展优劣势以及未来发展趋势进行探讨，旨在揭示这一支柱产业如何在新时期实现转型升级，迈向更加可持续和高质量的发展道路。

（一）发展概况：综合实力较强，集群优势明显

经过多年发展，广东家电业规模、产品品类齐全度均居全球第一。作为家电生产制造和出口大省，家电业是广东传统优势产业和支柱产业之一，“粤家电”不仅享誉国内，更畅销全球。根据广东省工业和信息化厅数据，2022年广东省家电业产值超过1.6万亿元，工业增加值超3000亿元，利润超1100亿元，全省家电制造业总营收占全国比重近半，占全球家电市场份额近三成，且产业规模还在持续扩大中。从具体品类看，广东省空调、电视机、照明灯饰、厨房电器等产品的产量规模均居全国第一。2021年广东省空调产量占全国比重的30.80%，彩色电视机产量占全国比重的53.00%（见图6-8、6-9）。此外，广东家电上市公司数量、有效发明数量也居全国首位。

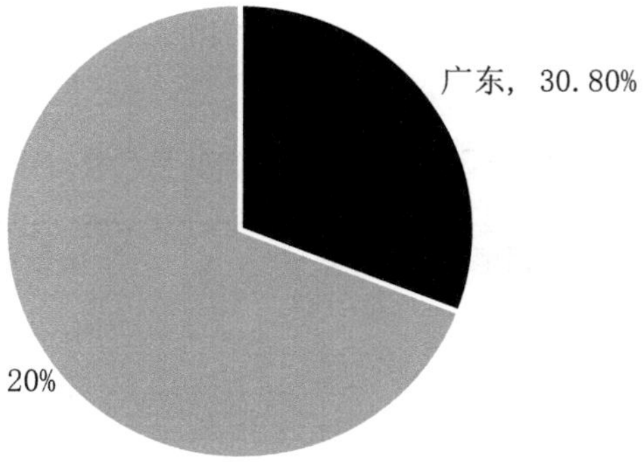

图6-8 2021年广东省空调产量占全国比重

数据来源：广东省统计局。

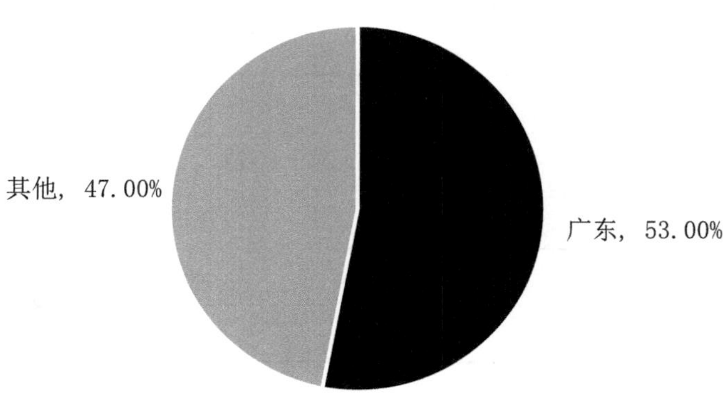

图6-9 2021年广东省彩色电视机产量占全国比重

数据来源：广东省统计局。

广东家电业规模化、集群化发展突出。当前，广东拥有全球规模最大的家电业集群，已形成以中山、佛山、东莞、惠州、深圳、湛江、江门为代表的城市家电业集群，产业集群整体具有明显的规模、集聚优势以及配套优势（见表6–3）。以“中国家电之都”顺德为例，全区拥有1.4万家家电企业，且有3.6万家家电生产设备、生产原料和服务企业，能在半径50公里内采购到大部分配件。在家电集群发展上，已形成龙头企业牵引的产业格局。当前广东家电业已汇聚了美的、格力、TCL、海信等白色家电领域行业龙头，也有格兰仕微波炉、创维电视、华帝燃具、万和家用燃气热水器、奥马冰箱等单品类冠军或名优品牌。根据广东省统计局公布的数据，家电业集群百强企业的工业增加值和营业收入占整个集群的60%以上，这些行业龙头带动了整条家电产业链的发展。

表6–3　广东省代表性家电产业分布地市

广东省家电产业代表性地市	地市家电产业
广州	空调；冰箱；电视机
佛山	空调；冰箱；洗衣机；小家电；厨房电器
江门	空调；电视机；洗衣机
阳江	厨房电器
湛江	小家电
江门	空调；电视机；洗衣机
珠海	空调；洗衣机；小家电
中山	空调；冰箱；电视机；洗衣机；小家电；厨房电器
深圳	电视机；小家电
汕头	厨房电器
惠州	电视机

资料来源：前瞻产业研究院。

（二）产业链分析：核心技术对外依赖性强，协同发展不足

家电产业链上游主要是芯片、传感器、显示器件等主要零部件，中游是家电制造商，下游则是线上、线下销售平台。广东省家电产业链条完整，链上企业超过130万家，从上游芯片、传感器、显示器件等零部件供应再到中游家电制造都有代表性公司，产业链配套齐全（见图6-10）。

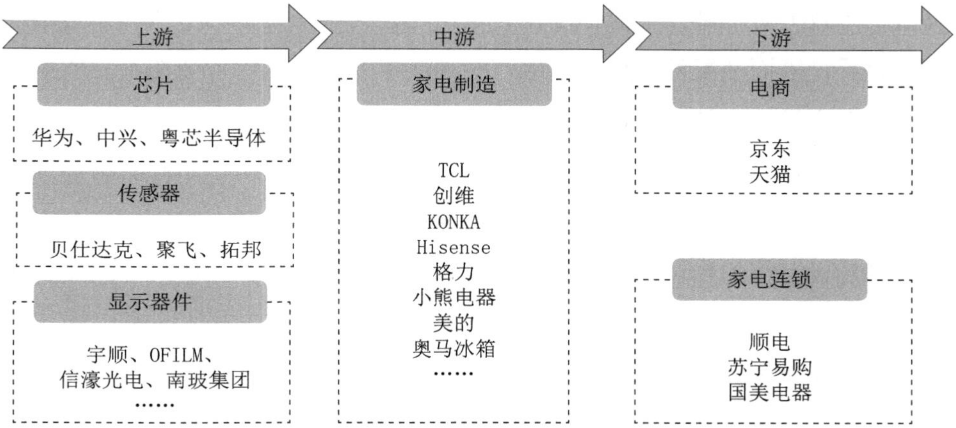

图6-10　广东省家用电器产业链图

广东家电产业链上游尚有技术短板，核心零部件、关键材料受制于人，自主创新能力有待提升。目前广东家电业主要还是集中在产业链末端的组装环节，核心零部件如空调、洗衣机的高端马达，电饭煲内胆材料，高端家电的电源管理芯片，微处理芯片均依赖进口，被海外大厂如松下、德州仪器等垄断。以家电智能控制器的MCU芯片为例，应用于高端家电的32位芯片基本被恩智浦、意法半导体掌控，该零部件的海外大厂市场占有率达到80%，而美的、格力等本土龙头企业研发的MCU芯片仅能满足自身需求，未形成行业规模化运用。核心部件关键材料的“卡脖子”问题制约行业的产品升级迭代，也容易被国际供应链中断影响生产。

广东家电产业链中游环节则存在协同创新不足、标准化建设滞后以及品牌建设力度不强的问题。首先，广东家电制造业创新要素集聚度偏低，中小企业协同创新能力、创新动力不足，创新环境需要完善。当前广东家电技术创新主要集中在龙头企业，如广东省家电领域超过60%的专利由美的集团掌

握。处于单一家电品类领域的大部分中小企业既缺乏研发人才，也无法负担研发的高成本。研发需要持续投入大量资金，而技术创新的外部性导致其成果容易被同行业企业模仿抄袭，中小企业基本无法负担维权所需的时间和经济上的高成本。其次，当前产业链的标准化建设相对滞后，生产制造标准、产品质量标准、互联互通标准不统一。由于不同品牌家电有不同的生产制造标准，导致上游零部件不能标准化、通用化，同一品类不同型号的家电配件存在差异，进而使配件的价格及生产管理成本无法降低。行业的产品质量标准不统一则导致产品质量良莠不齐，不利于产业集群质量变革。各品牌基于不同协议和接口搭建的智能家电系统自成体系，不同品类、不同品牌的产品无法互联互通，降低了行业成套智能家居体系的建设水平。最后，广东家电的品牌建设有待加强。当前大部分广东家电企业或没有自主品牌，或品牌建设推广能力不足，多数企业产品结构较为低端，无法在发达国家市场与索尼、三星等国际品牌竞争。

（三）未来趋势：加快数智化转型，加强创新和品牌打造

未来，广东家电业将加速数智化转型，推动智能工厂建设。随着新一代信息技术与家电业深度融合，许多制造企业正在加快数字化改造的步伐，积极推动智能制造项目的实施。广东智能家电业产业集群持续增加投资，致力于提升信息化数据、自动化硬件设备和智能化管理等方面的能力，推动传统工厂向智能工厂转型，推动家电业的数字化升级。

此外，广东家电业还将完善创新体系建设，推动强链补链。根据《广东省关于打造家电总部大产业的若干政策措施（征求意见稿）》，未来广东家电行业将构建起全过程创新生态链，引导行业龙头企业与产业链上下游相关企业、科研院所和高等院校共同参与研发体系，形成一个完整的创新生态链，重点关注核心器件研发、互联互通解决方案、信息安全、人工智能、技术标准等全产业链的关键和共性技术问题。政府将加大创新研发支持力度，通过整合相关政策资源，增加对家电业升级和关键技术突破的支持力度。

最后，家电业还将加快产品结构高端化突破，加强质量品牌建设。在产品结构上，伴随着新技术、新材料以及新工艺的广泛运用，传统家电产品

正加速迭代，各类新兴智能家电陆续登场，开拓了家电业高质量发展的新道路，有望赢得更广泛的消费市场认可。在质量品牌建设上，以《智能家电云云互联互通标准》为代表的标准政策落地，将有助于提升行业标准化水平。借助质量基础设施“一站式”公共服务平台建设以及家电产品准入自检自证制度试点与推广，家电产品质量将得到有效控制。通过支持龙头企业加强海外市场品牌营销以及开展国际品牌收购合作，“粤家电”的国内外影响力和品牌附加值将得到提升。

四、电子信息制造业：终端制造较强，上游“缺芯少核”

广东省电子信息制造业规模和创新能力领先全国，对本省经济发展所作的贡献显著。下面将探讨该行业的发展概况、产业链构成以及面临的挑战和机遇，展现其在新时代背景下转型升级的路径和前景。

（一）发展概况：规模领先，品类丰富，集聚效应凸显

广东电子信息制造业规模持续位列全国首位，龙头企业实力强大。当前，电子信息制造业已成为广东省第一大支柱产业，2022年广东电子信息制造业营业收入达到4.67万亿元（见图6–11），连续32年居全国第一位。全省电子信息制造业企业有11家营业收入超过1000亿元，3家进入世界500强，20家进入中国制造业500强，22家进入中国电子信息企业百强。从2021年到2022年，全省电子信息制造业百强企业营收规模持续扩大，其中营业收入超过1000亿元的企业新增6家，营业收入为100～500亿元的企业新增7家（见图6–12）。

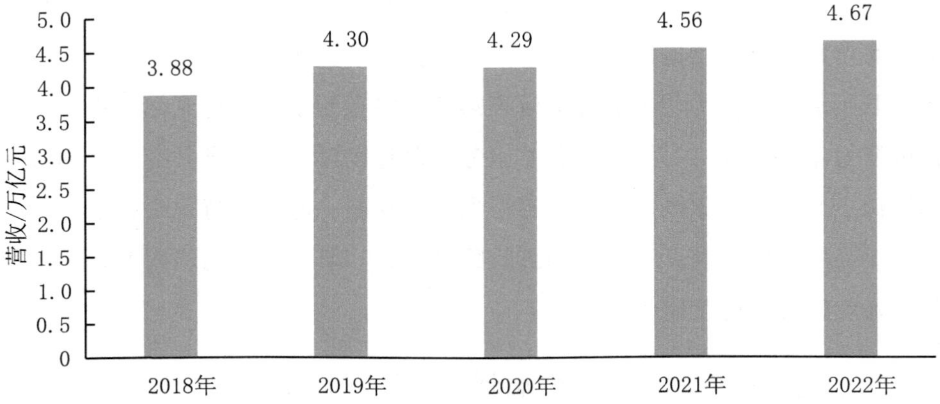

图6-11　2018—2022年广东省电子信息制造业营业收入

资料来源：广东省工业和信息化厅。

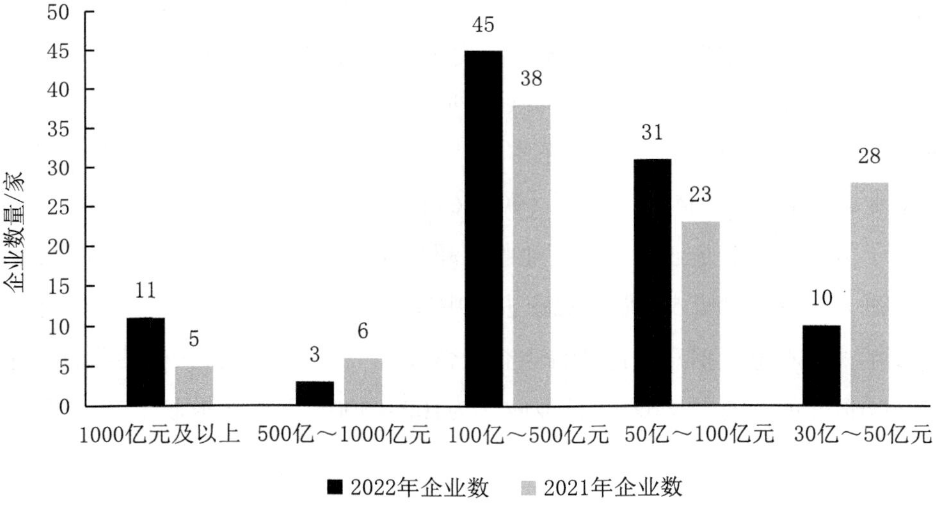

图6-12　2021—2022年广东省电子信息制造业综合实力百强企业营收分布

资料来源：广东省统计年鉴。

广东电子信息制造业产品类型丰富，产量居全国前列。手机、电视、无人机等电子信息产品产量均居全国第一位。根据广东省统计局数据，2022年，广东手机产量超6亿台，占全国产量的40%，液晶电视机产量超1亿台，占全国产量的55%（见表6-4）。

表6-4　2022年广东省电子信息制造业部分产品产量及增速

产品名称	产量	同比增长
程控交换机	829.71万线	48.70%
手机	62690.03万台	-6.40%
智能电视	7957.95万台	7.70%
液晶电视	10724.17万台	12.60%
微型计算机	6948.85万台	6.40%
集成电路	516.87亿块	-11.70%

资料来源：广东省统计年鉴。

广东省电子信息制造业以珠江东岸电子信息产业带为集聚区，老牌名企和新兴独角兽企业共存。目前，深圳、东莞、惠州电子信息制造业增加值约占全省的88%，省内既有华为、TCL等老牌行业龙头，也有大疆创新、OPPO等超级独角兽企业。2021年广东各地市规模以上电子信息制造业产值及企业数量见图6-13。

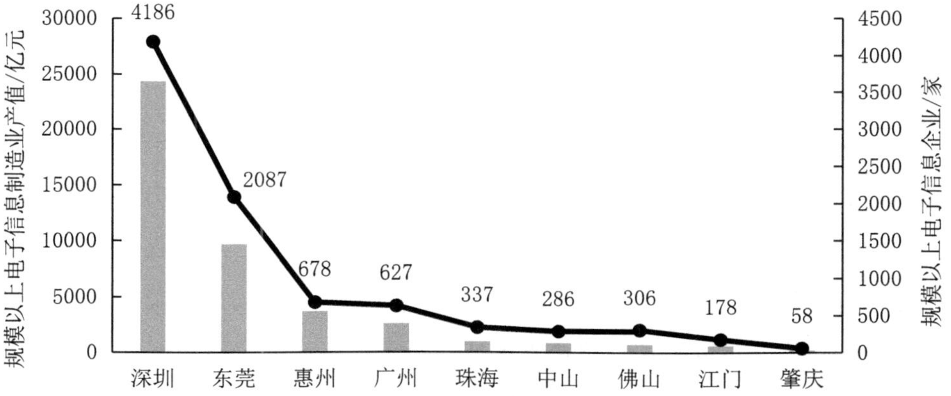

图6-13　2021年广东各地市规模以上电子信息制造业产值及企业数量

资料来源：广东省统计年鉴。

（二）产业链分析：材料、设备尚未突破技术壁垒

电子信息制造业产业链由上游关键材料及零部件、中游显示器件及配套、下游电子智能终端产品及新兴产业应用三部分组成。上游主要为电子材料、核心零部件以及其他零部件，涵盖玻璃基板、液晶材料、电池、驱动

IC、PCB、光学器件、传感器等；中游主要为显示面板、配套模组以及其他配套零件，涵盖LED及OLED显示屏、背光模组、指纹模组、摄像头模组、电池、芯片等；下游主要为电子智能终端产品，涵盖平板电脑、智能手机、智能家电、可穿戴设备等产品（见图6-14）。当前，广东省电子信息制造业产业链条已较为完整，产业链配套较完善。

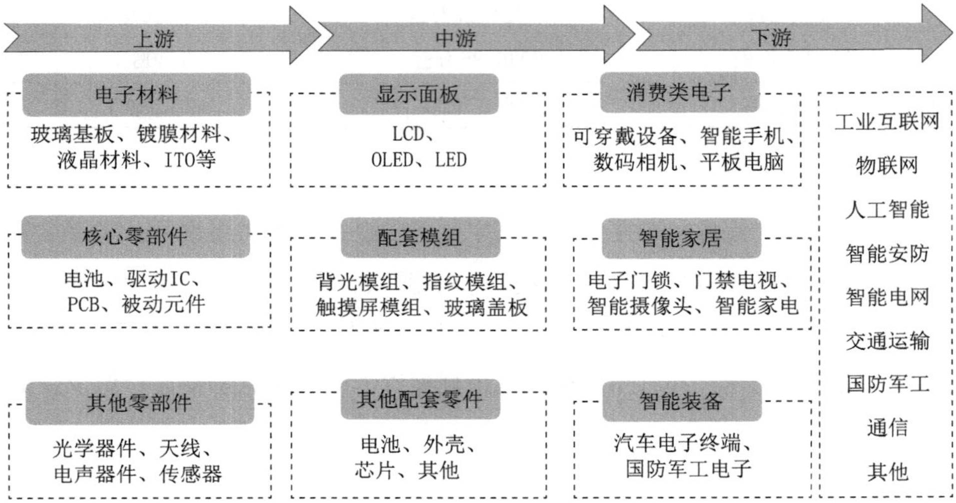

图6-14　电子信息制造业产业链结构

当前电子信息制造业上游受制于外，尚未突破技术壁垒，“缺芯少核”制约发展。从产业分布看，“卡脖子”领域主要集中在核心基础零部件、先进基础工艺、关键基础材料、高端通用芯片、基础软件产品以及高端制造装备等环节。产业链上中游的本土产能供给规模小且产品较为低端，普遍落后于欧美两三代，难以满足下游需求侧技术要求，造成供需不匹配。上中游技术落后造成产品滞销，也使厂商缺乏研发投入资金和动力，更新迭代速度缓慢。

产业链下游整机制造国际竞争力强，但供应链依赖问题突出。广东电子信息制造业由下游终端整机制造切入全球产业链，具备较强国际竞争力。以信息通信设备行业为例，全球大概呈现中国、瑞典和芬兰三足鼎立的格局，广东的华为、中兴占据绝对领导地位，已掌握网络通信设施建设、标准制定等前沿技术，且具备全球市场话语权。在消费类电子市场，广东作为电子产品制造大省，具备扎实的产业基础，且在新一代信息技术革命下已逐渐完成智能化、网联化迭代更新，产品在全球具有较强竞争力。智能手机行业近年来因华为遭受的制裁，发展有所受阻，暴露出产业链下游依赖海外供应链、易受精准打击的问题。

（三）未来趋势：产业链向中上游环节突破，产品向中高端升级

未来，广东电子信息制造业将努力向产业链中上游迈进。政府将围绕原材料、核心零部件、生产设备、工业软件等重点环节，加大对企业技术改造以及自主创新的支持力度，支持核心产品研发及产业化。目前，大湾区手机制造业初现产业链向中上游迁移的趋势，华为自主研发的麒麟芯片广泛应用于旗下手机，OPPO、vivo等厂商布局基础研究和深度创新领域，区域产业整体向上迁移态势已经初步形成。

广东电子信息制造业产品将向中高端升级。以往广东电子信息制造业产品相对低端，以光模块产业为例，高速光通信芯片受限于海外领先企业，而低速光通信芯片市场趋近饱和，导致本土企业利润空间逐渐收缩。近年来，众多企业通过技术积累和自主创新等方式逐步将产品推向中高端领域，如显示面板的主力产线从传统LCD向AMOLED升级。未来，广东将进一步融合粤港澳科研力量以及电子信息制造业优势，推动行业整体产品结构优化升级。

五、传统能源产业：对外依存度高，需增强供应储备能力

作为中国的经济大省，广东能源需求巨大，但同时也面临着本土资源有限的困境。为应对这一挑战，广东省一直致力于构建多元化能源供应体系，通过加强基础设施建设和优化能源结构，实现能源供应的稳定增长。下文将首先概述广东省传统能源行业的发展概况，随后分析当前产业链的结构和存在的问题。最后展望广东省传统能源行业的未来趋势，包括多元化供应、提升科技创新能力，以及推动节能降碳和绿色低碳转型的战略方向。

（一）发展概况：多元化供应体系保障能源需求

当前广东已基本形成多元化能源供应体系，能源供应能力持续增强。广东是我国经济总量、人口数量第一的大省，社会经济发展的能源需求庞大，但广东本土能源资源供应却受“缺煤、少油、乏气”的限制，因此构建多元化能源供应体系、加强能源基础设施建设、促进能源生产结构和消费结构优化、降低总体能耗水平一直是广东能源发展的重点目标。自2010年以来，广东能源供应保障能力不断增强，已基本形成煤、油、气、电、核等多元化能源供应体系。从电力能源看，广东电网规模位居全国第一，省内电源装机容量已经从2018年的1.18亿千瓦增长到2024年的2亿千瓦，根据《广东省推进能源高质量发展实施方案（2023—2025年）》，到2025年省内总装机规模要达到2.6亿千瓦。从石油和天然气能源看，广东原油加工能力随石化炼化一体化项目的增加不断增强，天然气资源供应渠道也在持续拓展。

当前广东省能源生产规模持续扩大，能源结构持续优化。根据广东省统计年鉴，2022年广东能源生产总量达到9647.31万吨标准煤，较2017年增长37.1%（见图6-15）。从能源分类上看，根据国家统计局数据，2023年1—12月广东规模以上工业原油生产量1998万吨，同比增长6%，原油加工量达8055.7万吨，同比增长22.8%；天然气生产量123.7亿立方米，同比略下滑0.6%；火力、水力、核能、风力发电量分别同比上升10.7%、12.1%、2.8%、13.8%。从结构上看，根据广东省统计局数据，2022年广东省原油、天然气、一次电力及其他能源生产总量占能源生产总量的比例分别为27.9%、15.6%、56.5%，相比2015年分别下降4.9、3.1以及提高8个百分点，可见广东省以核电、水电、风电及太阳能发电为代表的清洁能源供应比例有所提高。根据广东省统计局数据，2023年广东火力、水力、核能、风力发电的比例分别约为74%、3%、18%、5%，可见火力发电在广东省电力供应上依旧占据最重要的地位（见图6-16）。

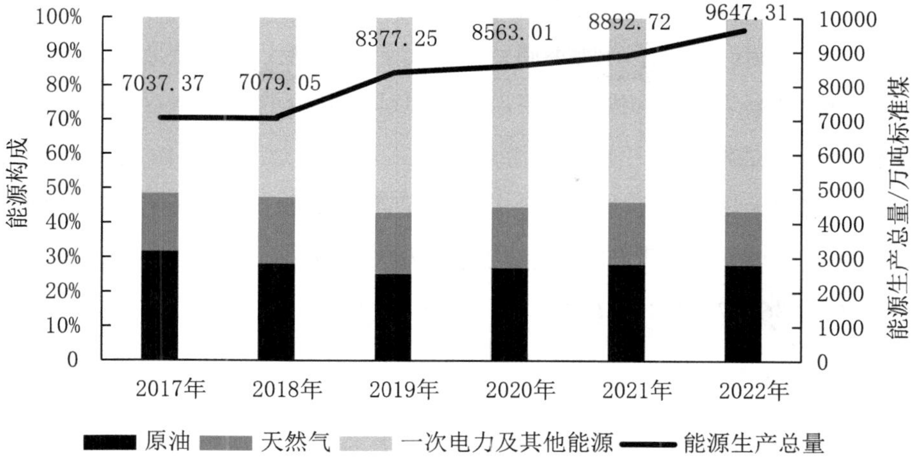

图6-15　2023年广东能源生产总量及构成

资料来源：广东省统计局。

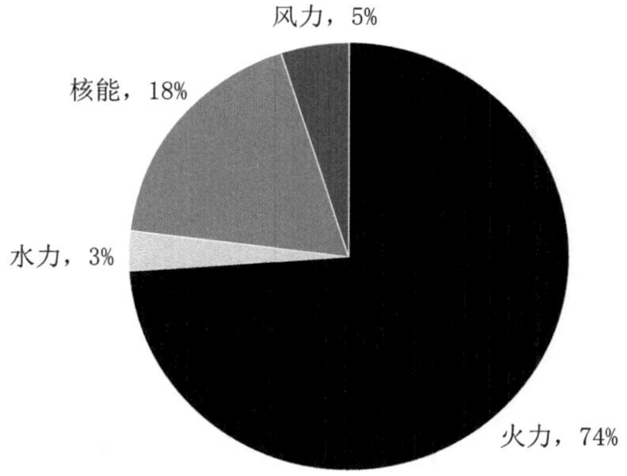

图6-16　2023年广东能源生产结构（按发电方式）

资料来源：广东省统计局。

广东能源进口总量也在持续增加。由于本土能源资源稀缺，广东大部分能源资源需要从外省采购或者从海外进口。2022年广东省终端能源消费量达到36519.05万吨标准煤，而一次能源和二次能源生产总量只有9647.31万吨标准煤，能源自给率只达到26.42%，其中煤炭需要全部从外省采购或从海外进口。根据广东海关数据，2023年广东省进口原油、天然气、煤炭等能源产品8288.2万吨，同比增长47.6%，能源生产对外依存度较高。

（二）产业链分析：易受市场波动影响，基础设施持续完善中

不同能源产业链条有所不同，煤炭行业产业链上游主要是开采设备和系统，中游是煤炭开采和洗选，下游是在具体行业中的应用。石油、天然气产业链上游均是勘探及开采，中游是加工、存储、运输，下游是终端应用行业。广东并无煤炭能源在上游、中游的配置，石油、天然气能源产业链条则较为完整，勘探开采及加工运输均有代表性大型国有企业，基础设施也较为完善（见图6–17、6–18、6–19）。

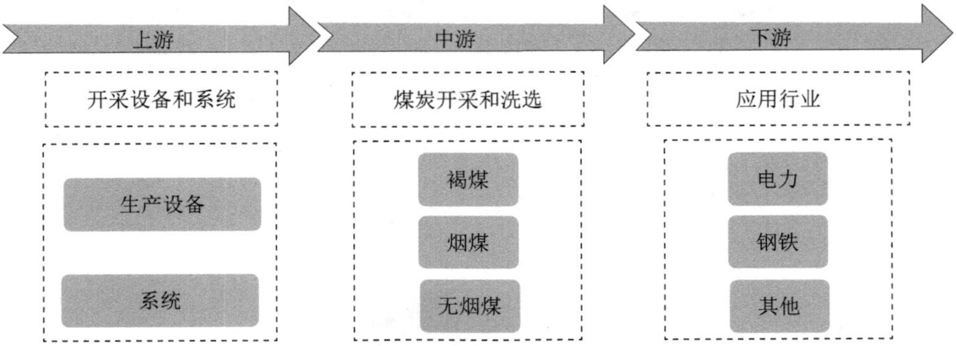

图6–17　煤炭行业产业链

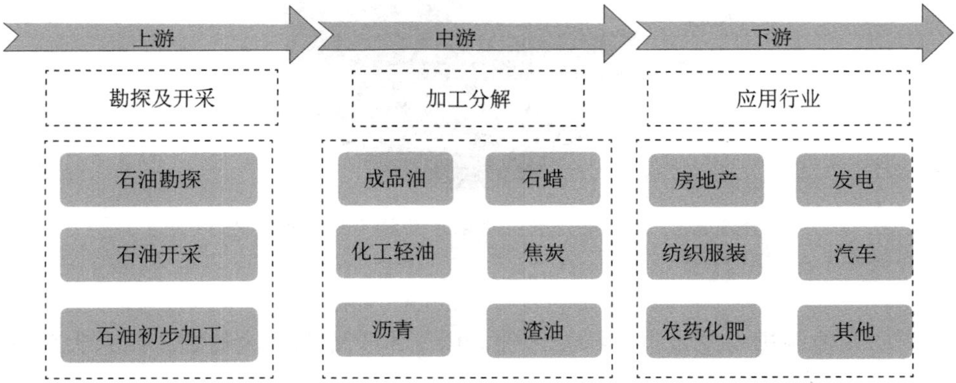

图6–18　石油行业产业链

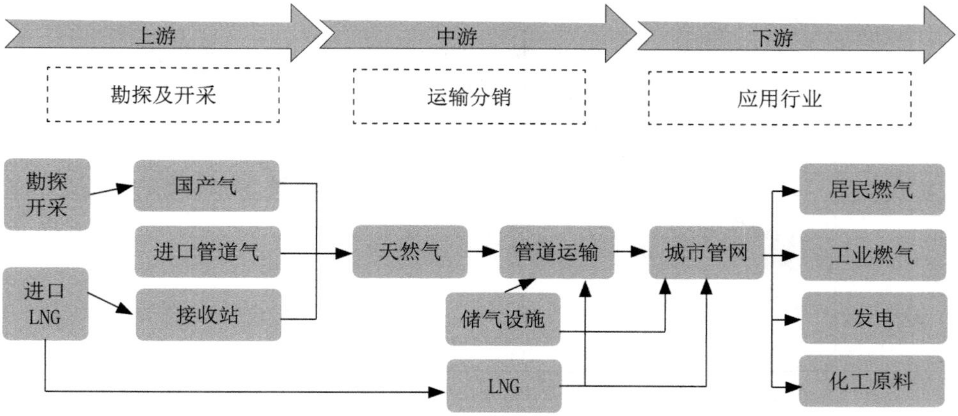

图6-19 天然气行业产业链

广东传统能源产业链上游对外依存度高，存在供应波动及中断的风险。从煤炭行业看，广东省于2005年便作出全面退出煤炭开采行业的决定，此后省内煤炭来源主要是国内华北、西北部省份以及印度尼西亚、澳大利亚等海外国家。2023年1—5月广东累计进口煤炭2111万吨，较上一年同期增长超500万吨，进口煤炭来源地主要是澳大利亚、印度尼西亚和俄罗斯。石油、天然气资源则在南海油气田扩大开采利用下部分缓解了对进口的依赖，但对外依存度依旧较高。广东省整体石油资源主要来自中东及俄罗斯，气源则来自国际LNG。2023年中国原油对外依存度达73.50%（见图6-20）。2022年广东天然气消费中有70%来源于国际LNG，陆上管道气以及南海海气分别占12%和18%。上游能源资源对外依存度高，一方面导致本省能源价格容易因供应形势的变化而产生较大的波动，如国际LNG现货价格大幅上涨导致广东不得不调高天然气上网电价；另一方面在国际地缘政治极不稳定的背景下，国际能源供应很有可能面临意外中断，给本省生产生活带来较大隐患，如2021年广东迎峰度夏期多个燃气发电机组缺气停机。

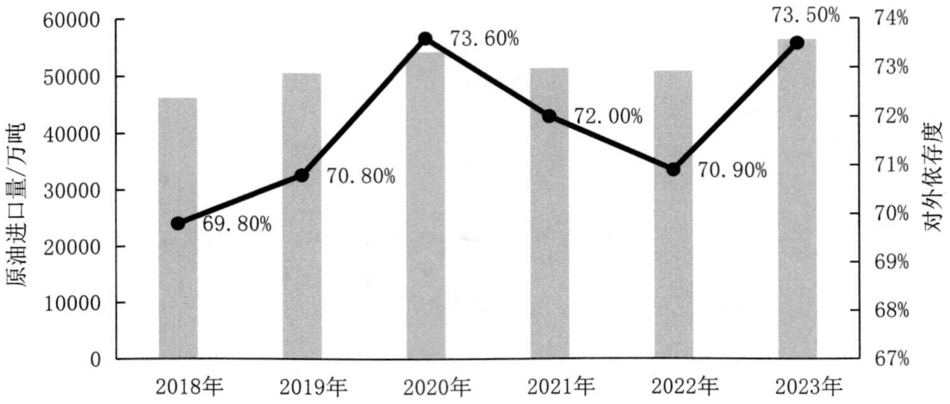

图6-20　2018—2023年中国原油进口量及对外依存度

资料来源：国家统计局。

广东传统能源行业产业链中下游则在持续完善基础设施，但绿色减排压力较大。从煤电领域看，作为广东第一大电力来源，煤电满足全省三分之一的电力需求，目前省内现役煤电机组157台，装机容量68.69GW，根据广东能源局发布的《广东省推进能源高质量发展实施方案（2023—2025年）》，到2025年，还将新增投产华润西江、神华国华清远等项目约1300万千瓦煤电，有力增强煤电支撑性能源工程，确保能源供应安全。但当前煤电领域还存在煤价与电价的矛盾，在电煤价格持续高位运行的背景下，多数煤电企业处于亏损状态。另外，在“双碳”目标持续推动下，煤电绿色改造任务艰巨，而煤电行业的大面积亏损又让煤电企业缺乏投资动力。

从天然气领域看，当前广东天然气产业链中游储气设施完备，且多个LNG接收站正持续建设中，预计建设完毕后省内接收站总接收能力将超过5000万吨/年（见表6-5），届时天然气调峰供应能力将大幅提升，天然气管网建设日趋完善，对天然气应用份额提升起支撑作用。但天然气中下游环节的衔接目前还存在一些矛盾。首先，中游天然气供应和下游发电市场脱节，气和电长协签订时间不匹配，天然气长协量价和电力长协量价存在错配风险。其次，广东省电力日计划与天然气日指定时间也不匹配，导致天然气需求计划需要频繁变更，管网输气波动大。最后，中游储气能力跟下游气电机组运行存在矛盾，由于广东用电峰谷差较大，当下游气电需求不及预期时LNG接收站有溢罐风险，气电需求高峰时则存在空罐风险，综合储气调峰能力是广东天然气产业链的短板之一。

表6-5　广东LNG接收站信息

名称	状态	投产/开工时间	储蓄规模及数量/万方	核准能力/（万吨/年）
中海油大鹏LNG接收站	在营	2006年9月	4×16	680
东莞九丰LNG接收站	在营	2012年6月	2×3	150
中海油珠海LNG接收站	在营（扩建中）	2013年11月	3×16+（+5×27）	350（+350）
国家管网粤东LNG接收站	在营	2017年5月	3×16	500
国家管网深圳LNG接收站	在营	2017年	4×16	400
深圳燃气华安LNG接收站	在营（扩建中）	2020年	1×3（+2×16）	80（+200）
广州LNG应急调峰气源站	在营	2023年8月	2×16	100
国家管网深圳迭福北LNG接收站	在建	2017年1月	2×20	300
潮州华瀛LNG接收站	在建	2021年9月	3×20	600
阳江LNG调峰储气库	在建	2019年8月	2×16	280
惠州LNG接收站	在建	2021年7月	3×20	600
茂名LNG接收站	已核准	—	2×16	300
揭阳LNG接收站	正在核准	—	3×20	300
合计			731	5190

资料来源：公开资料。

从石油化工领域看，广东省石油化工行业发展迅速，拥有众多石化企业，近几年在政策大力支持下，粤西茂名、湛江以及粤东惠州、揭阳等地市吸引了多家海外石化巨头布局投资，石油化工产业规模持续扩大、产业链不断完善，已逐渐形成炼化、基础化工、合成材料、精细化工等产业链一体化发展格局。但广东传统石化行业也面临以下难题：高端产能不足、低端产能过剩的结构性矛盾，精细化工领域的前瞻性技术和引领性产品储备不足，而甲醇、聚氯乙烯等传统产品产能过剩。此外，绿色低碳转型矛盾，石化行业在能源消耗以及二氧化碳排放方面位居工业部门前列，在碳达峰、碳中和目标持续推进下，石化领域节能减排任务更为迫切。

（三）未来趋势：多元化供应增强储备，节能降碳促进绿色转型

未来，广东将重点提升多元化供应能力和储备能力，保障能源供应安全。南海油气勘探开发力度将持续加大，实现油气资源增储上产。能源采购

渠道将趋于多元化，通过拓宽天然气LNG、煤炭进口渠道，降低供应链中断的风险。此外，政府鼓励提高天然气、煤炭中长期采购协议签订量，保障长期供应。在提高储备能力上，在天然气领域，将持续推进LNG接收站及配套码头、管道等基础设施建设，建立多层次天然气储气调峰和应急体系，提升天然气供应能力；在煤炭领域，将推动扩建港口煤炭储运中心及煤炭泊位，改造电厂现有储煤设施，扩建储煤场地，促进煤炭储运能力建设；在石油领域，将稳步建设湛江、茂名、揭阳三大原油商业储备基地，完善石油储备体系。

传统能源产业将提升能源科技创新能力。通过加强产学研合作，建设国际一流的能源科技创新平台，提升能源科技创新能力和产业竞争力。同时，政府将支持加速天然气水合物、新型电力系统等领域的技术开发，努力提升核心技术设备的自主可控性，推动数字技术在能源产、运、储、销、用各环节的融合，建立数字化、智能化的能源系统创新应用体系。

广东省将推动重点领域节能降碳，促进绿色低碳转型。在能源消费领域，政府将推动提升气电和煤电终端能源使用比重，适度减少非发电领域的用气和用煤。在能源生产领域，政府将加快全省火电机组的超低排放和节能改造，推动绿色节能、碳捕捉和碳利用等技术创新和应用。在终端应用领域，政府将引领各行业进行节能升级改造，推动交通领域电动化，推广新能源车船，提升建筑节能标准，加强超低能耗和近零能耗建筑示范项目建设。

六、传统农业：供应稳定，种源及产业化开发不足

广东省农业总体发展向好，整体来看产值持续增长，供给相对稳定，但在产业链的各环节还存在不同的挑战，下文将首先从产值规模、产品供给以及品种创新介绍广东农业发展现状。其次，分析产业链的各环节优势及挑战。最后，前瞻性地探讨农业的未来趋势，包括现代农业体系建设、科技赋能，以及跨界融合带来的新业态，旨在描绘广东农业转型升级的蓝图。

（一）发展概况：供应稳定，科技创新取得系列成果

从总体上看，广东省农业产值持续增大。根据广东省统计局数据，2023年广东农林牧渔总产值超过9000亿元，同比增长5%（见图6-21），前三季度农业（种植业）产值2988.3亿元，同比增长3.5%，牧业产值1287.34亿元，同比增长4%，渔业产值1390.5亿元，同比增长4.7%。从排名上看，根据国家统计局数据，2022年广东省农林牧渔总产值排名全国第5，其中农业、渔业排名靠前，分别排全国第6、第1。

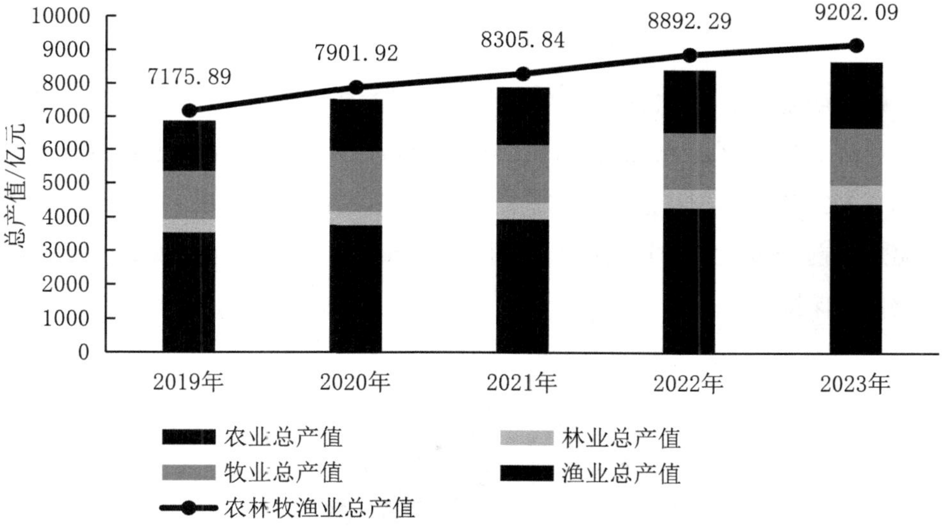

图6-21　2019—2023年广东省农林牧渔业总产值及细分产值变化趋势
资料来源：国家统计局。

从种植业看，粮食蔬菜供应保持稳定。2023年广东省粮食种植面积为3344.26万亩，较2018年增长3.6%（见图6-22）。2023年粮食产量1285.19万吨，保持在近十年较高水平，夏粮、早稻产量分别增长3%和1.8%，蔬菜及食用菌产量增长2.5%，水果产量增长5.6%。

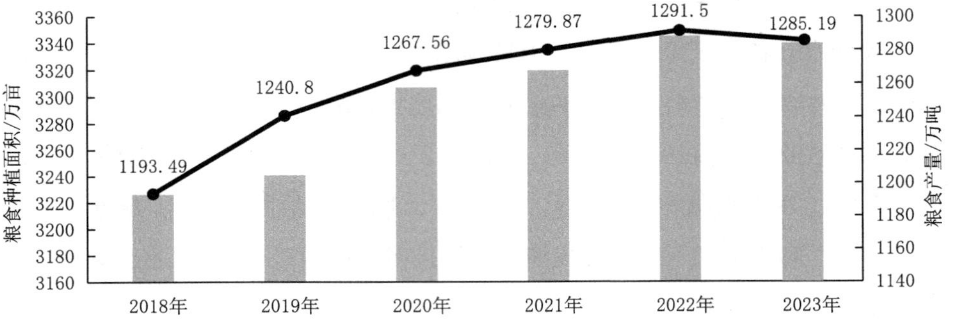

图6-22　2018—2023年广东省粮食种植面积与产量变化趋势

资料来源：广东省统计年鉴。

从畜牧业看，广东省肉类产量由高到低常年按照猪肉、禽肉、牛肉、羊肉排序，2022年猪肉和禽肉占比分别为58.17%和39.39%（见图6-23）。2019—2020年受非洲猪瘟影响猪肉产量下降较明显，但自2021年已经恢复至猪瘟爆发前产量，2023年猪肉产量同比增长6.5%，禽肉产量增长2.7%，总体肉类供应保持稳定。

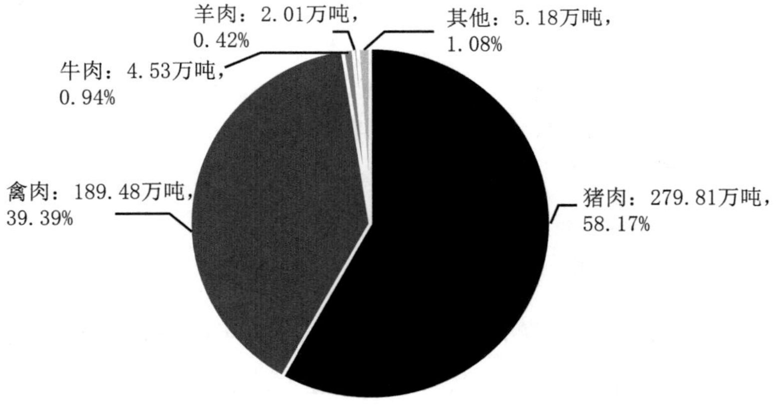

图6-23　2022年广东省肉类产量结构

资料来源：广东省统计局。

从渔业看，作为水产养殖大省和渔业强省，广东省水产品总产量稳居全国第一。2022年水产品产量达894.14万吨，海水、淡水产品大约各占50%，同比分别增长0.76%和1.43%。

在品种研发上，广东聚焦“粤种强芯”工程，取得了一系列农业创新成果。2023年，广东8个水稻品种入选全国水稻推广面积前十，2个畜禽新资源通过国家审定鉴定，7个南美白对虾新品种通过审定，广东农业正在逐步突破种质资源受制局面。

（二）产业链分析：上游种源开发不足，下游产业化发展有待提升

传统农业产业链上游主要涉及研发及农资供应，包括种苗引进、农药生产、饲料加工、化肥生产以及种苗培育等，中游则是农产品生产环节，包括粮食蔬菜种植、畜禽养殖、水产养殖等，下游则是农产品的加工及流通，包括农产品的深加工，例如食品制造以及酒、饮料、精制茶制造等，最后便是农产品的分销及消费（见图6–24）。广东农业门类齐全，各细分领域均有完整的产业链条。

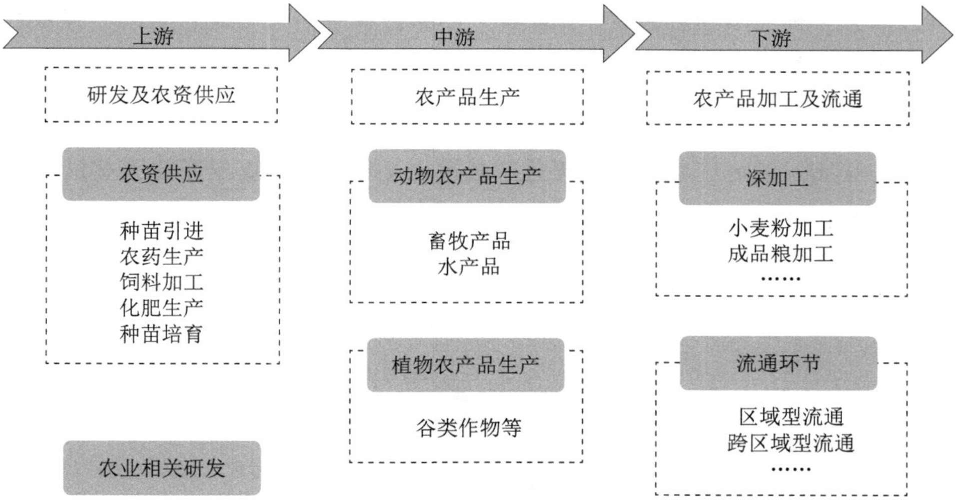

图 6–24　传统农业产业链

资料来源：前瞻产业研究院。

在农业产业链上游，广东种质资源丰富但开发不足，种源及饲料原料依赖进口。种植业上游主要是制种、农药和化肥，广东在三个细分领域均有代表性上市企业，比如农药化肥领域的天禾股份以及制种领域的鲜美种苗、绿亨科技等。从制种业看，本土种质资源丰富，且自改革开放以来，广东便重视种质资源的收集和保存，成效显著。当前全省已建成农作物种质资源库

（圃）24个、国家基因库1个，累计保存农作物种质资源7.3万份，约占全国的15%。从育种领域看，广东在水稻育种方面有较强优势，2016年以来已经培育成功17个超级稻品种，占全国同期总数的三分之一，但在蔬菜、花卉、水果育种方面还存在较大不足，在蔬菜种子领域对外依赖较为严重，每年进口蔬菜种子占全国的70%，外资企业的蔬菜种子控制了大部分市场。在花卉育种和荔枝育种领域，也普遍存在种质资源开发利用力度不足导致品种同质化、创新型种质资源缺乏等问题。当前我国种子企业数量多但规模小、分布散、实力弱，导致企业研发投入不足、核心技术创新能力不够。国内种子市场份额分散，前五大上市公司中并无广东本土企业（见图6-25）。此外，我国种子研发体制属于政府主导型，科研院所与企业融合度不足导致科技创新与市场需求错位，且缺乏种质改良、基因编辑技术创新、种子质量标准与检测等基础性研究。种业市场监管也存在缺位，因品种权申请周期长、知识产权保护制度不完善等原因导致市场模仿、套用品种多，打击了企业研发的积极性。从农药化肥业看，市场技术已经较为成熟，由于广东近年来推行化肥减量，如2023年印发的《广东省2023年化肥减量化工作方案》提出在化肥减量增效上投入2909万元资金。随着化肥市场竞争进一步加剧，广东肥企在与进口肥、外省肥的竞争中逐步处于劣势，且因本省磷矿、煤炭、钾盐等自然资源不足，本土肥企多往外地拓展资源或者在制肥工艺、营销方面进行突破。

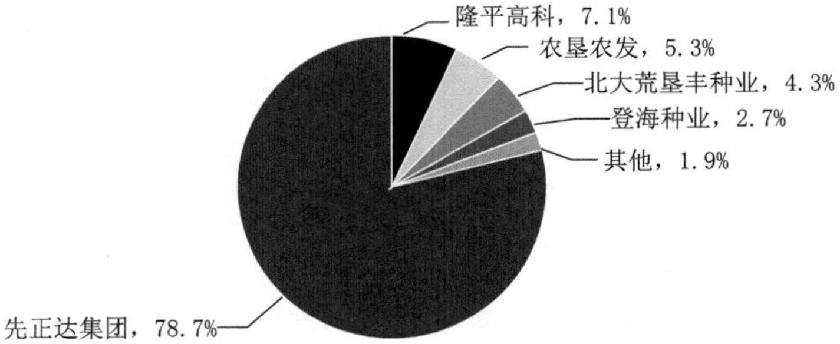

图6-25　2022年中国种子行业市场占有率

资料来源：亿渡数据。

畜牧业和渔业上游是种业和饲料业，在畜牧业育种领域，广东省在家禽良种攻关方面取得了较好的成果，目前在肉鸡领域已自主育成23个黄羽肉鸡新品种，占全国肉鸡育成新品种的41%，满足了居民对高质量肉鸡的需求。在种猪育种方面，广东省拥有10个国家生猪核心育种场，年产种猪约80万头，位于全国前列。但广东省畜禽育种业也存在曾祖代原种猪及蛋鸡依赖进口、种猪利用效率低、同质化育种普遍存在、育种手段和设备相对落后等问题。在水产育种领域，由于起步较早，广东新育水产品种处于全国前列，罗非鱼、南美白对虾等多种淡/海水产品苗种产量居全国首位。但从整体上看，广东水产种质资源保护基础弱，商业化种业企业体系还未建立，先进育种技术运用不足，部分规模化产业的种源依赖进口。当前畜禽和水产业都还未打破“海外引种、维持、退化、再引种”的不良循环，不仅引进亲本价格逐年上升且质量不稳定，还存在被“卡脖子”的困境。在饲料行业，广东是饲料生产销售大省（见图6-26），目前省内饲料龙头企业包括海大集团、粤海饲料，两者在全国饲料行业分别处在第一、第二梯队，实力较强。但饲料原料存在依赖进口且进口集中度高的问题，当前国内饲用谷物原料主要来自美国、乌克兰、巴西，合计占据66.7%，饲用蛋白原料来源则以加拿大、乌克兰、巴西为主，合计占据63.8%，两种原料对美洲和乌克兰较为依赖。由于俄乌冲突，近年来国内以豆粕为代表的原料价格都经历了不小的涨幅，且存在供应不稳定的风险。未来，行业需要优化原材料结构，继续推进饲用豆粕的减量替代。

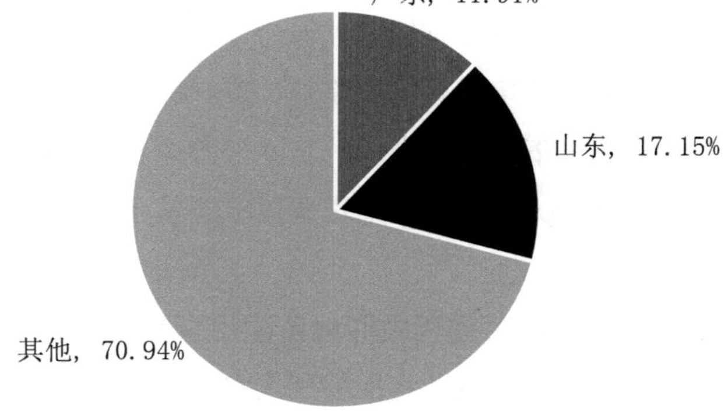

图6-26　2020年中国饲料行业区域竞争格局

资料来源：中国饲料工业协会、全国畜牧总站、前瞻产业研究院。

在农业产业链中下游，广东种植业产业化水平低，畜牧业则规模化、集约化趋势明显。种植业的中下游主要是种植、采收、加工、销售。尽管广东种植业产销量稳中有升，但还存在产业化水平低、生产效率不高、供需不匹配、区域协同机制不完善、产业链下游开发不足等问题。首先，种植业整体呈现碎片化经营、产业化生产水平低的现象。当前全省农业经营主体存在规模偏小、组织水平低的问题，导致农业生产中品种同质化、品质不统一、资源浪费和环境破坏等现象较为严重。其次，当前种植业的生产主体和技术服务主体、市场消费主体存在信息不对称的现象。生产和技术服务错位导致生产效率低，比如农机服务网络不完善、农机经营服务市场混乱等问题，制约了农业机械化水平的提高。农产品供给侧和需求侧不匹配则导致农产品滞销及价格失衡，消费者差异化和品质化消费需求无法得到满足。再次，种植业发展缺乏区域协同机制，各地区现代农业产业园均存在不同程度的品种重叠、同质化现象，导致农产品差异化发展不足，特色农业发展不充分，不利于农产品品牌建设。最后，农业下游产业链开发不足。许多地区农产品加工以作坊式和初级加工为主，加工技术、设备较落后，加工产品附加值低，难以形成品牌效应。农产品销售渠道也较为单一，多依靠商家上门收购，容易因滞销而遭受重大损失。

畜牧业中下游包括养殖、屠宰，当前该环节产业链呈现明显的规模化集约化发展趋势，代表性龙头企业有温氏股份。以往传统家庭农场式的养殖模式逐渐被淘汰，行业更多采用的是与龙头养殖企业达成“公司+农户”的合作模式，一方面养殖户的收益更有保障，另一方面也能更好地推广现代养殖技术，减少污染的同时还能培育有机肥原料，更好地实现农业循环。但当前广东生猪养殖业也面临以下几个难题，一是除上游原料供应对外依赖性强外，养殖环保压力也不断增大，二是土地资源供应较紧张，存在猪场用地难找、难开展种养结合模式的问题。

（三）未来趋势：推进现代农业体系建设，科技赋能提质增效

未来，广东将加强顶层设计，推进现代农业体系建设。全省将重点发展产业园区生产模式，大力发展农产品加工业，以预制菜为契机，推动农产品

食品化。通过构建“12221”市场体系，行业将注重优质农产品品牌营销和品牌建设。

广东致力于通过现代科技手段赋能传统农业，推进农业发展的提质增效。根据《广东省农业科技发展“十四五”规划》，广东将实施七大工程，包括“粤强种芯”工程、绿色低碳种养技术研究与示范工程、资源利用与生态农业工程等，通过科技创新推动农业高质量发展。其中，“粤强种芯”工程将聚焦种业科技创新，通过加快新品种培育和技术攻关，加强农业种质资源的保护利用，以期打好种业翻身仗。绿色低碳种养技术研究与示范工程则将促进种养结合，发展循环农业，减少农业生产对环境的影响，同时提高农业生产的效率和产品质量。这些工程的实施，不仅能够提升农业的科技含量和生产效率，还能够促进农业的绿色发展，实现经济效益、生态效益和社会效益的统一。

广东农业将在跨界融合中催生新业态。广东省人民政府印发的《广东省发展壮大农村经营主体若干措施》明确支持培育农村新产业、新业态。加快推进农村新业态发展有利于拓展农业发展新空间，以跨界融合思维发展农村新业态将成为重要方向。

第二节　传统产业产业链安全发展的挑战和机遇

传统产业是广东省经济的重要支柱，其产业链的安全发展不仅关系到地区经济的稳定增长，还是推动社会进步和提高人民生活水平的关键。随着国际形势的不断变化和科技的迅猛发展，传统产业面临着前所未有的挑战，同时也迎来了转型升级的宝贵机遇。本节将深入探讨这些挑战和机遇，为后文论述广东省传统产业的转型升级方向提供参考。

一、传统产业产业链安全发展面临的挑战

在当前逆全球化思潮抬头的大背景下，广东省传统产业在维持产业链安

全发展方面面临着原材料供应的不确定性、技术更新的滞后性以及产业链协同分工的不足这三个突出挑战。

（一）原材料及核心零部件受制于人

上游原料及零件面临断供风险是广东省传统产业发展中一个普遍且紧迫的问题。这一风险主要表现在原材料和核心零部件的高度对外依赖性，一旦国际市场供应出现波动或因政治、经济因素导致贸易受限，将直接影响省内相关行业生产的稳定性和产业链的完整性。

从汽车制造业来看，原材料断供的风险主要体现在核心零部件的供应上，如车用关键芯片等。这些零部件大多被国外厂商垄断，一旦国际贸易受限或供应商出现问题，将直接影响整车的生产和质量。家电业同样面临原材料供应不稳定的威胁，尤其是高端马达和电源管理芯片等关键零件的供应。这些零部件供应的不稳定不仅影响产品生产的连续性，还可能导致成本上升，进而削弱产品的竞争力。在传统能源产业中，原材料供应风险直接关系到能源安全和工业生产安全。由于煤炭、石油和天然气等能源大部分依赖外部供应，任何外部供应的中断都可能导致能源短缺，影响整个省份的经济发展和工业生产。传统农业中的制种产业，尤其是蔬菜种子和种猪资源，对外依赖严重。一旦断供，将影响作物种植的多样性和猪肉的产量及质量。

造成全球供应链不稳定的潜在因素较多，包括地缘政治冲突、贸易政策变化、国际运输中断、自然灾害以及公共卫生事件等。这些因素相互作用，使供应链面临巨大的不确定性。例如，地缘政治紧张局势可能导致关键原材料的贸易受限，而全球性疫情则可能导致国际贸易中断和生产活动停滞。

（二）生产设备及生产技术迭代滞后

广东省传统产业当前依旧面临“大而不强”的问题，其主要原因之一是生产设备及生产技术的落后影响了产品质量、产品档次及整体附加值，制约了行业的高质量发展，同时也加剧了环境污染，影响了经济的可持续增长。

具体来看，电子信息制造业尽管拥有完备的产业链，但在芯片等关键零部件的生产技术上缺乏自主创新。这种技术短板直接导致产品在国际市场上的竞争力不足，品牌价值难以提升，核心技术受制于人，使得企业在国际贸易中处于不利地位。在家电业中，中小企业由于资金和动力不足，难以实现技术升级。这些企业的产品在功能和设计上难以满足市场对高端、智能化产品的需求，进而影响产品附加值的提升。纺织服装业，尤其是牛仔服装领域，印染工艺落后以及污水处理技术不完善，导致大量含有有害化学物质的废水被直接排放，造成严重的水污染问题。传统能源产业由于生产设备陈旧和技术滞后，在油气开采、原油加工以及下游发电等环节生产效率较低、能耗过高。这种低效能不仅增加了生产成本，削弱了能源产品的市场竞争力，还导致了严重的废气、废水污染及过高的碳排放问题。传统农业领域，传统的种植和养殖方式由于机械化和自动化水平不足，生产效率低下。农作物种植、收割及加工仍依赖大量人工操作，生产成本高、效率低。此外，农业科技投入不足，导致农产品品种改良和病虫害防治进展缓慢。化肥和农药的过度使用破坏了土壤结构，污染了水体，严重影响了农业的可持续发展和农产品的质量安全。

（三）产业链协同分工水平较低

产业链协同分工水平较低是广东省传统产业发展的另一个问题，这导致资源配置效率不高、创新能力弱化以及市场响应速度减慢。在纺织服装业中，这一问题尤为明显。尽管广东省拥有完整的纺织服装产业链，但产业链各环节之间缺乏紧密的协同作用，导致整体竞争力不强。例如，面料开发与服装设计、生产制造与市场需求之间存在脱节现象，这不仅影响了新产品的快速推出，也限制了对市场变化的灵活应对。在家电业中，产业链协同分工水平较低的问题表现为标准化建设滞后，不同品牌家电的生产制造标准不统一，导致上游零部件不能标准化、通用化，增加了生产管理成本，影响了产品质量的统一性和产业集群的质量变革。此外，由于缺乏有效的协同机制，各品牌基于不同协议和接口搭建的智能家电系统自成体系，不同品类、不同品牌的产品无法互联互通，降低了行业成套智能家居体系的建设水平。在传统农业领域，产业链协同分工水平较低的问题则体现在农业生产中存在品种同质化、品质不统一等问题。信息不对称使中小型经营主体较难融入产业体系建设，生产和技术服务存在错位，制约了农业机械化水平的提升。同时，农产品供给侧和需求侧不匹配，导致农产品滞销及价格失衡，消费者差异化和品质化的消费需求无法得到满足。

二、传统产业产业链安全发展存在的机遇

面对挑战，广东省传统产业也迎来了转型升级的历史机遇。通过以下措施，可以促进产业链的安全和可持续发展。

（一）推动本地化生产与国际化布局

面对原材料和核心零部件受制于人的问题，采取本地化生产与国际化布局并举的策略是应对挑战的重要途径之一。新冠疫情、地缘政治风险、国际贸易摩擦等因素暴露了全球供应链的脆弱性，使企业面临的供应链风险和成本压力不断增加，促使更多企业倾向于在本地进行生产。本地化生产能够更好地控制生产过程，降低物流和时间成本，同时增强供应链的灵活性和可控性。这不仅提高了企业的应变能力，也促进了地方经济的发展。通过在本地或靠近消费市场的地区进行原材料采购、产品制造和组装，可以减少因国际运输延迟、政治不稳定或贸易政策变动带来的风险。此外，本地化生产还有助于企业更快地响应市场变化，提高生产的灵活性和效率。与此同时，国际化布局通过多元化采购渠道以及国际技术合作，进一步增强了供应链的稳定性和抗风险能力。通过在多个国家和地区建立采购渠道和生产基地，企业能够分散供应链风险，确保在某一地区出现供应问题时，其他地区的资源可以迅速补给。通过与国际伙伴的技术合作，企业可以获取先进的生产技术和管理经验，加速关键技术的突破，减少对单一技术的依赖。

综上所述，本地化生产与国际化布局并举，不仅能够帮助企业应对原材料及核心零部件受制于人的挑战，还能够抓住全球化和经济动荡带来的新机遇。这种策略有助于企业在全球市场中保持竞争力，实现可持续发展，并为地方经济注入活力。

（二）推动技术升级与智能制造

面对因工艺技术落后导致的生产效率低下、产品附加值低及环境污染等问题，借助新兴技术进行技术升级与智能制造是走出困境的有效途径。在全

球制造业竞争加剧和可持续发展要求日益提高的背景下，快速发展的信息技术和自动化技术为传统产业的转型升级提供了新的动力。

技术升级与智能制造可以通过引入先进的生产设备、自动化生产线、智能控制系统以及大数据分析等手段，显著提升生产效率。自动化设备能够连续进行高速度、高精度的生产作业，减少人为错误，提高产品质量和生产一致性。智能控制系统能够实时监控生产过程，及时调整生产参数，优化生产流程，减少资源浪费。此外，智能制造通过集成信息系统和物联网技术，能实现生产过程的数字化管理，提高供应链的透明度和响应速度。这不仅能够降低库存成本，还能够快速响应市场变化，满足个性化和定制化需求，从而提升产品的市场竞争力和附加值。在解决环境污染问题方面，智能制造通过采用清洁生产技术、废物循环利用和能效管理，减少生产过程中的能源消耗和废弃物排放。清洁生产技术能够优化资源利用，减少有害物质的产生和排放，保护环境；废物循环利用能够将生产过程中产生的废料重新利用，减少资源浪费；能效管理则通过优化能源使用，降低能耗，减少碳排放。

综上所述，技术升级与智能制造不仅为解决传统产业面临的生产效率低下、产品附加值低及环境污染等问题提供了有效的解决方案，还为企业带来了一系列附加的经济效益和社会效益。随着技术的不断进步和应用的深入，这一转型趋势有望在未来为传统产业的发展带来更加广阔的空间和更加深远的影响。

（三）推动产业链整合与协同创新

面对产业链协同分工水平较低的问题，采取建立行业联盟、推动信息共享平台建设、实施标准化战略以及鼓励企业间技术合作和联合研发的多管齐下的策略是解决问题的有效方法。通过建立行业联盟，企业可以在共同的框架下合作，统一行业标准，减少不必要的竞争，集中资源进行创新。行业联盟还能作为协调机构，帮助成员企业解决在协同分工中遇到的各种问题，促进资源的高效配置和共享。推动信息共享平台的建设可以加强企业间的沟通与协作，使企业及时获取行业动态、市场信息和技术进展，从而作出更加精准的决策，并快速响应市场变化。信息共享平台还可以优化供应链管理，提高整体运营效率。实施标准化战略是提升产业链协同分工水平的重要手段。通过制定统一的行业标准和规范，可以促进不同企业之间的产品兼容性和接口一致性，降低交易成本，提高整个产业链的运行效率。标准化还能够规范生产流程，确保产品质量一致性，增强市场竞争力。鼓励企业间的技术合作和联合研发可以整合各方优势资源，加速技术创新。通过共享研发成果，企业可以减少重复劳动，缩短产品开发周期，加快新产品的上市。技术合作还能促进知识交流，提升整体技术水平。

综上所述，通过产业链整合与协同创新，可以有效提升产业链协同分工水平。这不仅能促进资源的高效配置，增强创新能力，优化生产流程，还能提高市场响应速度，增强产业链稳定性，并推动产业的整体升级，实现可持续发展。

第三节　传统产业如何提高产业链的韧性与安全性

随着全球化竞争的加剧和科技创新的不断推进，传统产业正面临前所未有的挑战。从前文对广东省传统产业的产业链分析及其在当前经济环境下所面临的挑战和机遇中不难发现，传统产业的转型升级已成为一个迫在眉睫的问题。在全球经济格局不断演变和科技迅猛发展的背景下，传统产业若要维持其竞争力并实现可持续发展，就必须进行深刻的结构调整和创新发展。提高传统产业链的韧性与安全性，不仅是对现有产业链的一次强化，更是对未来潜在风险的前瞻性布局。因此，本节将重点探讨传统产业如何通过智能化、绿色化和高端化转型，全面提升广东省传统产业链的韧性与安全性。

一、推动传统产业智能化转型

智能化不仅重塑了传统产业的生产、研发、管理和服务流程，还显著提升了行业的整体效率并推动了供应体系的变革。为了适应科技革命和产业变革的新趋势，传统产业需要掌握数字化、智能化和网络化的发展方向。当前，我国正处在从制造大国向制造强国转变的关键时期，传统制造业必须坚持以智能制造为主攻方向，并注意以下三个要点。

（一）加强产学研合作，多层次多领域推广技术应用

在技术创新上，要鼓励建立面向产业需要，以企业为主体，与高校、科研院所相结合的产学研合作模式，加大研发投入，加强行业关键共性技术的研究，加快推动关键共性技术能力的提升。在推广应用上，要面向重点行业，打造一批世界级智能工厂和智慧供应链。面向中小企业，大规模推行工艺优化、精益管理和流程再造等针对性解决方案。面向重点省市，建设一批智能制造先行区，探索形成具有区域特色的发展路径和模式。

（二）加速推进智改数转网联，推动集群整体升级

在企业层面，要加快推动中小企业数字化转型，推动智改数转网联在中小企业中的先行先试。要立足不同产业的特点和差异化需求，加快人工智能、大数据、云计算、物联网等信息技术与制造全过程、全要素深度融合。支持生产设备数字化改造，推广应用新型传感、先进控制等智能部件，加快推动智能装备和软件的更新迭代。以场景化方式推动数字化车间和智能工厂建设，探索智能设计、生产、管理、服务模式，树立一批数字化转型的典型标杆。在产业集群层面，要推动各地市高新区、科技产业园区等升级数字基础设施，搭建公共服务平台，探索共享制造模式，实施整体数字化改造。以广东省先进制造业集群为引领，推动产业集群数字化转型，促进资源在线化、产能柔性化和产业链协同化，提升综合竞争力。

（三）推动产业链供应链智能化、集约化，促进网络化协同

在供应链上，应用物联网、人工智能等技术，促进制造供应链全链条信息共享，加快感知技术在关键节点的应用，积极打造智慧物流，推动智能制造与智能物流的有效融合，实现“物流、商流、信息流、资金流”四流合一。在产业链上鼓励龙头企业共享解决方案和工具包，带动产业链上下游整体推进数字化转型，加强产业链资源共享。推动工业互联网与重点产业链“链网协同”发展，充分发挥工业互联网标识解析体系和平台的作用，支持构建数据驱动、精准匹配、可信交互的产业链协作模式，开展协同采购、协

同制造、协同配送、产品溯源，建设智慧产业链供应链。支持重点行业建设“产业大脑”，汇聚行业数据资源，推广共性应用场景，支撑全行业转型升级。

二、推动传统产业绿色化转型

随着全球对可持续发展和环境保护意识的增强，绿色化不再是一种选择，而是产业发展的必要条件。它涉及生产过程中的能源使用、资源消耗、废物处理以及产品生命周期管理等多个方面。绿色化转型在传统产业的升级和转型中扮演着至关重要的角色，突出绿色低碳发展，实现传统产业绿色化转型，需要在以下三个方面着力。

（一）推动结构调整，促进行业绿色低碳优化

通过产品结构、用能结构和原料结构的优化调整及工艺流程的再造，提升传统产业的竞争力和地位。首先，在产品升级换代方面，引导企业进行绿色化改造，倡导绿色设计，开发绿色产品。其次，从能源和原料的绿色替代出发，要构建清洁高效的工业能源消费结构，有序地实施重点行业煤炭减量替代，推进终端用能电气化，推动绿色电力消纳比例提升。最后，要推广短流程工艺技术，积极发展非粮生物基材料等绿色低碳材料，增加低（无）挥发性有机物和再生资源等绿色低碳原料的使用，减少对传统高碳原料的依赖。

（二）加快技术改造，促进行业绿色低碳生产

通过技术创新和改造，提高传统产业的绿色低碳生产能力。首先，要更新、推广绿色低碳技术导向目录，定期更新发布制造业绿色低碳技术导向目录，遴选推广成熟度高、经济性好、绿色成效显著的关键共性技术，鼓励企业全面实施新一轮绿色低碳技术改造升级。其次，要对传统产业企业实施全流程系统化改造，支持大型企业围绕产品设计、制造、物流、使用、回收利用等全生命周期的绿色低碳转型需求，实施系统化改造升级。最后，鼓励工业园区和产业集聚区进行整体绿色低碳改造升级，提升行业和区域的环保治理水平。

（三）优化产业布局，促进区域产业绿色转型

通过在区域层面优化产业布局，实现区域产业绿色低碳转型。首先，综合考虑区域产业基础、资源禀赋、环境承载力等因素，推动传统产业形成集群化、差异化的绿色低碳转型新格局，加强产业分工合作和科技协同创新。其次，综合平衡生产力、能源、资源、市场需求等要素，推动粤东西北地区有序吸纳粤港澳大湾区产业转移，避免资源浪费和重复建设。最后，实行严格的项目审批制度，坚定不移地阻止能耗高、排放量大、技术水平低的项目随意开展。促进地区间产业的绿色共进，优先发展钢铁联产、化工一体化、林业纸业一体化及碳固定等行业耦合模式，在冶金和建材行业中，探索生活垃圾的共处理和城镇供暖结合的城乡一体化模式，鼓励条件成熟的地区加大资源循环利用的力度，加速实现“零废弃”企业、园区及城市的建设目标。

三、推动传统产业高端化转型

高端化是传统产业发展的必由之路，也是提高传统产业产品附加值的必经之路。当前，我国制造业生产保持良好态势，总体规模连续14年保持全球第一，但“大而不强”“全而不精”的问题依然突出，制造业整体处于产业价值链中低端，高端产品依赖进口而低端产品产能过剩。传统产业转型需走向高端化，不断增强竞争力并补齐短板。推动传统产业向高端化迈进，要引导企业不断提升产品的质量水平和层次，增加高端产品供给，提升产品质量，打造高端品牌，推动自主品牌向价值链中高端跃升。传统产业高端化发展战略可以从以下三个方面展开。

（一）坚持供给侧结构性改革，增加中高端产品供给

超大规模的国内市场是我国经济发展的巨大优势，要充分利用好这个超大规模市场，并以需求牵引、创造供给。随着国内经济水平的不断提升，中高端、多样化产品的需求增加，供给和需求不协调的矛盾日益凸显。深化供给侧结构性改革，可以开辟经济发展新领域、新赛道。对供给端产能过剩的行业进行“去产能、去库存”，淘汰技术落后的企业，同时增加高端产品产出，以高端产品创造新供给，培育新的经济增长点。增加高端产品供给，需

要分级打造消费产品方阵，重点发展智能家居、功能性服装等领域的产业，实现供给和需求的良性互动。

（二）完善质量管理体系，全面提升产品质量

要求树立质量第一的意识，深入推动从“量”到“质”的转变、从“中国制造”向“中国创造”的转变。随着消费日益升级，满足高标准的新需求成为引领产业变革的重要动力，这要求传统产业开展质量变革，从供给端严格控制产品质量，切实满足人民对高标准产品的需求，丰富消费品供给品类，促进工业品质量的高端化转型。为此，需要建设更加适配的质量供给体系、更高水平的质量基础设施体系、更加现代化的质量治理体系。首先，要增强区域和产业质量竞争力，增强企业质量和品牌发展能力，强化质量供给体系的系统化规划。其次，要建设系统完备、高效实用的质量基础设施，打造“一站式”集成服务基地，建成一批产品质量控制和技术评价实验室，充分释放质量基础设施的服务效能。最后，要完善质量法制体系，健全质量监管和考核体制，建设和完善企业自治、政府监管、社会共治的现代化质量治理体系。谋求高质量发展是未来广东经济发展的大方向，政府对重点产品开展质量分级评价试点，鼓励企业进行质量创新和质量基础设施建设，给予税收优惠等扶持，致力于培育并形成一批品质高端、市场认可的产品。

（三）完善品牌培育机制，打造中国高端品牌

传统产业的高端化转型需要高端品牌的支持，需要从“广东制造”向“广东品牌”转变。首先，要加快区域品牌、产业品牌、企业品牌建设，加大对老字号的保护力度，打造一批具有国际竞争力的“广东制造”高端品牌。其次，鼓励和支持企业加强产品设计，打造自主品牌，争创国内国际知名品牌，以差异化高端产品支撑传统产业转型升级，实现高质量发展。打造中国高端品牌，一方面需要提升品牌建设软实力。建设品牌专业化服务平台和品牌建设中介服务机构，支持品牌创建、运营和管理。另一方面需要加强对中华老字号和地方老字号的维护和宣传。例如，广东省《关于进一步推动纺织服装产业高质量发展的实施意见》便提出要强化品牌保护，支持企业加强商标品牌保护，完善商标品牌维权与争端解决机制。

第七章

广东省新兴产业的产业链安全发展分析①

新兴产业是指在国民经济社会发展过程中逐渐兴起的并具有潜在增长空间的产业，通常涉及新技术、新商业模式或新需求。与传统产业相比，新兴产业具有创新驱动、增长率高、附加值高、市场前景广阔等特征，对国民经济发展和产业结构转型升级具有重要作用。在此基础上，战略性新兴产业则是以重大技术突破和重大发展需求为基础的、对经济社会全局和长远发展具有重大引领带动作用的新兴产业，是新一轮科技革命和产业变革的方向，是培育发展新动能、获取未来竞争新优势的关键领域。加快培育发展战略性新兴产业对推进现代化建设、实现高质量可持续发展具有重要意义。

近年来，广东在培育壮大新兴产业，尤其是战略性新兴产业方面，取得了显著成果。在产业集群化发展上，当前广东省已形成半导体及集成电路、高端装备制造、前沿新材料等十大战略性新兴产业集群，其中已有两个达到五千亿至万亿级别，六个达到一千亿至五千亿级别。在产业规模和发展速度上，新兴产业规模正在高速扩大，2023年上半年广东省新经济增加值达到1.42万亿元，同比增长10.5%，占全省生产总值的24.8%。根据《广东省制造业高质量发展“十四五”规划》，到2025年，十大战略性新兴产业营业收入年均增速要在10%以上。在企业数量上，根据《广东新质生产力2023发展调研报告》，截至2023年底，广东871家A股上市公司中有693家属于战略性新兴产业。根据《赛迪科创独角兽百强（2023）》，广东共有16家人工智能、半导体等新兴产业独角兽企业上榜。在政策不断完善、市场需求持续扩大、创新

① 本章第一执笔人为暨南大学产业经济研究院陈超。

环境持续优化等多方位支撑下，未来广东省新兴产业发展前景广阔，将为推动全省产业链价值链迈向中高端、建设具有国际竞争力的现代产业体系以及实现经济高质量发展作出更大贡献。

与此同时，也要看到广东省新兴产业发展面临的一些短板和风险，比如核心原材料及设备对外依赖严重，核心技术受制于人，产业总体自主创新水平有待提升，科创板上市公司数量和市值、独角兽企业总量与江苏、上海、北京还有一定差距等。

基于新兴产业对广东省产业转型升级的重要性，很有必要对广东省代表性新兴产业及产业链各环节发展现状及未来趋势、新兴产业产业链特点及创新模式、新兴产业产业链安全发展的挑战和机遇以及如何提高产业链韧性和安全性进行分析，这对打造新兴产业安全发展的产业链具有重要意义。

第一节　广东省新兴产业的产业链分析

新兴产业作为经济发展的新引擎，对广东省经济结构的转型升级具有重要意义。随着技术创新和市场需求的不断演变，新兴产业正展现出强大的生命力和广阔的发展前景。本节将深入分析广东省在跨境电商、人工智能、半导体及集成电路、生物医药等关键新兴产业产业链的发展现状，探讨其发展特点、创新模式以及面临的挑战和机遇。

一、跨境电商产业：本土制造提供强大支撑

跨境电商是指不同国家的买家和卖家借助电子商务平台进行交易，通过跨境物流配送商品并借助跨境支付完成支付结算。与传统外贸相比，跨境电商连接了制造商和终端消费者，省去了出口经销和进口采购再分销的环节，缩短了贸易链条，使国际贸易效率更高。广东作为中国外贸第一大省，跨境电商对于稳定外贸增长愈发重要。下面将深入探讨广东省跨境电商产业的发展概况、产业链构成以及产业链各环节发展的趋势。

（一）发展概况：规模迅速扩大，产业配套完善

广东跨境电商市场规模持续扩大，增速强劲。根据广东省商务厅数据，2023年广东省跨境电商进出口总额超过8000亿元（见图7-1），占全国比重超过三分之一，其中，深圳跨境电商进出口总额达3265.3亿元，同比增长74.4%。2015—2023年，广东跨境电商进出口市场规模扩大了53倍，年复合增长率达64.67%。2024年1—2月，广东全省跨境电商进出口额达1553亿元，同比增长107%。

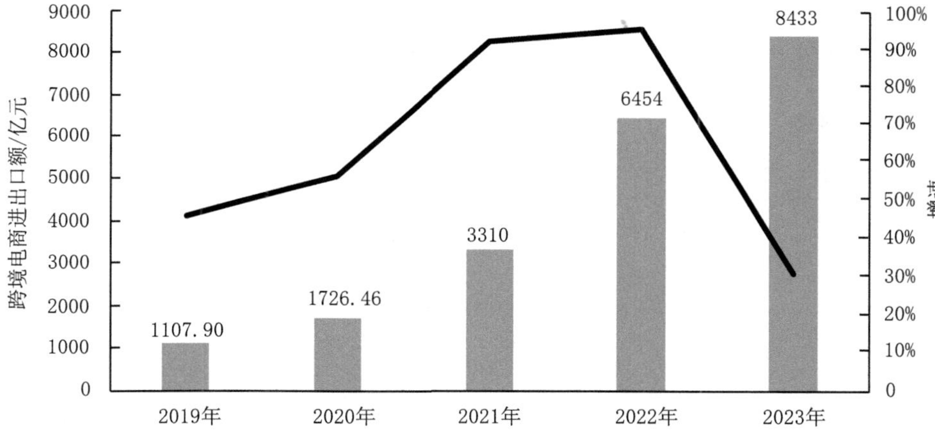

图7-1　2019—2023年广东省跨境电商进出口额及增速

资料来源：广东省商务厅。

广东跨境电商产业发展有明显的配套优势。首先，在物流设施上，广东拥有多个货物吞吐量居全国乃至全球前列的航空港、海港以及铁路枢纽港。全省正在打造以粤港澳大湾区为核心，湛江、汕头、韶关为极点的物流网络，预计到2025年将建成国内及东南亚主要城市2天送达、全球主要城市3天送达的快货物流圈。其次，以广州、深圳为代表的跨境电商强市，拥有覆盖海陆空的多个综合保税区以及电商出口优选仓，为跨境电商企业的货物进出口及存储提供了便利。最后，广东雄厚的制造业“家底”是跨境电商产业发展的最大底气，各地特色产业带在政府的支持与引导下，正全方位实现与跨境电商的深度融合。

（二）产业链分析：深植本土强大制造根基，持续迭代升级

跨境电商产业链上游为出口国制造商；中游为跨境电商平台及支持服务商，跨境电商平台包括B2B平台（企业对企业）和B2C平台（企业对消费者），支持服务商包括物流企业、支付企业、综合服务提供商等；下游为进口国消费者以及进口国批发商或零售商（见图7–2）。广东跨境电商产业链完整，上游工业门类齐全，代表性生产商、品牌商众多，中游则有多个第三方服务企业，拥有多个头部跨境电商平台企业以及跨境物流服务企业。

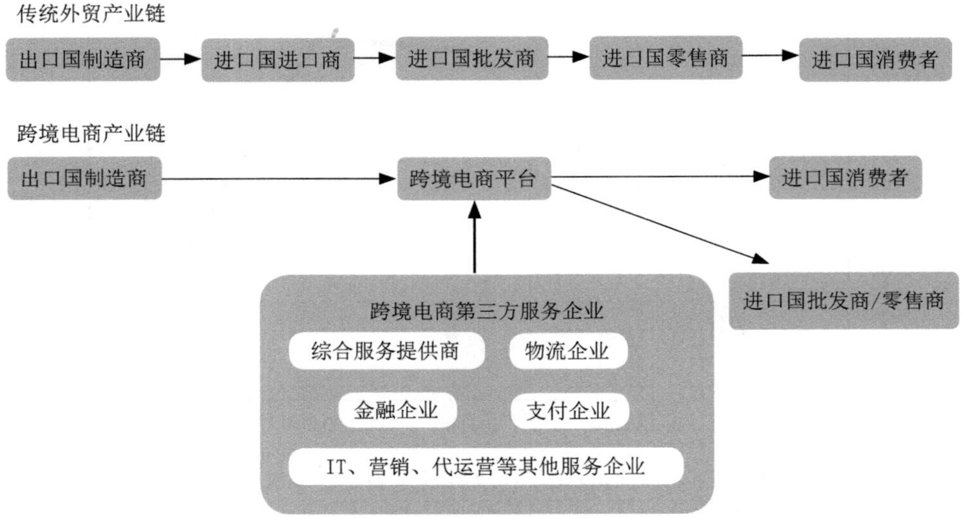

图7–2　传统外贸产业链、跨境电商产业链对比

资料来源：公开资料。

在上游生产环节，广东已经积淀了雄厚的制造业实力，特色产业集群完备，为跨境电商产业提供了坚实的支撑。广东拥有纺织服装、美妆日化、箱包皮具、珠宝首饰等多个特色产业集群，几乎覆盖了我国所有出口优势品类，这些品类都具有完整的供应链，为当地企业开展跨境电商业务提供了强有力的支撑。

在中游环节，广东在跨境电商平台及跨境物流等领域拥有代表性的龙头企业，助力广东产业走向出海进阶之路。凭借保税区建设、国际物流枢纽及制造业实力等优势，广东已经塑造、吸引了多家跨境电商头部企业和综合龙

头企业，既有唯品会、赛维时代、傲基科技、纵腾集团等本土培育的跨境电商平台及跨境电商物流头部公司，也吸引了亚马逊、eBay、Lazada、速卖通等国内外知名跨境电商平台在粤设立区域总部。近年来被称为中国跨境电商“四小龙”中的希音和Temu的总部便在广州。在激烈的市场竞争下，各大跨境电商平台纷纷创新商业模式，既为下游客户提供了更优质的服务，也为上游制造企业转型升级提供了契机，例如希音著名的“小单快返”模式既满足了下游消费者的多元消费需求，也有助于上游服装制造商改造生产线，实现柔性生产及降本增效，从而提高产品竞争力。

（三）未来趋势：本土平台创新引领，数智化转型推动生态化发展

未来，广东跨境电商新兴平台将促进产业持续迭代升级。2023年，Temu凭借性价比优势在一年内便积累超1亿用户，下游市场扩张至全球47个国家和地区，希音则专注“小单快返”模式及品牌塑造能力，在全球大量收购快时尚品牌。2023年两家公司都靠高性价比和完善的服务体验改变了由亚马逊和沃尔玛等平台主导的市场格局。新兴平台的创新业务模式使跨境电商产业竞争更为激烈，也迫使龙头厂商不断创新迭代玩法，进而使产业发展更具活力。

未来，创新全托管模式将带动上游产业带集群发展。全托管模式下电商平台负责店铺运营、物流运输以及售后服务，上游制造业中小企业只需专注于打磨产品品牌以及响应平台订单交付需求。在低价竞争浪潮下，广东品类齐全、实力强劲的地区制造业产业带将成为电商平台的核心竞争力，平台通过直达工厂可以整合产业带供给，充分发挥集群优势，实现产业链密切协作，使全省制造业在产品创新、品牌建设及全球业务布局等方面取得长足的发展。

未来，广东跨境电商产业链将持续向数字化、智能化、生态化方向迭代。一方面，在行业竞争愈发激烈的背景下，电商平台降本增效需求不断提高。全产业链覆盖的运营模式要求其必须具备数字化生产管理能力，货物配送及海外仓储也需要适应数字化物流管理需求。在平台服务体验改进以及订单预测中，人工智能将发挥至关重要的作用。另一方面，上游制造业企业为满足电商平台小批量、多批次的定制化生产需求，必须通过数字化转型以提

高生产效率，实现柔性生产。当前各个国家和地区跨境电商产业都在数字化转型上不断发力。在大数据、人工智能、物联网等新兴技术的支持下，跨境电商将成为基于国际生态体系的新贸易形态。

二、人工智能产业：技术创新活跃，需向上游突围

人工智能产业是指涉及设计、开发和应用人工智能技术的产业。作为当今世界科技创新的前沿领域，人工智能的发展推动了技术革命，改变了传统的商业模式、生产方式和生活方式，为各行各业提供了更高效、更智能的解决方案。作为我国改革开放的先行地和科技创新的重要引擎，广东省在人工智能产业的发展上具有显著的区位优势和创新潜力。下面将详细分析广东省人工智能产业的发展现状、产业链构成以及面临的挑战与机遇。

（一）发展概况：产业快速成长，基础设施持续完善

广东人工智能产业当前正快速成长，技术创新十分活跃。作为中国经济和科技发展的重要支柱，广东在人工智能产业上起步较早，在市场规模、企业数量、技术基础以及专利数量上已经取得了不少成果。根据《中国新一代人工智能科技产业区域竞争力评价指数（2024）》，广东省人工智能产业在产业基础和发展环境上综合排名全国第二，仅次于北京（见图7–3）。从产业规模上看，2022年底广东人工智能核心产业规模就已达到1500亿元，到2025年根据发展规划将突破3000亿元。从企业数量上看，根据天眼查数据，截至2023年底，广东人工智能相关高新企业超过1.3万家，占全国的16.77%，上市企业1269家，约占全国的四分之一（见图7–4）。当前广东人工智能产业已经形成大型龙头企业引领、骨干企业支撑和中小企业快速发展的产业态势。从技术基础上看，广东人工智能创新平台、算力全国领先。目前全省已拥有7个国家级创新平台和16个省级平台，拥有鹏城实验室、国家超级计算深圳中心、横琴先进智能计算平台等大型算力平台。中国信息通信研究院数据显示，广东算力发展指数在全国遥遥领先。从专利数量上看，广东是全国申请人工智能专利最多的省份，截至2021年7月累计申请的人工智能专利已超过3.2万项（见图7–5）。

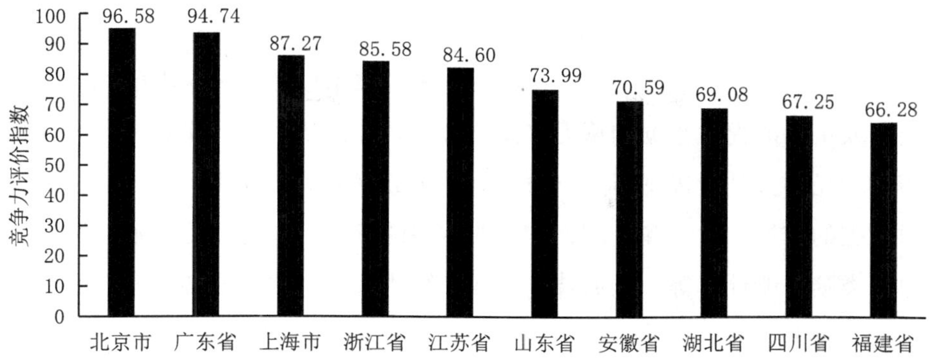

图7-3　2024年中国新一代人工智能科技产业区域竞争力评价指数

资料来源：中国新一代人工智能发展战略研究院。

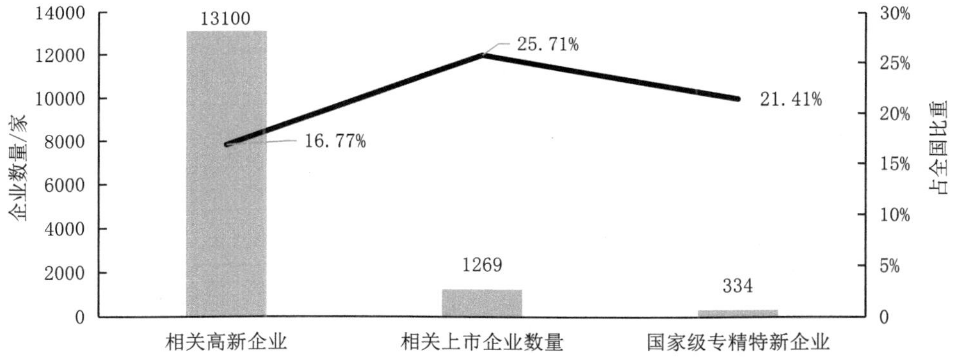

图7-4　广东省人工智能相关企业数量及占比

资料来源：天眼查，《人工智能国家级专精特新企业分析报告》。

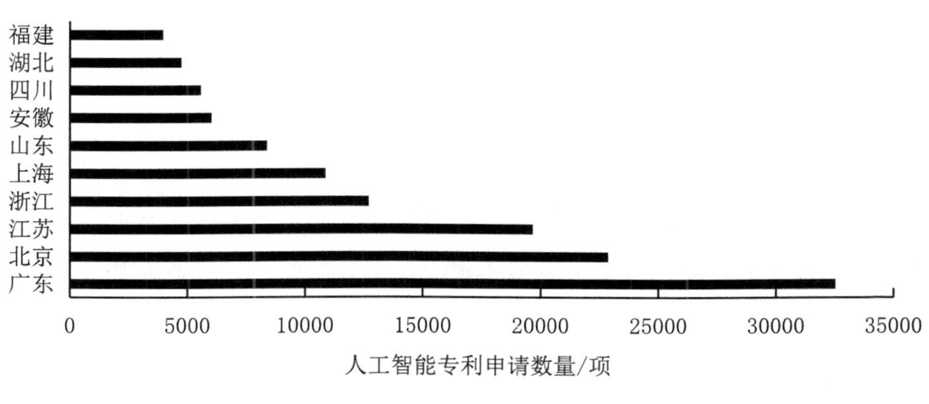

图7-5　截至2021年7月我国人工智能专利申请数量前十省份

资料来源：智慧芽、前瞻产业研究院。

（二）产业链分析：芯片制造能力弱，高质量数据缺乏

人工智能产业链可分为上游基础层、中游技术层和下游应用层。基础层主要为人工智能提供数据和算力支撑，包括硬件设备，如智能芯片、传感器（声学、光学及其他传感器）；数据服务（数据采集、标注）。技术层则涉及对数据的挖掘、学习和处理，是行业发展的核心，包括通用技术，如机器学习、类脑智能计算等；领域技术，如计算机视觉、智能语音等。应用层则是人工智能技术的商业化应用，从产品上看，人工智能可应用在智能机器人、智能汽车等产品上；从场景看，人工智能可覆盖智慧教育、智慧医疗、智能制造等多个领域（见图7–6）。

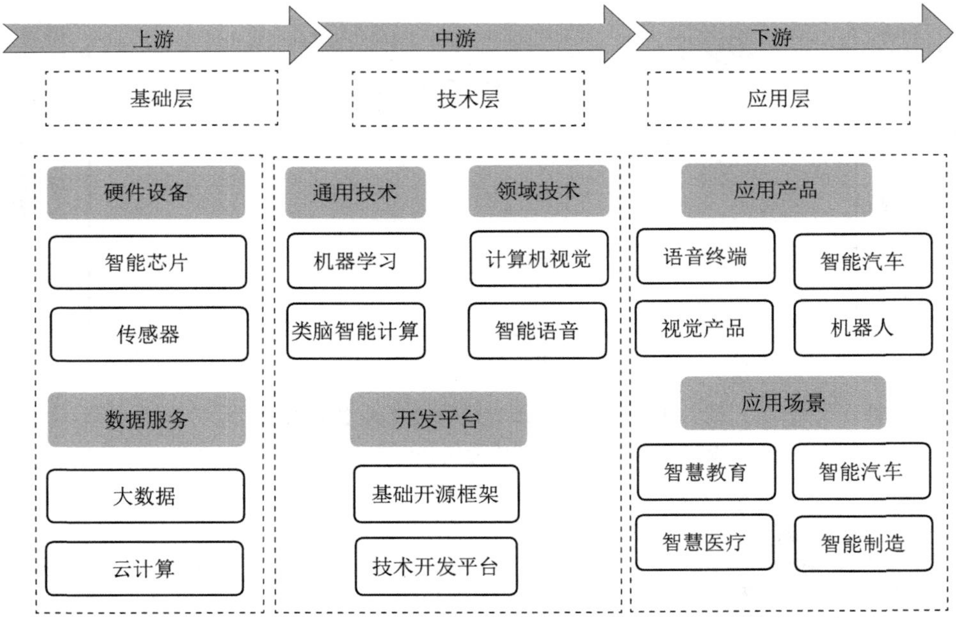

图7–6　人工智能产业链

在人工智能产业链上游环节，广东智能芯片制造能力弱，数据质量有待提升。全省人工智能基础层企业主要集中在大数据领域，行业在智能芯片制造以及数据质量方面存在较大不足。当前，广东省大数据领域代表公司有华为、腾讯科技等龙头企业，该领域技术较为成熟，行业竞争也最激烈。智能芯片制造能力不足，是制约广东省人工智能产业安全发展的关键瓶颈，在西

方国家的打压限制下，我国不仅难以进口高端AI芯片，还缺乏用于制作先进制程芯片的光刻机。全球超过90%的AI算力芯片被美国厂商英伟达垄断，光刻机则被荷兰公司阿斯麦垄断。当前广东省企业海思半导体、汇顶科技、云天励飞正努力攻克芯片制造难关，但与国际先进水平还有较大差距。在大数据领域则存在体量庞大但质量不高、数据标准化和互联互通水平低等问题，在数据生态文明建设方面还存在不足。

在中游技术层，广东省在计算机视觉领域技术领先，但需加强对类脑智能计算和人机交互技术的研究。计算机视觉是广东人工智能行业企业最集中的领域，在该领域的技术水平已达到全球领先水平，专利申请量也居世界前列，相关公司有深圳的奥比中光、精锐视觉等。在机器学习和生物特征识别领域也分别有行业领先公司如腾讯科技、思谋科技、英飞拓等。当前广东人工智能行业在类脑智能计算、人机交互等认知技术领域尚不成熟，也未有相关企业布局。

下游应用层场景丰富。广东有坚实的制造业产业基础，在无人驾驶、智慧交通、智慧医疗等领域也加速布局，因此广东人工智能产业下游的产品融合应用较为广泛，诞生了图灵机器人、小马智行、华大基因等独角兽企业。但目前应用层受到用户需求场景碎片化、项目部署周期长、模型数据训练成本高等问题限制，应用场景落地还存在困难，距离常态化商业应用还有一段距离。

（三）未来趋势：技术创新为翼，产业融合为径

未来，人工智能产业将加强基础和前沿理论研究及核心技术攻关。行业将重点实现信息理解以及算法模型等领域的突破，同时加强关键共性技术研发应用，以“数据、算法、算力”为核心，加大对人工智能物联网、无监督自然语言处理等关键共性技术的攻关力度。此外，行业将加强对人工智能操作系统、基础软件、人工智能基础处理器及智能传感器的研究。

人工智能产业将加速与重点产业的融合发展。通过建设人工智能融合赋能中心，鼓励龙头企业与科研院所合作，行业将加快人工智能产品的落地使用，同时降低人工智能使用门槛，在下游企业推广应用。在智能制造、智

慧医疗、智慧教育、智慧金融、智能驾驶等重点领域，行业将建立示范应用场景。除此之外，通过培育智能化解决方案供应商以及第三方专业化服务机构，行业将扩大人工智能服务市场的规模，进而带动传统产业智能化转型。

人工智能产业将构建共融共生的多元创新生态系统。政府支持优势企业及科研院所建设面向共性需求的开放共享平台，推动自主核心软硬件开放共享，同时深化数据资源开放应用，促进重点领域数据信息依法有序流动。在创新创业氛围下，政府将强化科技金融支撑作用，发挥产业基金、创新创业基金的引导作用，加大开放合作力度，加强省际、国际交流合作，探索项目联合支持、人才联合培养、资金联合投入的创新模式。

三、半导体及集成电路产业：设计能力强，制造能力偏弱

半导体及集成电路行业是现代电子信息产业的核心，它们如同现代工业的粮食，支撑着从消费电子到高端制造的各个领域。随着科技的不断进步，这一行业在推动经济发展和技术创新中扮演着越来越重要的角色。广东省作为中国电子信息产业的重要基地，其在半导体及集成电路领域的发展成效，不仅关系到省内产业的竞争力，也对国家的产业安全和高新技术发展具有深远影响。下面将深入分析广东省半导体及集成电路行业的发展概况、产业链结构以及面临的主要挑战和机遇，旨在为行业决策者和研究者提供全面的发展视角。

（一）发展概况：产业规模稳健增长，技术创新国内领先

广东半导体及集成电路产业规模稳健增长，技术水平国内领先。作为中国信息产业第一大省，广东在消费电子、通信、人工智能、汽车电子等领域拥有国内最大的半导体及集成电路应用市场，产业规模逐年增长。从营收规模上看，2023年，广东半导体及集成电路产业主营业务收入约2700亿元（见图7–7），其中集成电路设计业营业收入超过1000亿元，可见广东省在集成电路设计领域有较强优势。从企业数量上看，广东省半导体及集成电路产业拥有超过11万家相关企业，占该产业全国企业总量的43%，其中上市公司数量排名全国第一，但企业整体市值偏低且龙头企业较少，呈现企业“多而小且

散”的市场格局。从专利数量上看，2023年，广东省半导体及集成电路产业发明专利申请公开量6888件，占全国的16.71%，居国内首位。发明专利授权量3703件，占全国的17.14%，同样居全国首位。截至2023年12月底，广东省半导体及集成电路产业有效发明专利量23332件，占全国的14.46%，居全国首位（见图7-8）。

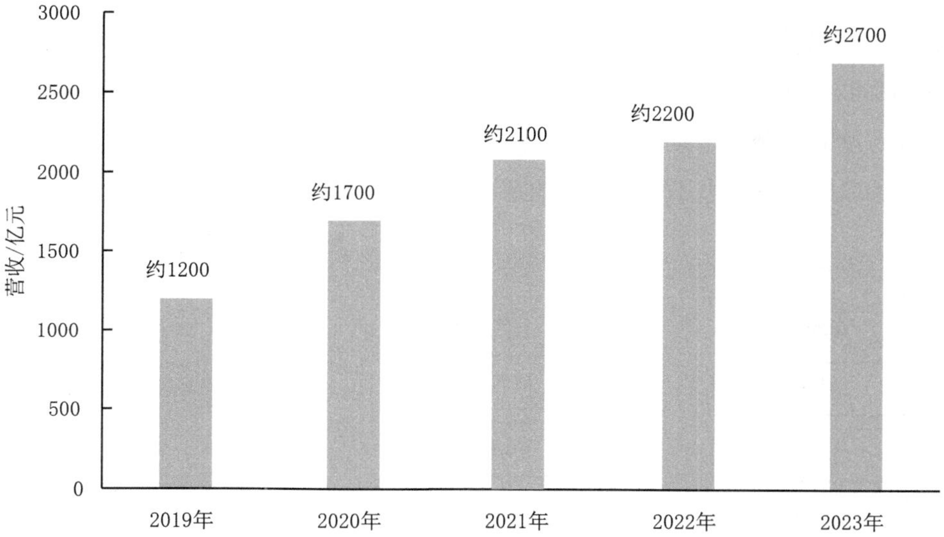

图7-7　2019—2023年广东省半导体及集成电路产业营业收入

资料来源：广东省工业和信息化厅、中商产业研究院。

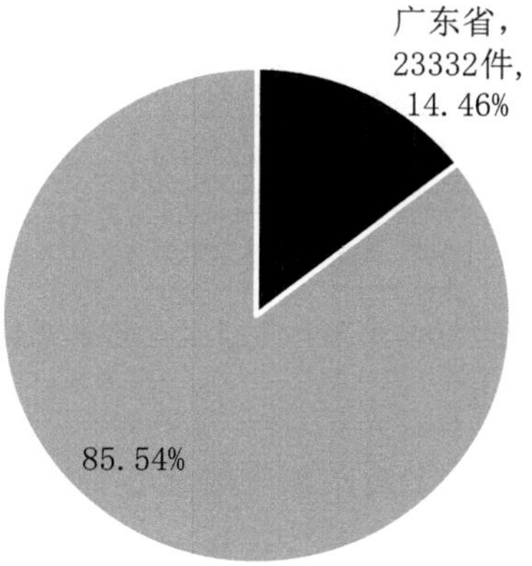

图7-8　2023年广东省半导体及集成电路产业有效发明专利量及全国占比

资料来源：广东省知识产权保护中心。

（二）产业链分析：上游受到技术封锁，中游制造能力偏弱

半导体及集成电路产业链上游是产业发展升级的基础及核心，主要包括三个领域：信息技术，包括布线、仿真、逻辑翻译等EDA软件以及语音、视频、通信等IP模块；生产设备，包括单晶炉、光刻机、蚀刻机等制造设备以及划片机、上芯机、焊线机等封装设备；原材料，包括硅片、光刻胶、抛光材料等制造材料以及切割材料、引线、框架材料等封测材料。产业链中游则包括芯片设计（前端逻辑和后端物理）、晶圆制造（衬底加工、电路光刻、内部互联、薄膜沉积、电路蚀刻）、封装测试（芯片测试、晶圆锯切、焊线互连、塑封电镀）。产业链下游覆盖面十分广泛，如计算机及周边、消费电子、物联网、汽车电子等新兴产业都离不开集成电路芯片（见图7-9）。

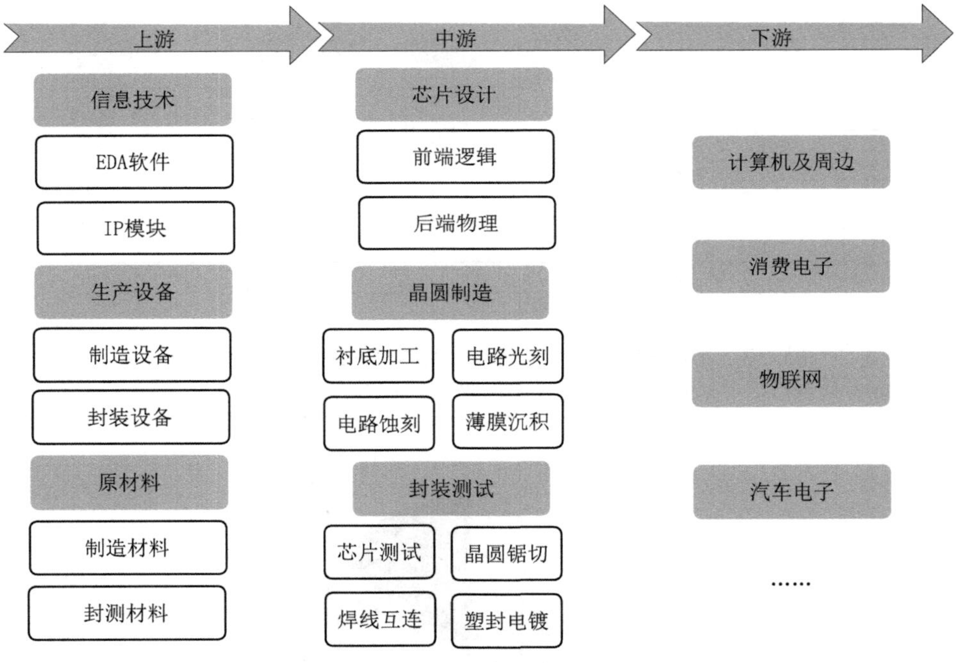

图7–9　半导体及集成电路产业链

资料来源：公开资料。

由于行业技术壁垒高，当前广东半导体及集成电路产业链上游依旧被美日欧掌控，是技术封锁的主要领域。除高纯靶材生产技术由江丰电子等中国企业实现突破外，其他原料及生产设备如硅片、光刻胶、单晶炉等多被日本

的信越化学和三菱、住友垄断。近年来广东在硅衬底、电子特气领域取得了一定突破，但技术水平与国际厂商尚有较大差距，市场占有率较低。EDA软件市场则被美国的新思科技（Synopsys）、铿腾电子（Cadence）以及德国的西门子（Siemens）垄断。

产业链中游则有明显的“偏科”问题，需强化设计能力，补齐制造短板，提升封装测试的高端化水平。广东半导体及集成电路产业在芯片设计领域有明显优势，2022年芯片设计行业营业收入占产业链总营业收入的比重超过50%，拥有海思半导体、中兴微电子、汇顶科技等芯片设计领域龙头公司，但行业整体企业规模普遍较小，高水平设计能力不足。晶圆制造是广东多年的短板，但近年来在政府合理规划下，产能逐渐提升。根据广东省统计局数据，2023年广东集成电路产量685.74亿块，同比增长23.8%，跃居全国第二位。在政府规划文件中，广州将扩大建设12英寸集成电路制造生产线，珠海将重点建设第三代半导体生产线，推动8英寸硅基氮化镓晶圆线扩产，深圳将聚焦28纳米及以下先进制造工艺和射频、传感器、显示驱动等高端工艺。在封装测试领域，广东有一定的基础，拥有沛顿科技、天芯互联、联动科技等主流封测厂商，在存储封装、3D封装等高端封装领域有一定的成果。此外，政府还重视在封装测试领域延长链条，在“十四五”期间着重实施高端封装测试赶超工程，2023年半导体相关项目中约有15个项目与封装测试相关，投资总额超300亿元。

（三）未来趋势：强化技术攻关，加强战略合作与协同发展

未来，广东半导体及集成电路产业将突破关键核心技术，构建高水平创新体系。广东将持续推进重点领域研发计划，在EDA工具、先进封装测试工艺、特色工艺制程、特种装备及零部件等领域开展核心技术攻关。在芯片领域，行业将重点关注用于数据中心及服务器的高性能CPU等高端通用芯片技术研发，同时加大对5G基带芯片、AI芯片、MEMS传感器芯片、物联网芯片、车规级SoC汽车电子芯片等专用芯片的关键技术研发和制造，提高核心芯片自供能力。在创新体系建设上，试行“揭榜挂帅”模式，强化产业导向、结果导向，通过技术入股等方式探索创新链、产业链与资金链的深度融合，

形成创新利益共同体，激发科研单位及科研人员创新动力。

广东半导体及集成电路产业将加强战略合作。行业支持产业链各环节企业构建战略合作关系，推动产业集群虚拟垂直整合，支持终端应用龙头企业通过数据共享、人才引进及培养、产品优先应用等方式培育国内高水平供应链，带动产业链上下游配套企业协同发展，实现上下游保供稳链。此外，政府支持拓展和优化专利预审服务，缩短专利授权周期，完善专利预警机制。

广东半导体及集成电路产业将打造公共服务平台，推动行业整体协同发展。广东将通过加快发展公共服务平台，为业内中小微企业提供EDA工具、芯片架构、系统级芯片设计、快速封测、测试验证等服务。同时支持高校、研发机构、检测验证机构以及龙头企业合作建设产品质量评测、安全可靠性认证等方面的公共服务平台。

四、生物医药产业：设备、原料供应受限，需强化研发

生物医药产业指基于现代生命科学理论，综合运用基因工程、酶工程、细胞工程、蛋白质工程等现代生物技术，研发生产用于疾病预防、诊断、治疗的药物、诊断工具以及医疗设备的产业。随着生物技术的不断突破和市场需求的日益增长，广东省生物医药产业正处于快速发展的黄金时期，展现出强大的生命力和广阔的发展空间。下面将深入探讨广东省生物医药产业的全貌，从产业链的上游原料供应到下游的终端应用，分析广东省如何利用其科研优势和产业基础，推动生物医药产业的创新和成长。

（一）发展概况：增长势头强劲，创新集聚效应显著

广东省是中国生物医药产业重要集聚发展地区，近年来在地方政策大力支持和营商环境、创新环境持续优化的背景下，产业规模稳步扩大，注册企业数量不断增长，创新能力持续增强。全省拥有广州国际生物岛、深圳坪山国家生物产业基地、中山国家健康科技产业基地等多个产业集聚区，已初步形成了以广深为核心、珠中佛莞惠为重点的创新集聚格局。2021年，广东生物医药与健康产业实现增加值1315亿元，生物医药及高性能医疗器械业增加值同比增长15.3%，2022年同比增长12.5%。由于产业基础好、营商环境优

异，从2015年起，广东每年新增的生物医药注册企业都超过1000家。广东省产业创新氛围浓厚，建有国家基因库等一批重要科研基础设施，2023年全省生物医药与健康产业发明专利授权量达12772件，同比增长25.66%，占全国该产业发明专利授权量的16.73%，居全国首位。截至2023年底，全省生物医药与健康产业有效发明专利突破5万件，占全国总量的14.42%，同样居全国首位（见图7-10）。

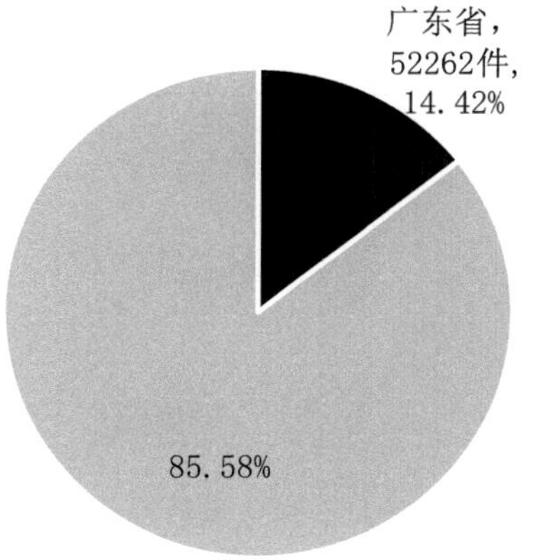

图7-10　截至2023年底，广东省生物医药领域有效发明专利数量及占比

资料来源：广东省知识产权保护中心。

（二）产业链分析：原料、设备自供能力弱，需增强研发创新能力

生物医药产业链上游包括细胞、酶、蛋白质等关键生物原料、试剂耗材及仪器设备、生命科学研究与开发等。产业链中游则负责生物医药制造以及医疗器械制造，生物医药制造涵盖细胞及基因治疗相关产品、抗体药物、重组蛋白等，医疗器械制造则包括体外诊断设备制造、医药耗材制造等。产业链下游则是医药及医疗器械的流通应用，具体应用场景包括各级医院、基层卫生医疗机构乃至家庭用户等（见图7-11）。经过多年发展，广东生物医药产业已形成了较为完善的全产业链布局，产业链配套较为齐全，在生物制药、医疗器械、生物诊断等领域具有较强的竞争力。

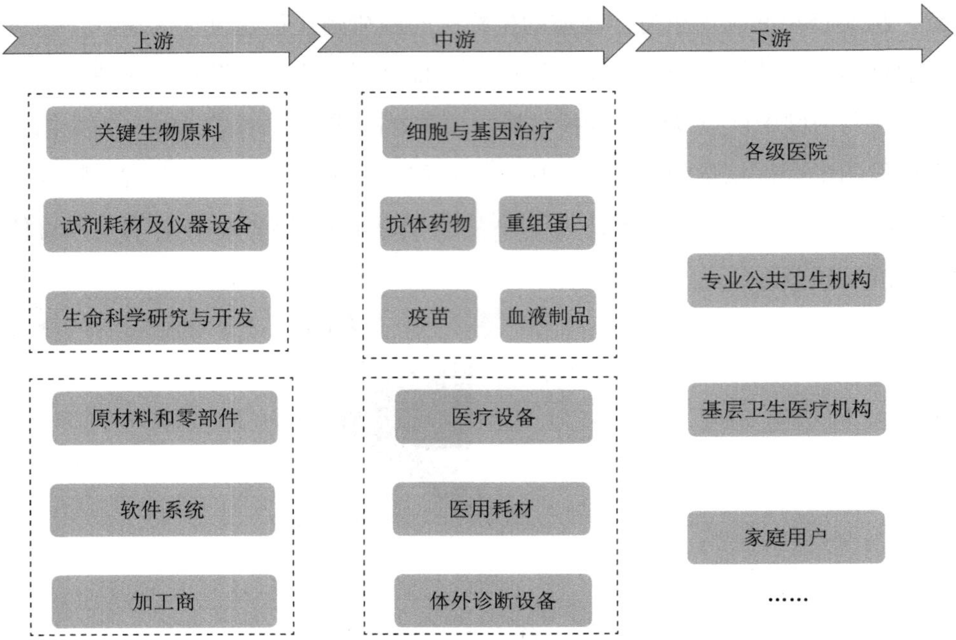

图7-11　生物医药产业链

资料来源：公开资料。

在上游的关键生物原料领域，广东需强化原料自给能力，减少对进口高端设备的依赖。当前，广东拥有华大基因、赛莱拉等细胞采集和存储重点企业，以及生产生物原料的中小企业，但本省产业链在该领域的供应能力还有待提高，大部分生物药企依旧需要从长三角地区采购蛋白类、核酸类原料，用于癌症治疗研究的细胞模型对欧美进口依赖较为严重。在试剂耗材及仪器设备领域，拥有以禾信仪器为代表的质谱仪生产企业以及赛桥生物等培养基生产企业，但整体供应能力较弱，高端仪器设备和关键耗材仍然依靠从长三角地区采购或进口，引物合成仪器、电镜等研究仪器、病毒过滤器、色谱填料等关键耗材都存在被欧美“卡脖子”的风险。

广东在生物医药产业链中游则整体面临研发创新能力不足、产业分布不集中、人才紧缺等挑战。从整体上看，广东生物医药产业中游安全发展面临以下挑战。一是产业研发创新能力不强。首先，受行业特性影响，生物医药产业具有研发投入高、周期长、风险大的特点，中小型企业容易在中途遇到资金困难，而当下中国医药研发外包服务行业（CRO）还在起步阶段，尚不能满足大规模的研发外包需求。其次，当前产业对基础性、理论性研究不够重视，更多公司采取跟随式研发，对新药物靶点、作用机制研究较少。这一方面导致产业原创能力不足，另一方面容易出现同质化竞争，导致赛道拥挤，开发成本大幅提高。二是行业区域分布尚不集中，集群内中小企业偏多，行业集中度低，许多地区没有龙头企业引领，集聚效应不强，产业链整合供应能力有待增强。三是行业人才紧缺，复合型人才供不应求。作为知识密集型产业，生物医药产业对人才的学历要求及技能要求高，人才培养时间长，因此行业整体人才供应存在较大缺口。

从细分领域看，在中游的生物制药行业，广东省企业在血液制品及重组蛋白领域发展较为成熟，拥有科兴制药、赛保尔等重点企业。疫苗领域发展迅速，拥有康泰生物、赛诺菲巴斯德等代表性公司。抗体药物领域有阿达木单抗注射液、派安普利单抗注射液等6个产品获批上市，还有数十个抗体药物产品已经进入III、IV期临床，拥有百奥泰、丽珠单抗等创新型公司。诊断试剂领域有金域医疗和达安基因，其中达安基因的新冠核酸快检产品占据了超过60%的市场份额。在中游医疗设备及器械制造行业，国产替代进程正在提速，其中广深两地发展优势较为明显。当前中低端的医疗器械如监护仪、数字化直接成像系统等国产化替代已基本完成，中高端器械如部分高值耗材（骨科关节耗材、心脏起搏器等）、高端医疗设备［医用内窥镜软镜、核磁共振仪（MRI）、手术机器人等］国产化率偏低，国内相应领域龙头正发力追赶。

（三）未来趋势：区域集聚化发展，聚焦关键技术突破与产业链协同

未来，广东生物医药产业将充分发挥集聚效应，打造产业生态圈。当前行业空间布局正逐步优化，更多生物医药企业及相关科研机构逐渐汇集于广州国际生物岛、深圳光明科学城等区域产业集聚点。根据《广东省发展生物医药与健康战略性支柱产业集群行动计划（2021—2025年）》，广东省人民政府将打造以广州、深圳为核心，以珠海、佛山、惠州、东莞、中山等为重

点的产业创新集聚区，建成10个特色鲜明、规模效益显著、辐射带动效应明显的综合性产业园区。同时各地区将聚焦生物医药不同细分领域，如广州布局高端医疗及研发外包，深圳做精做深高性能医疗器械，珠海重点发展高端制剂等领域，实现差异化定位及协同发展，最终打造完整的生物医药产业生态圈。

广东生物医药产业将强化创新支撑，攻克关键核心技术。在创新体系建设上，广东将建设新型基础设施及体系化创新平台，同时完善产业创新服务体系，加快研发外包、检测检验等创新服务机构建设，还要加强产学研医合作，通过联合共建研究中心、实验室等协同创新平台，推动研究成果产业化发展，另外积极对接国内外创新资源，借助外资吸引、培育更多的前沿人才。在创新支持上，政府将推动省市区各级联动，加大研发资金支持力度，发挥产业投资基金的作用。在创新攻关方向上，行业将聚焦领域技术前沿及产业发展需要，重点关注源头创新和底层基础技术攻关，实现从基础研究到前沿技术开发全创新链布局。

广东生物医药产业将构建梯次化企业培育格局，发挥龙头企业引领作用。广东将围绕梯次化企业培育方向，做大做强产业龙头企业，支持其担任“链主”角色，发挥生态主导作用，同时培育细分领域专精特新企业，孵化未来赛道企业。政府还将引导产业链关联企业开展包括上下游整合、跨界融合等多形式的产业合作，促进大中小企业集群式融合发展。

第二节　新兴产业的产业链特点和创新模式

随着全球经济的数字化转型和创新驱动发展战略的深入实施，新兴产业已成为推动广东省经济高质量发展的关键力量。这些产业以其突破性的技术、创新的商业模式和旺盛的市场活力，不仅重塑了传统产业链的结构，还催生了一系列新的产业组织和运营模式。本节将详细探讨广东省新兴产业的产业链特点和创新模式，并分析这些因素如何共同促进产业的可持续发展和竞争力的提升。

一、产业链特点：技术含量高、协作水平高、辐射面广

新兴产业通常以技术创新为核心，以市场需求为导向，构建了具有高度灵活性和响应能力的产业链。广东省作为我国经济发展的重要引擎，其新兴产业的产业链特点尤其值得关注。下面将从技术含量、协作水平和辐射面三个维度，深入探讨广东省新兴产业的产业链特点，以及这些特点如何影响产业的竞争力和发展潜力。

（一）产业链整体技术含量更高

与传统产业的产业链相比，新兴产业的产业链整体技术含量更高，技术含量的提升不仅推动了产业的快速发展，也为企业带来了显著的竞争优势。从跨境电商产业看，高技术含量体现在利用先进的数据分析和云计算技术进行市场趋势预测、消费者行为分析以及个性化推荐，这些技术的应用大大提高了交易效率和客户满意度。同时，通过物联网技术实现的智能物流和仓储管理，进一步提升了供应链的响应速度和准确性。从人工智能产业看，其在机器学习、深度学习、自然语言处理等前沿技术的研发和应用不仅推动了智能汽车、智慧医疗、智能制造等行业的发展，也为传统产业的升级提供了技术支持和解决方案，从而提高了整个产业链的智能化水平。从半导体及集成电路产业看，高技术含量体现在芯片设计的复杂性、制造工艺的精密性以及新材料、新工艺的不断探索和突破。这些技术的进步为计算机、通信、消费电子等领域的发展提供了强大的硬件支持，同时也推动了整个产业链向更高端的方向发展。

产业链整体技术含量更高，使得新兴产业整体的产品附加值、生产效率、市场反应速度相较传统产业更具优势。首先是产品附加值更高。新兴产业通过技术创新，能够开发出具有高技术含量、高创新性的产品和服务，这些产品和服务往往能够更好地满足市场需求，因此具有更高的市场价值和利润空间。其次是行业自动化、智能化的生产方式大大降低了人工操作的失误率，提高了生产速度和质量。最后是新兴产业通过实时数据分析和快速决

策，能够更快地对市场变化作出反应，及时调整生产和销售策略，抓住市场机遇。

（二）产业链整体协作水平更高

与传统产业相比，新兴产业倾向于通过整合产业链上下游的资源、技术、信息等要素，构建一个相互依存、互利共赢的系统。这种紧密的协作关系促进了资源的有效流动、知识的共享以及技术的快速传播，为整个产业链带来了活力和动力。例如，在跨境电商行业，新兴的电商平台通过整合供应链管理、物流配送、支付解决方案和客户服务，实现了跨国贸易的无缝对接。

产业链整体协作水平的提高至少带来以下三点好处。一是提升了行业创新能力，紧密的产业链协作促进了知识和技术的快速流动，使企业能够更快地吸收和应用新技术，加速产品和服务的创新。二是降低了运营成本和风险，通过资源共享和风险共担，企业能够减少重复投资，优化资源配置，降低生产和运营成本。同时，紧密的协作关系还能够帮助企业更好地预测和应对市场变化，分散经营风险。三是有助于提高产品和服务的质量，增强客户满意度。通过及时反馈终端市场趋势，及时调整上游生产，新兴产业能够更好地满足市场需求。

（三）产业链辐射面更广

与传统产业相比，新兴产业的产业链辐射能力更强，可以渗透并影响多个关联产业并带动其他产业发展。从人工智能产业看，AI技术的广泛应用为制造业、医疗、教育、交通等多个行业带来了智能化升级的可能性，通过算法优化、自动化和智能化解决方案，显著提高了这些行业的生产效率和服务质量。从半导体及集成电路产业看，作为信息技术的核心，其技术进步不仅推动了电子设备的性能提升，还对通信、汽车、工业自动化等众多行业产生了深远影响，为这些行业的技术创新和产品升级提供了硬件基础和支持。

新兴产业的产业链辐射能力提升带来的优势包括以下两点。首先是带动传统产业转型升级，新兴产业的技术外溢和应用推广促使传统产业通过引入先进技术实现生产流程、管理方式和产品服务的革新，增强了传统产业的竞争力和市场适应性。其次是推动市场发展，新兴产业的快速发展和广泛应用开辟了新的市场空间和增长点，为各行各业提供了新的商业机会和创新路径，从而推动了整体经济的多元化和可持续发展。

二、产业链创新模式：开放创新、跨界融合、平台化发展

随着科技进步和市场需求的不断演变，新兴产业的发展正在推动产业链创新模式的变革。这些模式不仅激发了产业内部的创新活力，还促进了跨领域的技术融合和商业实践的革新。广东省作为我国经济发展的重要引擎，其新兴产业的创新模式尤为关键，它们是推动区域经济持续增长和产业升级的重要力量。

（一）产业链更强调开放式创新

开放式创新是指企业或组织与外部合作伙伴共享资源、知识和技术，以加速创新过程并推动产品和服务的发展。这种创新模式强调开放性和合作性，通过与其他实体共享想法和资源，可以更快地推出新产品或服务，提高市场竞争力。开放式创新还可以促进跨学科合作和跨国界合作，为解决复杂问题和推动技术进步提供更多的可能性。新兴产业如人工智能、生物医药等作为知识和技术密集型产业，其发展需要跨学科、跨领域的知识整合，以及高度复杂的技术创新。传统的封闭式创新模式已经无法满足新兴产业快速发展的需求，因此，行业间的开放合作和跨界融合成为了必然选择。在这一模式下，不同的利益相关者，包括企业、研发机构、政府机构以及消费者，都可以参与产业链的创新。企业不再仅仅依赖内部的研发资源，而是通过与外部的研究机构、高校以及行业内其他公司乃至其他行业合作，共同开发新技术、新产品。这种跨界合作和知识共享有助于拓宽创新的边界，提高创新的效率。以广东粤港澳大湾区协同创新研究院为例，该研发机构通过“龙头企业整合创新工程”与视源电子、TCL等企业联合攻关产业链关键技术，以及通过“中小企业协同创新工程”将成果以技术增资等方式注入中小企业，还与斯坦福大学、牛津大学等世界名校组建前沿实验室，引进基础研究成果，实现了技术资源、专业能力、产业资源等的高效融合。2023年，该机构累计实

施了35项具有国际先进水平的项目，涵盖医疗设备、生物医药、先进制造等领域，研发出8项重大技术，其中“智能超灵敏活细胞超分辨显微镜”打破了高端显微镜的国际垄断。

（二）产业链更凸显跨界融合

产业融合是指不同产业之间相互融合、交叉、渗透，形成新的产业链、价值链和创新链的过程。这种融合可以促进不同行业之间的资源共享、技术交流和创新合作，推动产业结构升级和经济发展。在数字化技术驱动的时代，各行业之间的界限变得模糊且不再重要，促使企业打破原有的行业界限，开展合作与创新，寻求多维度的发展。许多新兴产业的诞生来源于产业跨界融合，人工智能、生物医药、新能源、新材料、高端制造设备等战略性新兴产业均来源于跨学科技术的交叉融合，生物医药产业中广泛应用的合成生物技术便是生物学与工程学、材料学等学科交叉融合的新兴技术。新兴产业与传统产业的结合，不仅使传统产业生产效率大幅提升，更创造了新产品、新业态、新模式，使传统产业找到新增长点，焕发新活力。在大数据、物联网、人工智能等新兴技术赋能下，传统制造业实现了柔性制造、智能生产，逐步向高端制造业跃升。生物技术、纳米材料、传感技术、信息技术与纺织服装业结合后诞生了智能调温材料服装。互联网产业、人工智能产业跨界融入汽车制造业，创造了智能网联汽车产业、智能驾驶汽车产业。近年来，全国多地旅游城市争相举办电竞赛事，电子竞技产业与旅游产业结合，诞生了“电竞+文旅”的新兴产业模式，开发了具有地方文化特色的电竞文旅产品，扩展了旅游行业产业链。以上种种，均是新兴产业产业链跨界融合创新的实例。跨界融合创新不仅使新兴产业自身生态不断完善，更促进了传统产业的转型升级，产业协同效应使产业竞争力得以提升，也增强了产业链供应链的韧性。

（三）产业链更倾向平台化发展

产业平台化模式是一种基于平台经济理念的产业组织模式，它通过建立开放、共享的平台，吸引各类参与者共同参与创新、合作和价值创造。这种模式突破了传统产业链的垂直整合结构，将参与者从单一的供应链中解放出来，实现了多方面的协同和共享，通过构建生态系统，推动了整个产业链的发展和升级。

与传统产业链的垂直整合模式相比，平台化模式具有以下几个核心特点。一是平台开放性。产业平台向第三方开放其技术或商业接口，允许外部开发者、创业公司等不同类型的参与者利用平台资源进行创新和提供服务。二是参与者多样性。平台参与者的角色和身份多样，包括供应商、消费者、开发者等，形成多元化的生态系统。三是资源共享性。平台上的资源，包括数据、技术、信息和创意等均是共享的，平台鼓励不同参与者的连接和互动，以此促进新的产品、服务和解决方案的开发，通过合作实现共赢。四是技术、创新驱动性。技术是产业平台化模式的基础，平台的构建通常依赖于先进的技术支持，如云计算、大数据、人工智能等。此外，产业平台提供了创新的基础设施和服务，如技术支持、市场推广、资金投资等，激发了参与者的创新活力，在共同探索新商业模式和发展路径中推动产业链不断升级，形成良性循环。五是用户导向性。平台化模式更注重用户体验和个性化需求，通过用户参与和反馈机制，不断改进产品和服务，提升用户满意度。

相较传统的垂直整合模式，产业平台化模式具有几个明显的优势。一是能更灵活地应对市场变化。平台化模式的开放性、资源共享性打破了产业链各环节的相对孤立以及垄断企业对创新资源的限制，提高了产业链的灵活性和适应性。二是能促进创新。平台开放的环境有利于吸引各类参与者共同合作，加速技术和商业模式创新，推动产业链的发展和升级。三是能提高效率和优化资源配置。平台互联互通可以提高产业链上下游沟通和协作的效率，也能更有效地匹配供需双方，实现资源最大化利用，促进资源的优化配置。四是能满足客户个性化需求。产业链的灵活性使其能迅速响应市场需求，同时由于产业平台对先进生产技术和信息技术的推广，产业链各环节提高了柔性制造和智能制造的能力，在市场和用户体验驱动下，能实现产品功能、外观设计、服务模式等的定制化需求。

第三节　新兴产业产业链安全发展的挑战和机遇

在新兴产业迅猛发展的今天，保障产业链的安全发展成了广东省面临的关键任务。本节将分析广东新兴产业产业链当前所遭遇的挑战，如供应链的脆弱性，以及这些挑战带来的转型升级机遇，进而探讨如何通过政策支持、技术创新和市场机制，实现产业链的稳健发展。

一、新兴产业产业链安全发展面临的挑战

下面将深入探讨新兴产业产业链安全发展面临的挑战，包括原材料供应的不确定性、技术创新的制约以及人才和融资的瓶颈问题，旨在为产业链的稳定与优化提供策略性建议。

（一）产业链存在“脱钩断链”风险

随着我国在科技领域竞争力的不断提升，部分西方国家对我国实施技术封锁且手段不断升级，导致我国关键材料和设备、核心技术被“卡脖子”，“脱钩断链”风险大。近几年，美国陆续发布《2021年战略竞争法案》《无尽前沿法案》《2022年美国竞争法案》《芯片和科学法案》等一系列法案，对中国的高科技发展实施了更为严格的限制措施。在“十三五”期间，我国一些高科技领军企业就已遭受了关键技术断供的严重影响。如2019年美国将我国的大疆科技、华为、中兴通讯、海能达通信等一大批高科技企业与科研机构列入其高新技术出口管制清单，并对新兴产业加强技术出口管制。展望“十五五”，这种风险仍难以避免。此外，所谓的“印太经济框架”“芯片四方联盟”等国际组织也对中国实施科技封锁，凸显了我国在新兴技术领域面临的严峻挑战。

（二）高端人才存在结构性短缺

当前，广东现有人才国际化程度不足，尚未形成全球人才库。尽管拥有庞大的人才基础，但与国际先进水平相比，广东在人才结构和招纳能力上仍存在差距。现有科研与产业化机会对海外人才开放程度不高，人才招揽计划

偏重华裔，且海外人才回归便利性不足，在出入境、工作居留、医疗教育配套等方面仍存不足。此外，在人才培育方面，现有教育与培训体系的发展速度跟不上产业发展速度，产业发展与人才培育体系不匹配，导致人才培育与产业需求之间存在脱节现象。特别是在人工智能、半导体及集成电路、生物医药等战略性新兴产业领域，领军人才的缺口尤为突出。现有的人才储备和培育机制，远远不能满足这些领域快速发展的需求。

（三）产业融资存在困难

新兴产业技术含量高且培育发展时间长，需要持续投入研发资金，因而对资金的需求较高。但大部分新兴产业的中小企业在初创期具有“轻资产、高风险”的特点，与商业银行信贷的安全性原则存在矛盾，因而在传统融资渠道难以获得有效资金支持。当前我国创投体系尚未健全，创投资金在支持战略性新兴产业发展上的作用未能充分发挥。此外，由于新冠疫情后国际经济形势日益严峻，所以新兴产业企业海外资金链问题突出。2023年首季度，海外募资活动遭遇寒流，仅8支外币基金完成关账，较去年同期下降超过70%，募资总额同比减少41.5%。同时，中国企业赴美上市的难度也在增加，2022年，仅14家中国企业成功在美上市，较过去几年下降超50% 。2022年3月，美国证监会开始将多家中国在美上市公司列入“预摘牌名单”，加剧了这些企业的融资风险。

二、新兴产业产业链安全发展存在的机遇

广东省新兴产业产业链安全发展面临挑战的同时，也拥有独特的发展机遇。下面将探讨如何通过政策支持、技术创新和市场机制，将挑战转化为促进产业链升级和增强竞争力的契机。

（一）政策助力弥补产业链短板

广东省在新兴产业的规划和发展上持续优化，通过更新政策文件和制定前瞻性的产业集群行动计划，推动新兴产业安全稳定发展。广东首先启动了“突围工程”，积极参与国家制造业重点产业链的高质量发展行动。同时，还开展了“百链韧性提升”专项行动，旨在提升产业链供应链的韧性与安全

性。2023年，全省20个战略性产业集群增加值同比增长5.2%。在重大项目推进方面，广东聚焦50亿元以上的制造业重大项目，推动总投资近9000亿元的项目加速落地，使得全省工业投资同比增长22.2%，创下自2006年以来的最高增速。在研究开发方面，广东深入实施基础研究十年“卓粤”计划，推动国家实验室、省实验室提质增效，提升基础研究综合能力水平，为新兴产业产业链安全发展打造战略科技力量。目前，广东已经建立了以鹏城实验室和广州国家实验室为龙头，包括省实验室、全国重点实验室和粤港澳联合实验室在内的完善的实验室体系。此外，粤港澳三地依托横琴、前海、南沙等重大平台，促进大湾区创新合作。在高技术人才培养方面，2023年10月，广东省发布《关于加强新时代广东高技能人才队伍建设的实施意见》，从培养、使用、评价和激励四个关键维度出发，提出了一系列创新性措施，以构建与新时代发展相适应的高技能人才队伍。

（二）产业发展打下较好基础

首先，广东省齐全的工业门类以及领先的制造业规模，为新兴产业发展奠定了基础。中国拥有41个工业大类、207个工业中类、666个工业小类，是全世界唯一拥有联合国产业分类中全部工业门类的国家，且已建立了全球最完整的现代工业体系，而广东省拥有41个工业大类中的35个，工业规模约占全国的八分之一，拥有全部31个制造业大类，其中15个规模位居全国第一，为新兴产业发展奠定了扎实的产业基础。

其次，广东在新兴产业领域也取得了一系列显著发展成果。从不同行业来看，在芯片制造领域，“广东强芯”工程成功建成了国内首条高端纯商业化光掩模产线、省内首条碳化硅产线以及两条12英寸芯片制造产线等关键项目。在核心软件领域，广东举办了2023工业软件生态大会，组建了广东省工业软件创新中心，并建成广州、深圳、东莞三个试点应用推广基地，有7款工业软件获评工业和信息化部优秀工业软件。在生物医药领域，深圳湾实验室成功搭建的超高通量药物筛选平台，不仅在国内规模最大、技术水平最高，还具备工业级别的标准，为药物研发领域提供了有力支持。从新兴产业企业数量和质量的角度看，战略性新兴产业上市公司占比较大。截至2023年底，广东共有871家A股上市公司，其中693家属于战略性新兴产业。全国科创独角兽企业百强榜中，广东省共有16家企业上榜。2023年，广东有658家企业入选全国第五批专精特新“小巨人”企业认定名单，入围数量再创新高，占全国的17.9%，全省共有高新技术企业76288家，连续8年排名全国第一。

（三）科技金融助力融资需求

首先，广东已初步建立了全方位、多层次的科技金融服务体系，为科技型企业的发展提供了强有力的金融支持。在传统银行信贷领域的政策引导下，各大银行创新信贷模式，赋能广东科技企业发展。根据广东省省情调查研究中心数据，截至2023年9月底，广东高新技术企业贷款余额2.3万亿元，同比增长23.8%，增速比各项贷款高13.7%；科技型中小企业贷款余额3199亿元，同比增长24.9%，增速比各项贷款高14.9%。其次，广东加大了对政府性引导基金的整合力度，截至2023年6月底已经有30支政府引导基金和13支市场化母基金，对引导新兴产业发展和引入社会资本发挥了重要作用。最后，广东重视畅通科技型企业的直接融资渠道，2023年广东省一级市场上的人工智能、智能制造、医疗健康领域分别发生融资事件167起、333起和165起，超越北京和上海。

第四节　新兴产业如何提高产业链的韧性与安全性

尽管广东省新兴产业在推动经济结构优化和增长动力转换中发挥了关键作用，但同时也面临着供应链的脆弱性、核心技术受制于人以及高端人才和资金的制约等多重挑战。这些挑战不仅考验着新兴产业的短期应对能力，而且对可持续发展构成了潜在威胁。站在新的发展起点，广东省新兴产业亟须通过一系列创新举措，全面提升其产业链的韧性与安全性，确保在全球日益复杂多变的经济环境中稳健发展。本节将重点探讨如何通过加强新兴技术的应用、强化研发创新能力以及推动人才培育和引进等策略，为广东省新兴产业的高质量发展提供坚实的支撑。

一、加强新兴技术应用，提升产业链现代化水平

（一）运用区块链技术，提升产业链透明度和防范管理风险

区块链技术通过其去中心化和不可篡改的特性，显著提升了产业链的透明度和安全性。分布式账本技术确保了所有参与方能够访问实时且一致的信息，有效解决了信息孤岛和信任问题，提高了信息共享和合作效率。智能合约使合同执行过程自动化，减少了人为错误和合同履行风险。同时，区块链的可追溯性为追踪产品来源和交易历史提供了有效手段，增强了风险管理和应急响应能力，为产业链的稳健运行提供了有力支持。

（二）运用物联网技术，实现全链条可视化和助力科学决策

物联网技术在生产和物流环节大幅提升了效率和安全性。在生产过程中，传感器和设备的连接实现了实时监控，关键参数如设备状态、生产进度和环境条件都能即时获取，并通过中央数据库供管理层远程访问，提高了决策的灵活性并简化了生产管理。在物流方面，物联网结合传感器和GPS技术，实现了货物运输的实时跟踪和状态监控，提升了运输效率和安全性。例如，冷链物流中的温度监控保障了商品质量。此外，RFID等技术增强了供应链的可追溯性，能够帮助企业有效防范风险并应对质量问题。

（三）运用人工智能技术，实现智能生产和供应链优化

人工智能技术通过预测性维护、市场趋势分析和智能供应链管理等手段，提高决策质量和资源配置效率，正改变着产业链的运作方式。预测性维护利用设备数据预测潜在故障，帮助企业提前维护，缩短停机时间，降低维护成本。市场趋势分析则通过分析销售、库存和社交媒体等数据，进行深入的市场洞察，帮助企业精准预测需求，制定战略。在智能供应链管理方面，人工智能通过机器学习评估供应商表现，优化交付时间和路线。这不仅提升了供应商选择的准确性，还使企业能够及时应对潜在的供应链风险，提高物流效率，减少库存相关损失。

二、强化研发创新能力，夯实产业发展基础

（一）疏通关键核心技术堵点

疏通关键核心技术堵点是解决新兴产业“卡脖子”困境的关键。从需求导向着手，集中资源于高端芯片、操作系统、精密仪器设备和先进材料等核心领域，定期制定“重点领域补短板产品和关键技术攻关指导目录”，确保研发工作有明确的方向和目标。充分发挥龙头企业的带动作用，引导其在技术研发中承担更多的责任，同时推动中小企业在各自专业领域内深耕细作，实现协同创新。鼓励各类企业积极参与定向委托或“揭榜挂帅”等模式的科研项目，形成多方参与、竞相发展的良好局面。通过这些举措，不断在前沿技术和颠覆性技术上取得重大突破，推动产业整体水平的提升和关键核心技术的自主可控。

（二）健全产业技术创新体系

健全产业技术创新体系是提升新兴产业研发创新能力的关键。通过构建一个以市场为导向、以企业为主体、产学研深度融合的创新网络，适应“产业链、创新链、资金链、人才链”融合发展的新趋势。首先，要鼓励企业增加研发投入，支持其在关键技术领域实现突破，形成自主知识产权。其次，应促进高校和研究机构与企业的紧密合作，通过联合研发项目、共享实验室等方式，加速科技成果的转化。再次，建立开放的创新平台，吸引全球创新资源，促进知识与技术的交流与合作。最后，完善政策支持体系，为技术创新提供税收优惠、资金扶持和知识产权保护等激励措施。

（三）提高关键核心技术创新成果转化率

提高关键核心技术创新成果转化率是保障新兴产业研发创新可持续发展的重要举措。首先，应完善战略性新兴产业的研制一体化评估机制，确保技术创新成果在产业发展中发挥最大效益。通过建立国家层面的关键核心技术创新成果转化对接平台，实现技术供需双方的高效对接，加速技术成果转化进程。其次，应丰富技术创新成果转化渠道，探索技术拍卖、知识产权质押融资等多样化转化方式，确保技术创新成果能够迅速进入市场。最后，应开

展针对性的技术创新成果转移和孵化服务，建设专业化的技术创新成果转移机构和孵化器，为技术创新成果提供全方位的支持服务，加速技术商品化和产业化进程。

三、推动人才培育引进，构筑产业核心竞争力

（一）积极推进本地人才培养

企业要准确把握产业发展新趋势，与高等教育机构合作，针对产业需求培养具备创新精神和创业能力的专业人才。通过定期调研和分析，明确未来几年内的关键岗位和技能需求，制定相应的培养计划。鼓励研究型大学设置交叉型专业，填补前沿领域创新人才的缺失，深化职业教育院校产教融合发展。此外，政府应出台相关政策，提供资金支持和激励措施，鼓励地方企业参与本地人才培养。通过设立奖学金、培训补贴等方式，吸引优秀人才留在本地发展，为新兴产业提供持续的人才供给。

（二）积极引进国际创新人才

首先，实施精准化的人才引进政策，制定更加开放和便利的境外人才引进和出入境管理措施，通过简化签证流程，提供居留便利，吸引全球高层次人才前来工作和定居。与此同时，建立与国际标准接轨的高层次人才招聘、薪酬、评价、考核、科研资助和管理体系，确保引进的人才能迅速融入本地创新生态，充分发挥其潜力。其次，实行紧缺人才清单制度，靶向引进“高精尖缺”创新人才和团队。定期发布紧缺人才清单，明确新兴产业急需的专业和技能，开展全球猎头行动，精准锁定目标人才。政府和企业应共同出资，提供具有竞争力的薪酬和科研资助，吸引国际顶尖人才加盟。最后，推动国际合作，促进国内外创新人才的交流。通过设立国际创新中心和举办全球创新论坛，搭建跨国界的交流平台，吸引全球创新资源汇聚。推动国内企业与国际顶尖科研机构、高校建立长期合作关系，共同开展前沿技术研究和成果转化，提升新兴产业的国际竞争力。

第八章

广东省未来产业的产业链安全发展分析[①]

本章主要研究的是未来产业的发展，因相关产业尚未成熟，广东省在该领域的发展体系有待完善。本研究将立足全国视角，聚焦广东省未来产业的产业链分析，进一步总结广东省在未来产业上的布局和战略，指出广东省各个未来产业产业链安全发展的挑战和机遇，并探讨培养创新能力和人才队伍的重要性。

未来产业的发展由前沿技术驱动，当前处于产业化初期，是前瞻性的新兴产业。大力发展未来产业，是引领科技进步、带动产业升级、培育新质生产力的战略选择。到2027年，未来产业综合实力将显著提升，部分领域有望实现全球引领。届时，关键核心技术取得重大突破，一批新技术、新产品、新业态、新模式将得到广泛应用，重点产业实现规模化发展。广东将培育一批生态主导型领军企业，构建未来产业和优势产业、新兴产业、传统产业协同联动的发展格局，形成可持续发展的长效机制，成为世界未来产业的重要策源地。

在前瞻布局兼具颠覆性功能和广泛市场需求的未来产业方面，广东提出，抓紧实施未来电子信息、未来智能装备、未来生命健康、未来材料、未来绿色低碳等五大未来产业集群行动计划，采用多技术路线平行探索的方法抢占技术制高点，下好先手棋，打造广东产业新引擎。广东省先后发布了《广东省培育未来材料产业集群行动计划》《广东省培育未来生命健康产业集群行动计划》等政策文件，积极布局未来产业在广东省的发展。广东在前瞻布局兼具颠覆性功能和广泛市场需求的未来产业上具有多方面优势。广东

① 本章第一执笔人为暨南大学产业经济研究院张文娟。

拥有雄厚的产业基础和完善的产业链配套能力，为未来产业发展提供了坚实的支撑。同时，广东具有开放包容的创新环境和丰富的人才资源，具备广泛的国际合作交流渠道，有利于未来产业在全球范围内的竞争与发展。

第一节　广东省未来产业的产业链分析

“十四五”期间，广东省提出引领产业变革的技术突破，着力推动未来产业不断探索的经济增长点。但不管是从广东省还是全国范围来看，未来产业的发展均处于萌芽期，对广东省未来产业的分析要向全国看齐，积极打造广东省在未来产业上的全国领先地位。

一、未来电子信息：卫星互联网产业

卫星互联网需要通过发射一定数量的卫星形成规模组网，以辐射全球，构建具备实时信息处理能力的卫星系统，它是基于卫星通信的互联网，是一种新型网络。

（一）发展概况：内外环境大力支持，产业链安全稳定发展

第一，产业规模全国领先，保持持续增长。2021年，珠三角地区卫星导航与位置服务产业的总产值达967亿元，占全国的20.62%，较2020年增长146亿元，增长率17.78%（见图8–1）。

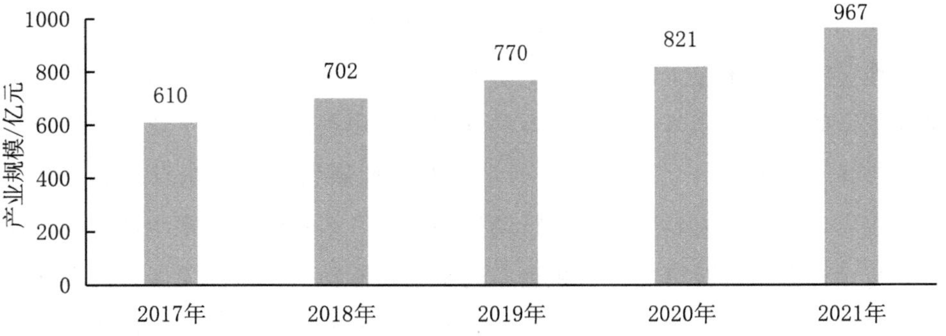

图8–1　2017—2021年珠三角地区卫星导航与位置服务产业规模

资料来源：前瞻经济学。

第二，政策大力扶持，发展环境良好。广东省重视卫星互联网产业的发展，积极布局卫星互联网产业的发展。国家和广东省的相关政策均为广东省卫星互联网产业提供了良好的发展环境（见表8-1）。

表8-1 卫星互联网产业相关政策文件

政策文件名称	发布时间	发布单位	主要内容
《广东省制造业高质量发展“十四五”规划》	2021年7月	广东省人民政府	高起点谋划发展战略性支柱产业、战略性新兴产业以及未来产业。打造卫星装备产业集聚区，支持以广州为首的4个地市建立卫星产业园区和产业基地
《“十四五”国家应急体系规划》	2021年12月	国务院	稳步推进卫星遥感网建设，开发应急减灾卫星综合应用系统和自主运行管理平台，推动空基卫星遥感网在防灾减灾救灾、应急救援管理中的应用
《扩大内需战略规划纲要（2022—2035年）》	2022年12月	中共中央、国务院	加快物联网、工业互联网、卫星互联网、千兆光网建设，构建全国一体化大数据中心体系，布局建设大数据中心国家枢纽节点，推动人工智能、云计算等广泛、深度应用，促进“云、网、端”资源要素相互融合、智能配置。以需求为导向，增强国家广域量子保密通信骨干网络服务能力
《关于电信设备进网许可制度若干改革举措的通告》	2023年1月	工业和信息化部	对卫星互联网设备、功能虚拟化设备，按照《电信条例》《电信设备进网管理办法》等规定，纳入现行进网许可管理

第三，处于发展初期，发展机遇较大。我国的卫星互联网产业已经经历了近十年的发展（见图8-2）。广东省顺应国家发展趋势，积极布局卫星互联网产业发展，推动相关产业建设，但目前尚处于产业发展初期，存在较大的发展空间与机遇。

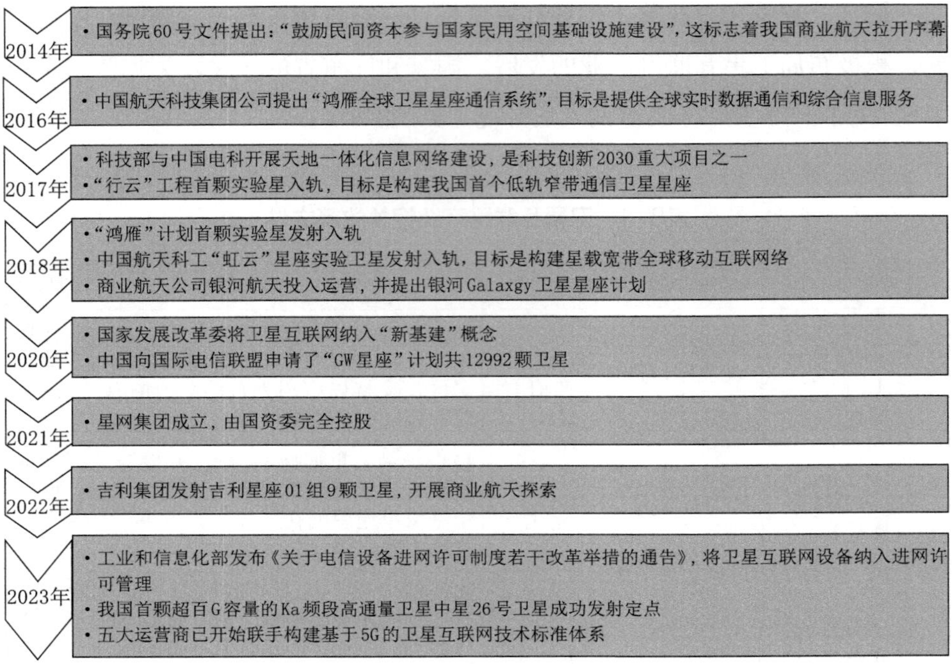

图8-2　我国卫星互联网产业发展历程

资料来源：公开资料。

第四，企业数量少，存在成长空间。广东省在卫星互联网产业的发展历程中取得了一定的成就。该产业涵盖卫星通信、卫星导航、卫星制造、卫星应用及相关技术服务等领域，广东省内卫星互联网企业在卫星制造等关键环节发挥着重要作用。目前，广东省已经累计存在7家卫星互联网相关企业，未来有望进一步增加，其中代表性企业有航宇微等。2014—2023年广东省卫星互联网产业每年新增企业数变化见图8-3。

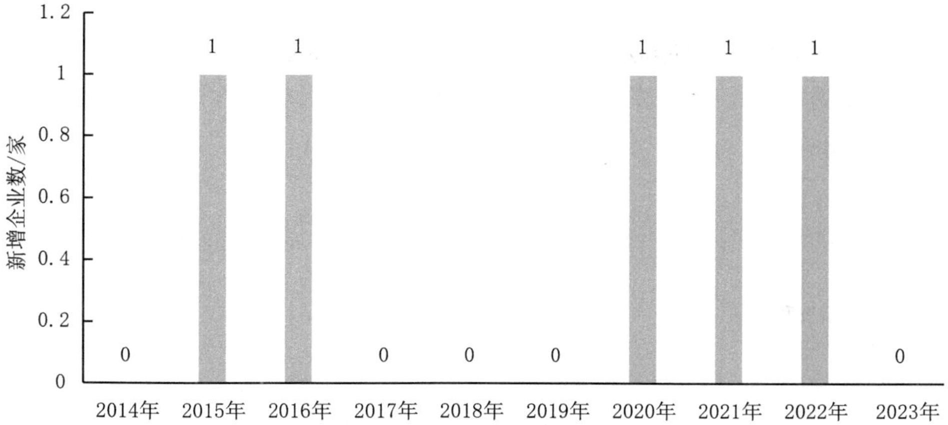

图8-3　2014—2023年广东省卫星互联网产业每年新增企业数变化图

资料来源：企查查。

第五，产业规划完善，研发基地多地布局。目前广东省已经建成多个卫星产业基地，包括广东省卫星导航产业示范基地、珠海地理信息和卫星产业研发制造基地等（见表8-2）。

表8-2　广东省卫星产业基地空间布局

地区	基地
广州	广东省北斗卫星导航产业（广州）基地
	广东省卫星导航产业示范基地
中山	广东北斗卫星导航（中山）产业化基地
珠海	珠海地理信息和卫星产业研发制造基地
汕头	中国卫星广东汕头航天技术转化中心

资料来源：前瞻产业研究院。

（二）产业链分析：链条完备，核心技术或成产业链韧性发展突破点

（1）卫星互联网产业链构成。广东省卫星互联网产业链发展成熟，包括卫星研发和制造、卫星发射、地面设备设立以及卫星运营及服务四个环节（见图8-4）。

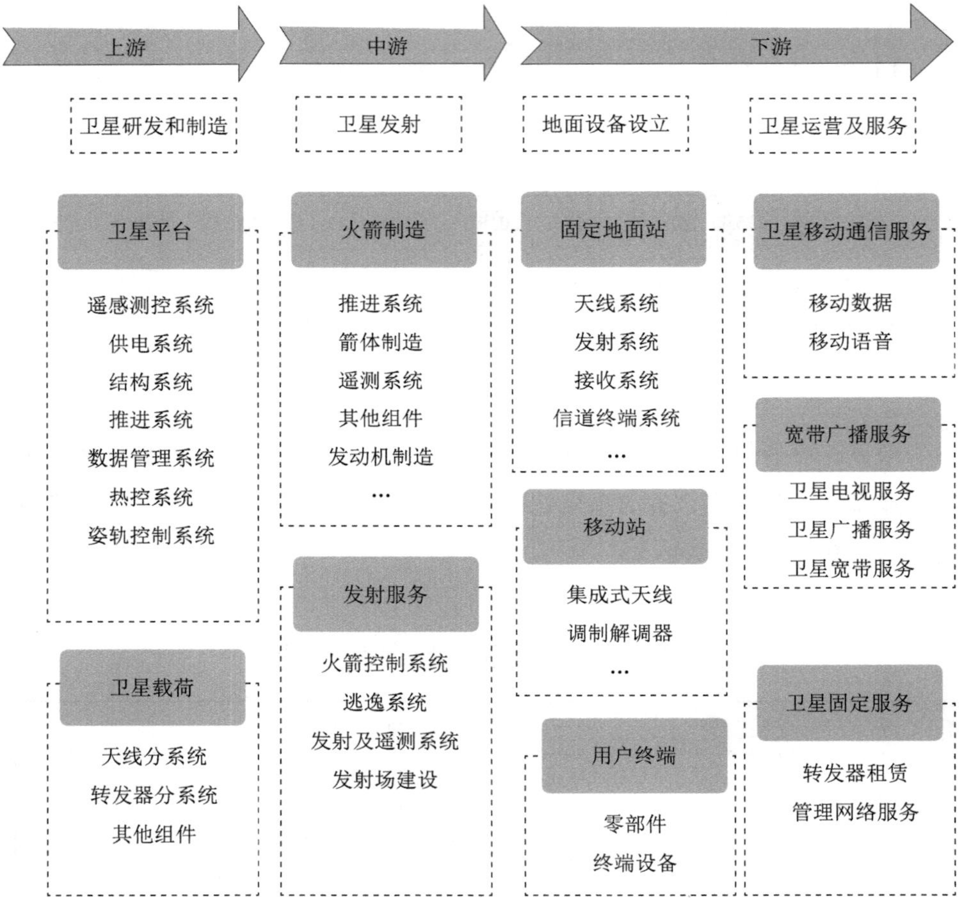

图8-4　卫星互联网产业链

资料来源：开源证券研究所。

（2）广东省卫星互联网产业链优势：技术和合作积极发展，市场和基础设施完备。具体而言，第一，在上游卫星研发和制造方面，广东省已经涉足卫星研发和制造领域，培育了一些专注于卫星制造的企业或组织，参与卫星的设计、研发、组装和测试工作，具备一定的技术优势。第二，在中游卫

星发射方面，卫星发射是卫星互联网产业链的关键环节之一，广东省通过合作或合资形式与其他相关企业合作，推动卫星的发射工作。广东省将开放发展的观念融入实际，实现了政企合作。第三，在下游地面设备设立方面，地面基地是卫星互联网的接入点，负责接收来自卫星的信号并与终端设备进行通信，广东省的卫星互联网产业链同样涉及地面基站的建设和运营。终端设备是用户使用的接收和发送卫星信号的设备，包括卫星电话、卫星无线路由器、卫星移动通信终端等。广东省的卫星互联网产业链中也涉及终端设备的制造和供应，下游设施的建造是广东省卫星互联网产业发展的一大优势。第四，在下游卫星运营及服务商方面，卫星互联网产业链中的服务提供商担负着卫星通信、导航等服务的提供和运营工作，广东省已经涌现出一些优质的卫星互联网服务提供商，通过与卫星运营商合作，向用户提供卫星互联网相关的服务。产业下游充满市场活力是广东省卫星互联网产业发展的一大优势。

（3）广东省卫星互联网产业链问题：前沿技术和本土企业活力不强，市场监督管理不足。具体而言，第一，在上游卫星研发和制造方面，相关前沿技术还需进一步突破，相关企业在技术能力、产能等方面仍旧不足，在未来要继续加大投入。第二，在中游卫星发射方面，与其他企业的合作可能存在不稳定因素，需要加大投入培育本土企业。第三，在下游地面设备设立方面，需要完善已有的地面建设，使设施更加完备全面，同时，在服务提供方面，市场管理可能存在不足，需要加强对服务提供商的管理。

（三）未来发展趋势：应用需求扩大，政策支持降低研发成本

第一，需求扩大，产业市场进一步扩展。在未来，广东省卫星互联网产业有望继续保持良好的发展势头。随着数字经济和信息化的快速发展，对卫星互联网的需求将进一步增大，进一步推动了产业的发展。卫星互联网应用落地场景主要包括卫星广播电视、卫星宽带接入、卫星移动通信、卫星物联网。此外，卫星互联网在航空、海事、电力等领域均有应用。由卫星广播电视用户变化趋势可以看出卫星互联网产业需求在不断增长（见图8-5）。

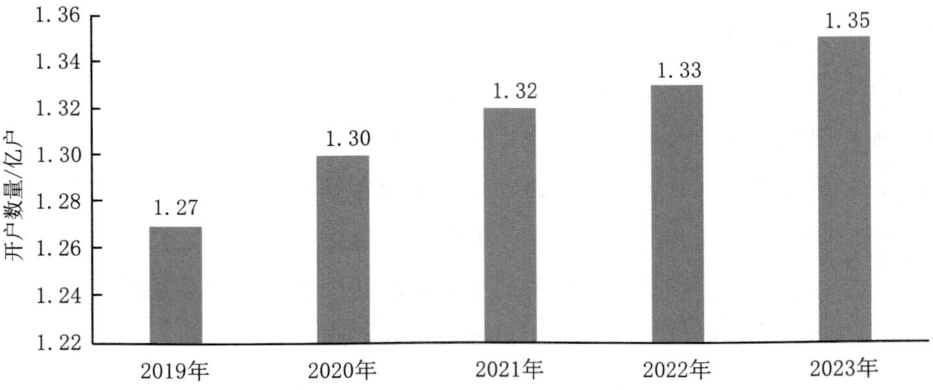

图8-5　2019—2023年我国卫星广播电视累计开户数量

资料来源：国家广播电视总局。

第二，加大政策支持并推进科研创新，降低建设成本。广东省还将继续加大政策支持力度，积极推动卫星互联网技术研究和创新，培育一批领先企业和高端技术团队。未来，卫星互联网产业有望在广东省成为重要的战略性支柱产业和新兴产业。卫星互联网未来发展趋势如图8-6所示。

高通量通信卫星向高频段发展	• 高通量卫星一般选用C、Ku和Ka频段。C频段和Ku频段宽带有限且发展较早，目前已经接近饱和，现今大多数高通量卫星均采用Ka频段作为发射首选。日益紧张的频谱空间资源已经成为制约卫星通信发展的重要因素，高通量卫星不断增长的带宽需求将推动卫星通信向频率更高的Q/V频段进行发展
构建空天地一体化网络安全保障	• 卫星网络与空间飞行器、地面站等有机融合，形成天地一体化信息网络。由于此网络存在陆、海、空等多个层级的空间特殊性，导致其面临来自不同层面的安全威胁。未来，中国卫星互联网应构建空天地一体化网络安全保障体系，有效应对身份认证、安全路由、安全传输等多种威胁，形成覆盖卫星、基站、系统、终端在内的一体化纵深防御体系
助力万物互联实现全覆盖新型应用	• 卫星互联网是对我国超过70%没有信息接入能力区域的联网必要补充。全区域覆盖将助力我国实现天空、水体、土壤等全生态环境保护；实现对河水水位流量、农业病虫害、森林火灾、地震等的灾害预警；实现电力物联网对偏远无人地区的电力设施及线路的实时布控

图8-6　卫星互联网未来发展趋势

资料来源：前瞻产业研究院。

二、未来电子信息：光通信产业

国家正大力推进现代化产业体系建设，加快发展新质生产力，而新质生产力的核心要义是以科技创新驱动生产力向新的质态跃升。随着新一轮科技革命和产业变革在全球深入发展，各领域对信息通信网络的依赖不断增强，夯实5G、数据中心、算力网络、千兆光网等信息基础设施成为国际共识。光通信技术已成为国际高科技知识产权竞争的焦点和制高点。

（一）发展概况：市场成熟且有政策支持，产业链安全存在保障

第一，市场规模扩大。2022年我国光通信市场规模约为1331亿元，同比增长8.56%，2023年市场规模约为1405亿元（见图8-7）。广东作为光通信产业发展较为领先的地区，其市场规模也在逐年扩大。

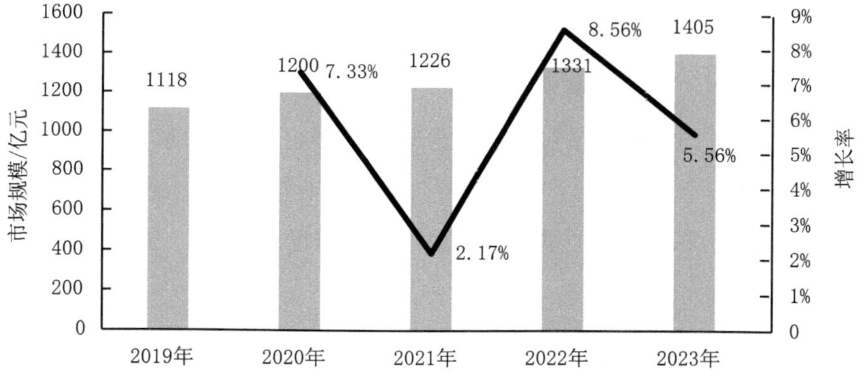

图8-7　2019—2023年我国光通信市场规模变化图

资料来源：中商情报网。

第二，企业数量逐年增长，优秀企业众多，已形成完整的产业生态系统。对于光通信产业而言，截至2022年3月，从光通信器件行业的企业分布情况来看，受益于珠三角地区较好的政策优势，广东省相关企业数量在全国占据绝对优势，未来发展势头强劲。目前，广东省光通信产业每年成立的新企业已经从2014年的748家增长至2023年的10983家，总体呈现上升态势，预计在未来会得到进一步发展（见图8-8）。

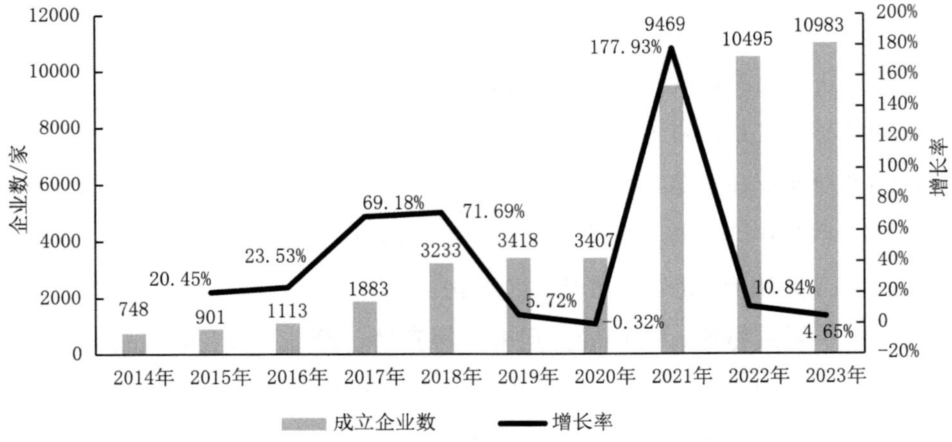

图8-8　2014—2023年广东省光通信产业每年新增企业数变化

资料来源：企查查。

广东省是我国光通信产业的重要基地之一，拥有众多优秀的光通信企业。例如，中兴、华为、烽火通信等一批具有国际影响力的光通信企业均位于广东省。在我国光通信最具综合竞争力的10强企业中有3家（华为、中兴、特发信息）坐落于广东省（见表8-3）。这些企业在光纤通信设备、光模块、光纤传输系统等领域取得了重要的技术突破和市场成就。

表8-3　2022年中国光通信最具综合竞争力10强企业

序号	企业名称	序号	企业名称
1	中国信科	6	富通
2	华为	7	永鼎
3	中兴	8	中利
4	亨通	9	通光
5	中天	10	特发信息

资料来源：中商产业研究院。

第三，政策大力支持，产业发展政策利好。广东省各级政府和国家产业政策重点支持光通信产业发展（见表8-4）。

表8-4　光通信产业相关政策文件

政策文件名称	发布时间	发布单位	主要内容
《广东省加快5G产业发展行动计划（2019—2022年）》	2019年5月	广东省政府办公厅	加快5G网络建设，抢占5G技术创新制高点，大力发展5G产业，开展重点领域5G应用试点示范
《关于推进以县城为重要载体的城镇化建设的意见》	2022年5月	中共中央办公厅、国务院	推进数字化改造。建设新型基础设施，发展智慧县城。推动第五代移动通信网络规模化部署，建设高速光纤宽带网络……以需求为导向逐步推进第五代移动通信网络和千兆光网向乡村延伸
《数字中国建设整体布局规划》	2023年2月	中共中央、国务院	加快5G网络与千兆光网协同建设，深入推进IPv6规模部署和应用，推进移动物联网全面发展，大力推进北斗规模应用
《制造业可靠性提升实施意见》	2023年6月	工业和信息化部、教育部、科学技术部、财政部、国家市场监督管理总局	重点提升电子整机装备用SoC/MCU/GPU等高端通用芯片、氮化镓/碳化硅等宽禁带半导体功率器件、精密光学元器件、光通信器件、新型敏感元件及传感器、高适应性传感器模组、北斗芯片与器件、片式阻容感元件、高速连接器、高端射频器件、高端机电元器件、LED芯片等电子元器件的可靠性水平
《工业和信息化部等七部门关于推动未来产业创新发展的实施意见》	2024年1月	工业和信息化部、教育部、科学技术部等7部门	强化新型基础设施。深入推进5G、算力基础设施、工业互联网、物联网、车联网、千兆光网等建设
《广东省算力基础设施高质量发展行动暨“粤算”行动计划（2024—2025年）》	2024年3月	广东省通信管理局、中共广东省委网络和信息化委员会办公室等9部门	重点应用场所光传送网（OTN）覆盖率达到90%，骨干网、城域网全面支持IPv6，SRv6、FlexE、超低损光纤、智能无损网络技术等创新技术使用占比达到66%

（二）产业链分析：链条完备，产业协同和供应链稳定成稳链突破口

（1）光通信产业链构成。广东省的光通信产业已经具备完整的产业链基础。产业链最上游的是元器件供应商，中游为具备完整独立功能的光模块厂商，将光电子器件组装集成后形成通信设备，最终交付给下游的通信设备和网络运营方使用。其中，话语权集中在上游和下游两端，上游元器件供应商和下游客户较为强势，处于中游的光模块厂商的成本控制水平决定其整体盈利能力（见图8-9）。

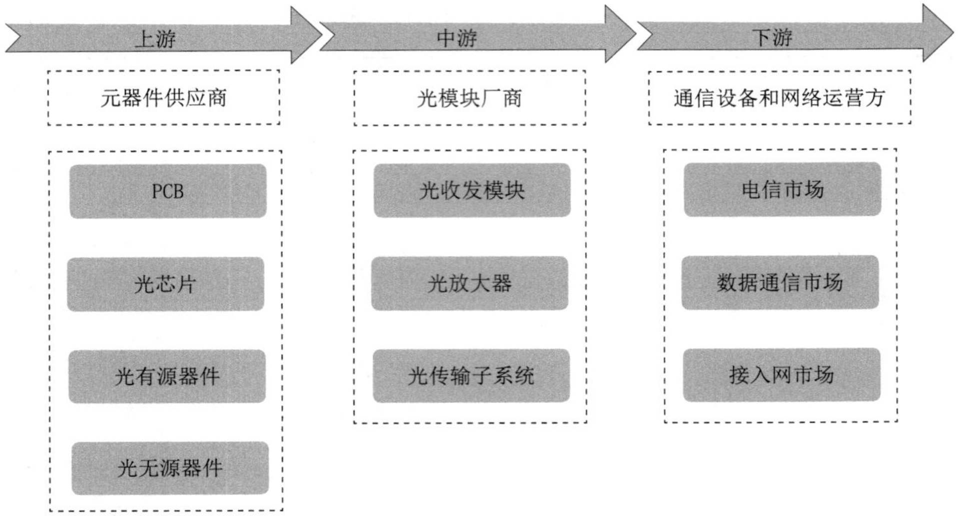

图8-9　光通信产业链

广东省的光通信产业链也非常完整，包括光纤材料和光纤预制棒、光缆和光缆组件、光纤连接器和光纤适配器等领域。同时，在光传输设备、光网络设备、光通信测试仪器等方面也有较强的研发和生产能力。广东省光通信产业链的发展促进了产业集聚效应，形成了比较完整的产业生态系统，进一步提升了产业的竞争力和创新能力。

（2）广东省光通信产业链优势：企业众多且需求旺盛，技术创新极具实力。具体而言，第一，在上游具备完善的制造型企业，包括广泛的光通信设备制造企业、光模块制造企业等。在下游存在巨大的市场需求，随着广东省数字化和智能化需求的增长，光通信产业在广东省有望持续增长。随着5G网络的发展和智能终端的普及，市场对高速、大容量通信的需求不断增长，这将进一步推动光通信技术的创新和应用。同时，随着云计算、物联网和人工智能等技术的不断发展，光通信在数据中心、云服务等领域的需求也将不断增加。第二，在产业中游具备极强的创新实力，中国当前申请光通信器件行业专利数量最多的省份是广东，在未来这一行业仍然将爆发出强大的生命力。从广东省专利申请趋势可以看出，其光通信产业的专利数每年均保持了一定的增长率（见图8-10），在未来广东省光通信产业相关技术将实现进一步突破。

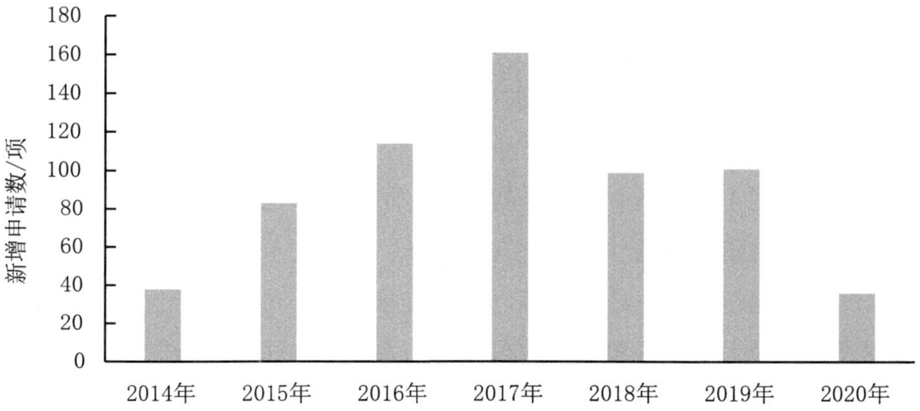

图8-10　广东省光通信专利的新增申请数

资料来源：国家知识产权局。

（3）广东省光通信产业链问题：供应链稳定性和前沿技术创新需进一步加强，产业链协同发展有待加强。具体而言，第一，在产业链上游，存在供应链不稳定的问题。光通信产业链的供应链稳定性对于产业链的健康发展至关重要。近年来，全球供应链受到多种因素的影响，如国际贸易摩擦、新冠疫情等，导致供应链稳定性受到一定程度的冲击。广东省光通信产业链也需要加强供应链风险管理，确保供应链的稳定性。第二，在产业链中游，需要加强创新。光通信产业链的发展需要持续的技术创新和产品创新。目前广东省光通信产业创新水平相较于之前有一定程度的下降，尤其是在高端光通信器件和设备领域，与国际先进水平相比还存在一定差距。第三，从产业链整体来看，存在产业链协同发展薄弱的问题。只有光通信产业链各环节间紧密协同，才能实现产业链的健康发展。目前，产业链协同发展还存在一些问题，例如产业链上下游企业间信息不对称、产业链各环节间的利益分配不均等。

（三）未来发展趋势：以整链升级增强竞争性，以政策需求利好提升稳定性

广东省光通信产业的未来发展趋势包括产业链的完善与升级、市场整合与技术进步、光器件产业的快速发展、政策支持与生态建设、超高速和超长

距离通信需求等方面。

第一，产业链的完善与升级。中国正在从光通信产业大国向强国转变，光模块企业具有明显的区域聚集效应。广东省作为光通信产业的重要基地，未来将进一步升级产业链，提升产业整体竞争力。第二，市场整合与技术进步。光通信市场正在经历兼并整合的过程，同时技术也在不断进步。广东省的光通信企业将紧跟市场和技术的发展趋势，通过技术创新和产业整合来提升自身的市场地位。第三，光器件产业的快速发展。光器件产业是光通信产业中发展势头最为迅猛的领域。广东省将加大对光器件产业的投入，推动光器件技术的研发和应用，以满足日益增长的数据通信需求。第四，政策支持与生态建设。广东省人民政府计划在未来电子信息产业重点领域关键核心技术上取得突破，并初步营造未来电子信息产业生态。这将为光通信产业的发展提供政策支持和良好的产业生态。第五，超高速和超长距离通信需求。随着信息技术的发展及5G网络的商用化推进，数据通信对带宽的需求迅速增长，对超高速和超长距离的大容量光通信设备的需求也在增加。广东省将抓住这一机遇，发展相关技术和设备。

三、未来电子信息：太赫兹产业

太赫兹产业可以加深和拓展人类对物理学、化学、天文学等一些基本科学的认识，其发展对国民经济和国家安全有重大的意义。

（一）发展概况：政策支持助力产业链安全发展

第一，市场规模逐年扩大，具备发展潜力。从市场规模上来看，2021年全球太赫兹技术市场销售额达34.8亿元，预计2027年全球太赫兹技术市场销售额将突破100亿元（见图8-11），未来整体市场发展前景广阔。广东省作为全国领先布局太赫兹产业的地区，有望顺应大趋势，实现产业发展市场规模的扩大。

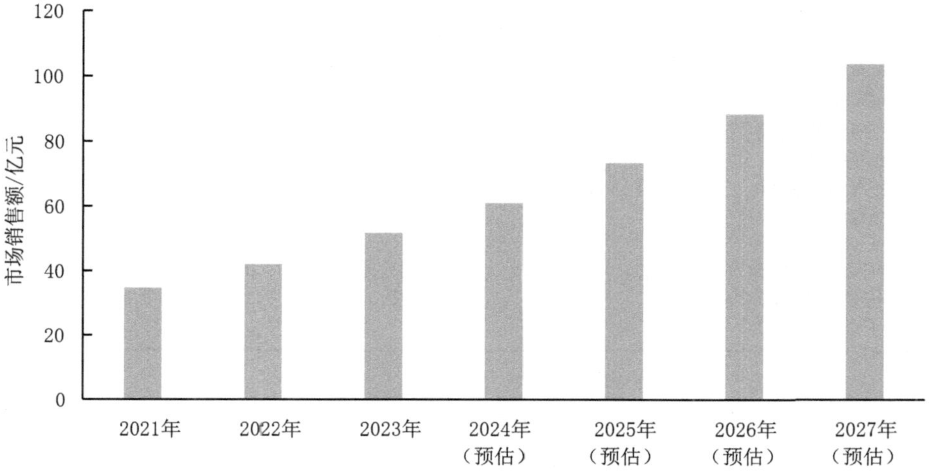

图8-11　全球太赫兹技术市场销售额统计及预测

资料来源：共研产业咨询。

第二，政策助力发展，具备向好的大环境。国家对太赫兹产业早有相关部署，近年来广东省在整体发展导向的基础上，逐渐重视对太赫兹产业的扶持工作（见表8-5），引导民间投资加注太赫兹产业发展，预计在未来将进一步助力其发展。太赫兹产业具备积极向好的宏观环境。

表8-5　太赫兹产业相关政策文件

政策文件名称	发布时间	发布单位	主要内容
《“十三五”国家科技创新规划》	2016年7月	国务院	发展网络与通信技术，重点加强一体化融合网络、软件定义网络/网络功能虚拟化、超高速超大容量超长距离光通信、无线移动通信、太赫兹通信、可见光通信等技术研发及应用
《智能硬件产业创新发展专项行动（2016—2018年）》	2016年9月	工业和信息化部、国家发展和改革委员会	高性能智能感知技术。发展高精度高可靠生物体征、环境监测等智能传感、识别技术与算法，支持毫米波与太赫兹、语音识别、机器视觉等新一代感知技术的突破

续表

政策文件名称	发布时间	发布单位	主要内容
《广东省推进新型基础设施建设三年实施方案（2020—2022年）》	2020年10月	广东省人民政府办公厅	率先开展第六代移动通信（6G）、太赫兹通信等技术研发，争取在基础研究、关键核心技术攻关、标准规范等方面取得突破
《广州市进一步促进民间投资高质量发展若干政策措施》	2023年11月	广州市人民政府办公厅	引导民间投资超前布局量子科技、区块链、太赫兹、天然气水合物、纳米科技等未来产业

第三，企业数量不断增长，市场具有活力。太赫兹产业是近年来的新兴产业之一，具有广阔的发展前景。对于太赫兹产业而言，目前，广东省太赫兹产业每年新成立的企业数量已经从2014年的23家增长至2023年的259家，其中，在2021年呈现突破式的增长，总体数量展现出增长的态势；虽然增长率近年来存在一定的减慢态势，但仍然保持着较大的基数并不断有新增企业为太赫兹产业注入新活力（见图8-12）。

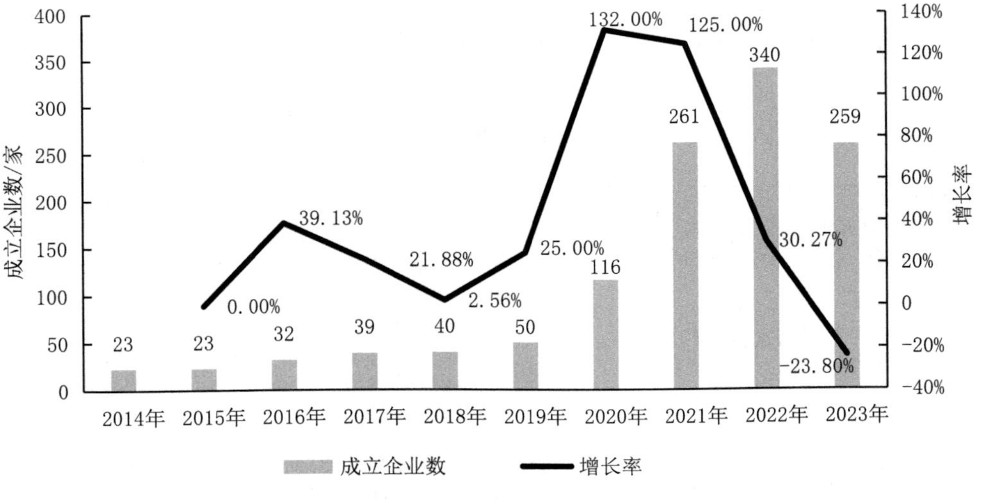

图8-12　2014—2023年广东省太赫兹产业每年新增企业数变化图

资料来源：企查查。

第四，创新实现新进展，助力产业化发展。广东省在太赫兹产业的创新发展上也取得了一定的成果。广东省与中国科学院空天信息创新研究院共建了推动太赫兹科学的研究和产业化发展的太赫兹科学研究机构。此外，广东省还涌现出一些太赫兹产业的创新型企业。例如，江门市太赫兹科技应用（广东）有限公司在太赫兹技术应用领域取得了重要进展，开拓了太赫兹技术在食品安全、药品安全等领域的应用。该公司还建成了全球首个中药太赫兹指纹数据库，拓展了行业应用的新空间。

第五，持续稳定发展，应用进一步落实。在发展历程上，对太赫兹的研究不断深入，相关技术已经被应用于许多领域。太赫兹行业的发展历程可以追溯到20世纪80年代末，当时太赫兹频段的研究还处于起步阶段，由于技术上的限制，探索太赫兹波的应用并不容易。然而，随着技术的进步，人们开始深入研究太赫兹波的性质和应用。近年来，太赫兹技术在安全检测、医学成像、通信和材料科学等领域得到了广泛应用。在安全领域，太赫兹技术可以用于检测潜在的威胁物质，如爆炸物和毒品。由于太赫兹波能够穿透许多非金属材料，因此它在安全检测领域具有广泛的应用前景。在医学成像领域，太赫兹技术可用于无损检测和无创诊断，为医学研究和诊断提供了新的工具。广东省将依据其技术、制造业以及政策等优势把握当下发展风口，加强布局未来电子信息太赫兹产业的发展。我国太赫兹产业发展历程见图8-13。

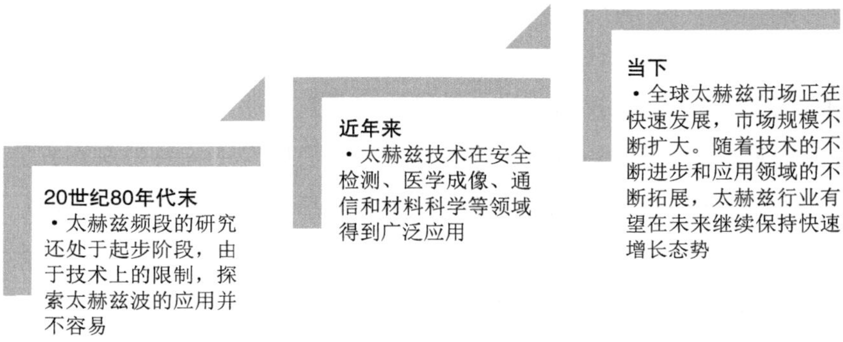

图8-13　我国太赫兹产业发展历程

资料来源：观知海内咨询。

（二）产业链分析：链条完整，国内外技术差距大且成果应用不足

（1）太赫兹产业链构成。太赫兹产业链包括上游的组件研发和生产，中游的太赫兹应用和设备，以及下游的终端用户和行业应用等环节，涵盖通信、雷达、电子对抗、医学影像等应用领域（见图8-14）。

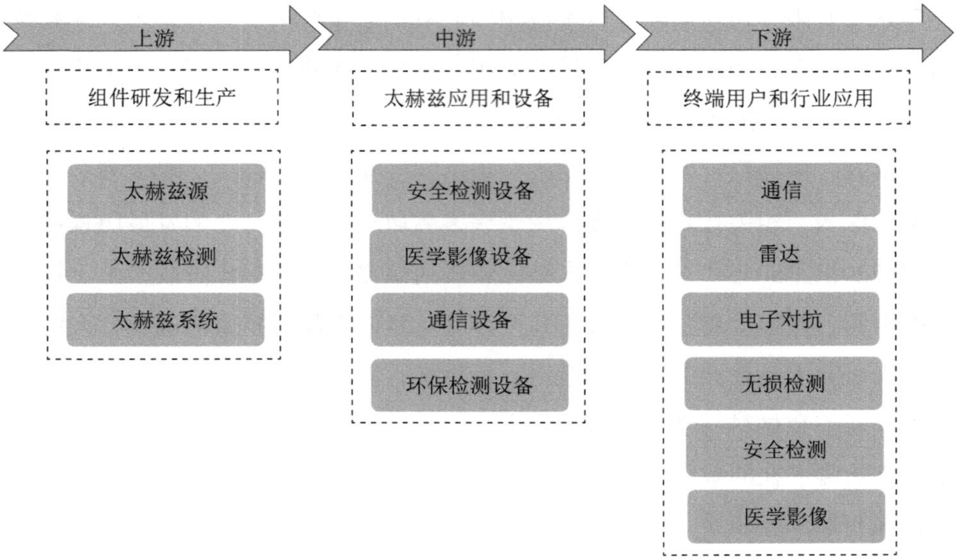

图8-14　太赫兹产业链

（2）广东省太赫兹产业链优势：产业链注重前沿核心技术突破，下游应用机会多。具体而言，第一，上游是组件研发和生产。广东省在太赫兹组件研发和生产方面有一定的优势，包括太赫兹发生器、探测器、放大器等核心设备。第二，中游是太赫兹应用和设备，包括相关的技术研发与服务。广东省拥有一批从事太赫兹技术研发的科研机构和企事业单位，这些单位在太赫兹技术的理论研究、设备研制、系统集成等方面取得了一系列重要成果。广东省还在太赫兹无损检测、太赫兹光谱等领域提供了相关的服务。第三，下游是太赫兹的终端用户和行业应用，是整个产业链的核心。广东省在太赫兹技术的应用领域也有所拓展，例如在安全检查、医疗健康、无线通信、生物识别、环境监测等领域都有广泛的应用。特别是基于广东省发达的制造业，太赫兹技术在智能制造、质量控制等方面的应用也日益广泛。

（3）广东省太赫兹产业链存在的问题：技术与国外存在差距，产业链成果落地应用不足。具体而言，第一，目前广东省太赫兹产业发展主要存在起步晚且中游技术与发达国家差距大以及市场需求较小等问题。我国太赫兹产业整体起步晚，发展程度不及发达国家。第二，在下游成果落地方面还存在应用不深入、成本高的问题，虽然太赫兹产业在政策支持下取得了一定成果，但目前仍处于技术研发较前沿、产业化落后的现状。

（三）未来发展趋势：推动产业协同发展，聚焦人才培养和应用扩展

当前广东省太赫兹应用技术尚处于发展的初级阶段，还有许多技术和关键元件的问题需要解决。同时，行业内的公司规模大多较小。随着未来科研的不断深入和技术的持续发展，太赫兹技术的应用将更加广泛和深入，有望在各个领域发挥重要作用。

太赫兹产业将继续发挥研究与产业的协同优势，不断创新和发展，拓展更广阔的应用场景。广东省太赫兹产业涉及太赫兹光源、太赫兹器件、太赫兹应用的研发和制造等方面。太赫兹技术具有独特的频谱范围和应用潜力，作为新兴技术，具有宽带、非接触、穿透性等特点，在材料检测、生物医学、安全检测等方面具有广阔的应用前景。广东省在太赫兹科学的研究和应用方面已经取得了一定的成果，未来有望继续发挥研究与产业的协同优势，推动太赫兹产业的创新和发展。随着太赫兹技术的不断成熟和应用场景的拓展，广东省太赫兹产业有望取得更大的突破和发展。

目前，太赫兹产业还存在一些挑战和问题。例如，太赫兹技术在频谱管理、设备性能等方面还需要进一步突破。因此，广东省的太赫兹产业在发展方面要继续注重技术创新、人才培养和市场拓展，进一步提升产业的竞争力。

四、未来电子信息：人工智能终端产业

人工智能终端是指集成了人工智能技术，能够执行复杂任务、提供智能化服务和交互体验的电子设备。这些终端通过内置的人工智能算法和硬件支持，提升了用户的体验感和设备的性能。

（一）发展概况：产业发展全国领先，内外环境向好，保障产业链安全稳定

第一，产业规模全国领先，出货量处于国内一流水平。广东省的电子信息产业规模连续32年位居全国首位，是全球重要的电子信息产业集聚区之一。这为智能穿戴产业的发展奠定了坚实的基础。作为人工智能技术重要发展地区，广东在智能手机、彩电、无人机、智能音箱等智能终端领域的市场规模处于全国领先地位。在智能手机领域，2023年广东手机产量占全国产量的41.5%。在彩电领域，广东是全国最大的彩电生产基地。2023年广东彩电占全国产量的57.3%。在无人机领域，2023年广东无人机产量约占全国产量的95%（见图8–15）。此外，广东在智能音箱、可穿戴设备等人工智能技术终端载体上均处于国内领先水平。

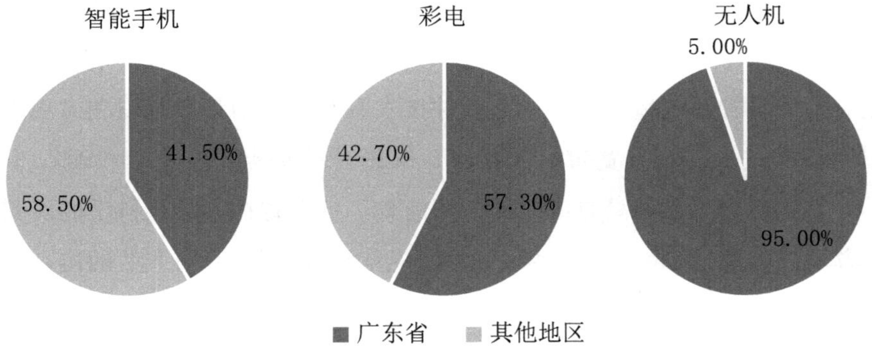

图8–15　2023年广东智能手机、彩电和无人机市场规模占比

资料来源：《南方都市报》。

第二，政府高度重视，政策利好。人工智能终端的发展离不开人工智能技术的发展。目前，广东省高度重视人工智能产业的发展，出台了一系列支持政策（见表8–6）。广东省重点终端产品发展迅速，一些企业在相关领域处于领先地位。同样，广东省高度重视智能穿戴产业的发展，将其作为未来电子信息产业集群行动计划的重点工程。政府计划出台专项政策文件，支持企业与科研机构开展人工智能前沿与应用基础理论研究，加快推进人工智能芯片、智能传感器等核心关键器件的研发与制造。

表8-6　广东省人工智能产业相关政策文件

时间	政策文件名称	具体内容
2022年6月	《深圳市人民政府关于发展壮大战略性新兴产业集群和培育发展未来产业的意见》	重点发展工业机器人、服务机器人、特种机器人、无人机（船）等领域，突破减速器、控制器、伺服系统等关键零部件和集成应用技术，扩展智能机器人在电子信息制造、汽车、航空航天等高端制造应用场景
2022年12月	《广东省新一代人工智能创新发展行动计划（2022—2025年）》	支持在机器学习自动化、大数据智能、通用基础模型、无监督跨模态大模型、人机混合群体智能、知识理解与推理、协同控制与优化决策、可解释人工智能等领域开展技术攻关……发展三维成像定位、智能精准安全操控、人机协作接口等关键技术，推动清洁、防护、医疗、教育等服务机器人普及
2023年5月	《深圳市加快推动人工智能高质量发展高水平应用行动方案（2023—2024年）》	聚焦通用大模型、智能算力芯片、智能传感器、智能机器人、智能网联汽车等领域，实施人工智能科技重大专项扶持计划，重点支持打造基于国内外芯片和算法的开源通用大模型；支持重点企业持续研发和迭代商用通用大模型；开展通用型具身智能机器人的研发和应用
2024年2月	《广东省培育发展未来电子信息产业集群行动计划》	未来电子信息产业将实施新一代网络通信、人工智能终端、虚拟现实、量子信息“四大”重点工程，到2035年，广东将成为全球未来电子信息产业创新高地

第三，发展历程悠久，逐渐走向高端。人工智能技术在智能终端的应用经历了由简单到复杂、由单一到多元的过程，它在智能终端的应用经历了数十年演变。早期，当个人电脑刚进入家庭，人们就开始尝试将人工智能技术融入其中。然而，真正的变革始于21世纪初，随着智能手机和互联网的普及，人工智能技术得到了快速发展。iPhone的问世为AI应用搭建了一个广阔的平台，而Android操作系统的推出又进一步加速了AI在智能手机中的集成。近年来，人工智能技术已经全面融入到智能终端的方方面面，不仅在摄影、电池管理、用户界面等领域大放异彩，还随着5G技术的推广，开始扩展到AIoT领域，如智能家居、可穿戴设备等，智能终端的多样化和专业化趋势愈发明显（见图8-16）。

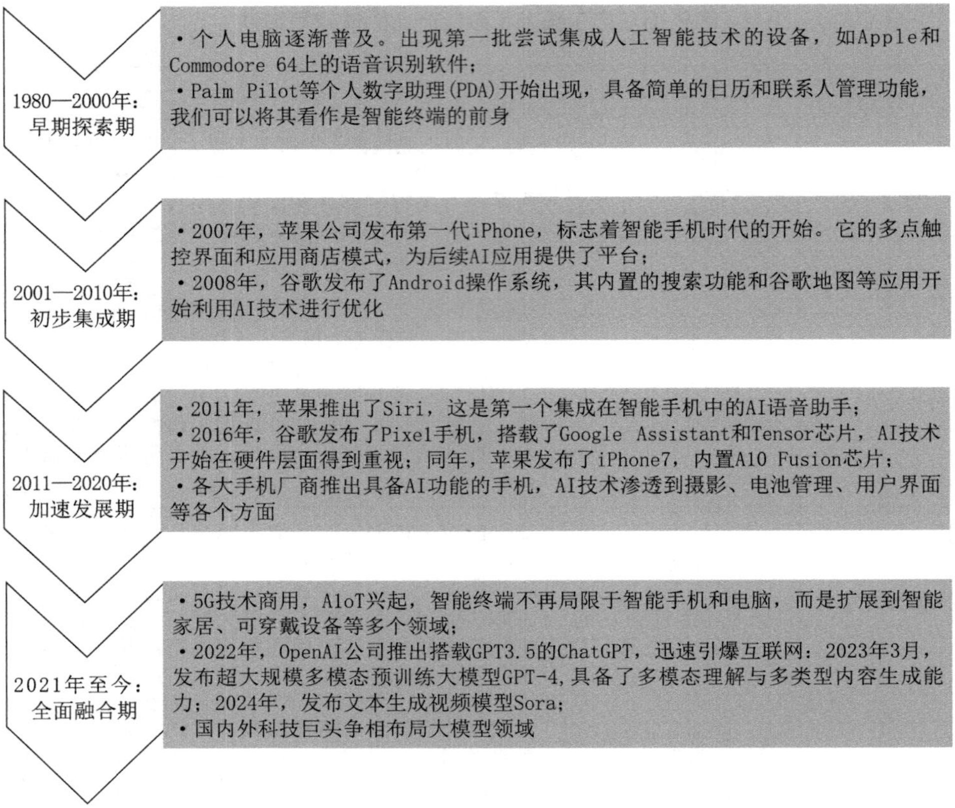

图8–16　人工智能终端的发展历程

资料来源：36氪研究院。

第四，企业数量众多，构建了相应的产业园。从2014年起，广东省人工智能终端产业每年均有新成立的企业，预期未来增长数目还将进一步提升，企业规模在原有基础上进一步扩大，市场具备一定的活力（见图8–17）。广东省拥有众多在智能穿戴领域具有创新能力的公司，如深圳市牧激科技有限公司和广州中科宇航探索技术有限公司等。这些企业不断推动新技术新应用的发展，为智能穿戴产业的发展贡献了力量。广东超九成的人工智能相关企业分布在珠三角地区，其中超七成位于广州和深圳。广州、深圳、东莞拥有全省前三数量的人工智能相关企业。这些企业在人工智能技术研发、产品制造、应用服务等方面具有较强的创新能力和市场竞争力。例如，华为、腾讯等大型企业在人工智能相关领域拥有强大的研发能力和市场份额。广州、深圳等地加强引导龙头企业和骨干企业向产业园集聚，预计在未来广州和深圳在人工智能终端产业的发展上会有所突破。

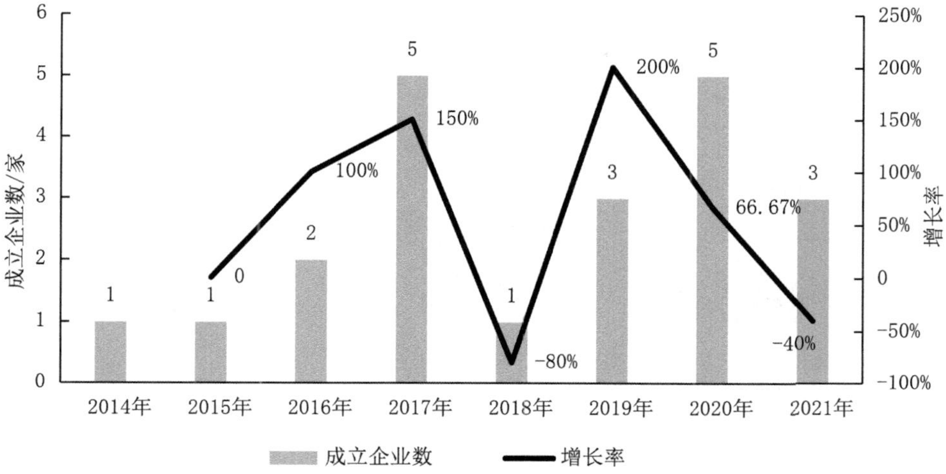

图8-17 2014—2021年广东省人工智能终端产业每年新增企业数变化

资料来源：企查查。

第五，技术基础较为扎实，技术创新力度大，注重人才培养。广东省在人工智能领域的技术基础较为扎实。例如，广东省在自然语言处理、计算机视觉等方面有着丰富的研究和应用经验。广东省还设立了人工智能产业园，并加大了对人工智能技术研发和创新人才培养的投入力度。

（二）产业链分析：中高端化促进稳链发展，聚焦技术和整链协同

（1）人工智能终端产业链构成。人工智能终端产业链上游为软硬件产品供应；中游为智能终端产品整机制造，包括智能手机、平板电脑、智能穿戴设备、VR/AR设备、智能家电、智能显示屏等，其中包括移动智能终端和非移动智能终端；下游为销售和服务环节（见图8-18）。

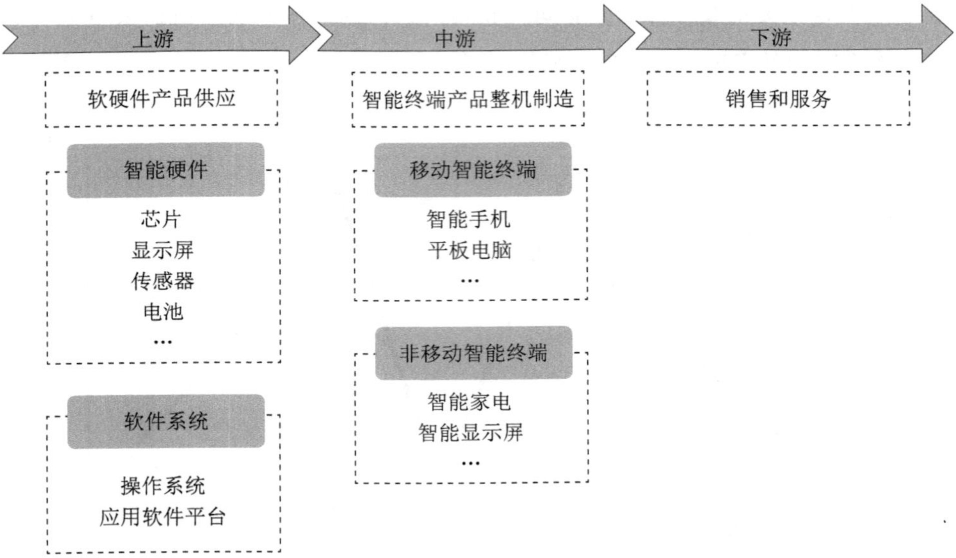

图8-18　人工智能终端产业链

（2）广东省人工智能终端产业链优势：链条逐步完善，整链迈向中高端。广东省正在打造从上游关键硬软件供应商、中游产品，到下游应用集成的完整人工智能终端产业链。这有助于推动人工智能终端产品的研发、生产和应用。目前广东省积极推动产业链向中高端迈进，将推进产业科技创新、发展新质生产力作为战略之举、长远之策。在产业链上广东省具备一定的优势。上游拥有许多优秀的企业，致力于研发制造，例如华为、海思等等；在中游凭借广东省制造业以及人工智能的领先地位，实现了出货量全国领先的成就。

（3）广东省人工智能终端产业链问题：核心技术对外依赖度高，上下游协同发展有待加强。具体而言，首先是上中游存在核心技术依赖问题，尽管广东省在智能终端产品供给方面具有优势，但在核心技术方面，如芯片、操作系统等，仍存在一定的依赖性，需要进一步提升自主创新能力。其次是产业链协同方面，产业链上下游企业之间的协同发展仍需加强，以实现产业链的优化升级和整体竞争力的提升。

（三）未来发展趋势：整链升级拓展，以技术突破和人才培养促稳链发展

第一，突破关键核心技术，进一步提高产业核心竞争力。支持企业与科研机构开展人工智能前沿与应用基础理论研究，在大模型、大数据智能、跨媒体分析推理、自然语言处理、群体智能、自主协同控制等领域实现突破。加快推进人工智能芯片、智能传感器、高性能微机电系统等人工智能核心关键器件的研发与制造，推进面向智能终端的智能传感器、智能芯片的研发与转化应用，实现全产业链协同创新。加快人工智能终端核心技术和产品的研发，推进多模态模型、通用人工智能垂直领域模型在智能终端领域的应用，大力发展AI化、通用化、功能化的新一代智能手机、智能服务机器人、智能安防、智能汽车、智能可穿戴设备等产业。

第二，推动终端产品应用，全面促进产品智能化升级。支持终端龙头企业在现有终端的各类基础软硬件中融入通用人工智能等人机互动技术，推动终端产品功能、形态的改变，全面促进产品智能化升级。推动智能终端企业围绕生活服务、公共服务、行业应用等多元化市场需求，加快发展计算机视觉感知、自然语言处理、自主无人驾驶、人机交互等人工智能深度融合的新型智能终端产品。

第三，加快培育人工智能终端企业。充分利用广东在智能终端领域的领先优势，加快培育人工智能终端创新型企业，培育一批人工智能终端“链主”企业，打造一批人工智能终端专精特新“小巨人”企业。

第四，打造人工智能终端产业生态。支持人工智能终端产业链上下游的行业领军企业、科研院校成立智能终端产业联盟，打造广东大模型智能终端生态合作共同体；推动大模型与智能终端加快融合，共建人工智能终端产业生态。

第五，加大人才培养力度，推动开放合作发展态势。广东省将加大人才培养的力度，培养更多的人工智能终端制造研发专业人才，建设高水平的人工智能终端人才队伍，以满足产业发展的需求。积极开放合作，吸引更多的国内外人工智能终端企业和机构进驻，进而共同推动人工智能终端产业的发展。故在未来，广东省人工智能终端产业无论是在技术上还是在应用上，都

将实现进一步的突破。

第六，需求不断上涨，刺激产业发展。随着全球可穿戴设备出货量的持续增长，广东省智能穿戴产业的市场前景广阔。政府和企业都在积极推动终端产品功能、形态的改变，全面促进产品智能化升级。广东省积极推动与国内外先进企业的合作，如与北京百度网讯科技有限公司合资成立珠海格度科技有限公司。这有助于引进先进技术和管理经验，提升广东省智能穿戴产业的国际竞争力。

五、未来智能装备：人形机器人产业

人形机器人，也称仿生人形机器人，目前还没有权威的定义，一般认为人形机器人是指可以在生活、工作场景内如人类一般完成外界感知、自主运动、行为交互等一系列任务的机器人。随着人工智能技术的飞速发展，人形机器人正逐渐从科幻走进现实，成为推动未来产业发展的新引擎。2025年被誉为人形机器人量产的元年，预示着一个全新的百万亿市场即将开启。

（一）发展概况：产业内部差异大，成本问题影响产业链稳定发展

第一，产业初期成本高昂，市场规模有待扩大。人形机器人还处于产业化初期，市场规模由产品技术进步速度、大规模商用进程、下游渗透率决定。当前人形机器人生产成本高昂，普遍需要10万美元起步，核心零部件门槛高，需通过大规模量产持续降本，还需要在机械设计、运动控制、人工智能等领域不断取得技术进展并实现有效集成，并在通用性方面取得显著进展。根据2023年7月Markets and Markets发布的报告数据，全球人形机器人市场规模预计将由2023年的18亿美元提升至2028年的138亿美元，年复合增速约50.29%。

第二，拥有众多代表性企业，产业发展土壤肥沃。广东省人形机器人行业居全国领先地位，拥有众多代表性企业。广东省培育人形机器人的土壤肥沃。近年来，人形机器人行业的发展可谓生机勃勃。截至2024年2月，全国人形机器人企业数量方面，广东省、北京市和上海市位列前三，分别为4516家、4479家和3027家。其中上市企业主要分布在北京市、广东省、江苏省，

分别有160家、149家、97家；国家级专精特新企业主要分布在北京市、广东省，分别有219家、205家；高新技术企业主要分布在北京市、广东省、上海市，分别有2123家、1523家、1058家（见表8-7）。广东省内诸如优必选、小米等代表性企业在人形机器人领域有着积极的布局。优必选的Walker系列人形机器人在全球范围内进行了商业化应用，使其成为了人形机器人领域的领导者。小米的CyberOne等也在人形机器人领域展现出了巨大的市场潜力和强大的技术实力。目前，广东已经涌现出了一批具有行业领先地位的人形机器人产业链企业，如专注视觉感知的奥比中光、专注滚珠/滚珠丝杠的汇川技术和专注谐波减速器、专注无框力矩电机的昊志机电等。

表8-7　2024年人形机器人前十企业数目汇总

单位：家

排名	地区	企业	链主企业	上市企业	国家级专精特新企业	高新技术企业
1	广东省	4516	579	149	205	1523
2	北京市	4479	1314	160	219	2123
3	上海市	3027	798	78	102	1058
4	江苏省	2249	258	97	110	928
5	山东省	2081	175	32	52	281
6	浙江省	1976	304	71	90	713
7	四川省	725	120	12	27	248
8	安徽省	623	141	19	32	238
9	河南省	592	69	13	13	182
10	湖北省	577	100	18	41	221

资料来源：中国报告大厅。

第三，产业发展处于全国第一梯队。公开数据显示，2022年，广东智能机器人产业实现营业收入616.4亿元，增加值111.4亿元，产业发展处于全国第一梯队。近年来，广东省坚持主攻智能制造方向，统筹资源推动智能装备行业高质量发展，这使该省智能装备产业整体竞争力位居全国前列。其中，2023年全省工业机器人产量16.88万台（套），连续4年位居全国第一，全国每3台工业机器人就有1台“广东造”。

第四，政策大力支持，产业发展环境好。在国家政策的指导下，广东省迅速响应推进，积极出台相关政策，以促进人形机器人技术和产业快速发展（见表8–8）。

表8–8　人形机器人相关政策文件

发布时间	政策文件名称	具体内容
2021年12月	《“十四五”智能制造发展规划》	推动智能移动机器人、半导体（洁净）机器人、协作机器人、自适应机器人等新型装备的发展
2022年6月	《深圳市人民政府关于发展壮大战略性新兴产业集群和培育发展未来产业的意见》	重点发展工业机器人、服务机器人、特种机器人、无人机（船）等领域，突破减速器、控制器、伺服系统等关键零部件和集成应用技术，扩展智能机器人在电子信息制造、汽车、航空航天等高端制造应用场景，依托福田、南山、宝安、深汕等区及前海建设集聚区，打造智能机器人产业技术创新、高端制造、集成应用示范区
2023年10月	《人形机器人创新发展指导意见》	到2025年，人形机器人创新体系初步建立，“大脑、小脑、肢体”等一批关键技术取得突破，确保核心部组件安全有效供给。整机产品达到国际先进水平，并实现批量生产，在特种、制造、民生服务等场景得到示范应用，探索形成有效的治理机制和手段。培育2～3家有全球影响力的生态型企业和一批专精特新中小企业，打造2～3个产业发展集聚区，孕育开拓一批新业务、新模式、新业态
2023年1月	《“机器人+”应用行动实施方案》	到2025年，制造业机器人密度较2020年实现翻番，服务机器人、特种机器人行业应用深度和广度显著提升
2024年1月	《关于推动未来产业创新发展的实施意见》	人形机器人。突破机器人高转矩密度伺服电机、高动态运动规划与控制、仿生感知与认知、智能灵巧手、电子皮肤等核心技术，重点推进智能制造、家庭服务、特殊环境作业等领域产品的研制及应用

第五，细分领域差异化发展，更多企业聚焦人机交互方向。人形机器人产品分为两类：一类是侧重于运动控制的机器人，例如宇树科技的H1和傅利

叶GR-1，另一类是侧重于人机交互的机器人。目前国内聚焦人机交互方向的人形机器人企业相对更多，产品包括小米CyberOne、智元远征A1、优必选Walker X等。

第六，发展历程较久，实现了技术突破。自20世纪90年代起步以来，中国在人形机器人领域的研究和开发经历了从基础探索到技术突破，再到产业化应用的快速转变（见图8-19）。在这一过程中，中国的研究机构和企业不仅紧跟国际前沿技术，而且在某些领域实现了创新和超越。如今，人形机器人产业正处于产业化发展阶段。广东省人形机器人产业发展紧跟我国大环境整体趋势，顺应了时代发展。

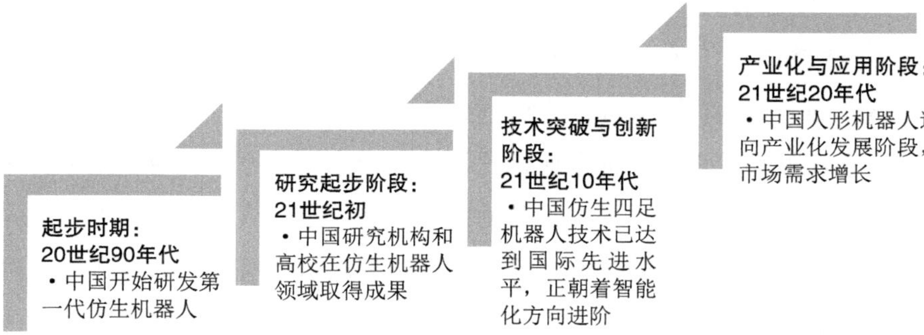

图8-19　人形机器人发展历程

（二）产业链分析：链条完整但成本技术问题威胁产业链安全稳定

（1）人形机器人产业链构成。广东省人形机器人产业链发展成熟，由多部分组成，上游是核心零部件；中游是机器人本体制造，包括设计、制造、测试三大环节；下游是应用服务，包括工业制造、仓储物流、医疗服务、商业服务、家庭使用等（见图8-20）。

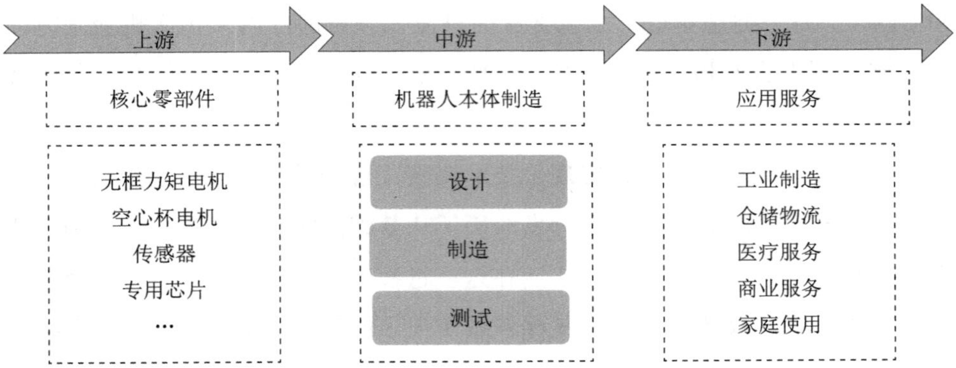

图8-20　人形机器人产业链

（2）广东省人形机器人产业链优势：链条和产业布局完备，部分技术实现了全国领先。广东省人形机器人产业在国内外享有盛誉，其产业链条相对完整，涵盖了从核心零部件生产到整机制造及应用服务的各个环节。以优必选、小米等为代表的一批企业在此领域表现出色，不仅在技术上取得了显著成果，而且在市场上占据了重要的位置。在广东，人形机器人的控制系统技术、“机器体”、“机器肢”等关键技术群已取得突破，形成了以深圳、东莞、佛山等为代表的产业集群。上游和中游的研发制造都处于全国领先地位，下游面向广大的市场需求和应用领域，包括工业制造、仓储物流、医疗服务、商业服务、家庭使用等。

（3）广东省人形机器人产业链问题：成本高昂的同时存在技术瓶颈，产业链安全面临挑战。广东省人形机器人产业链在技术创新、产业链优化、成本控制、智能化和柔性化要求、安全性、可靠性、市场推广等方面还存在一些问题。第一，技术创新。尽管广东省在人形机器人技术方面取得了一定的进展，但仍然存在一些关键技术瓶颈。例如，人形机器人的柔性关节等关键零部件仍需技术突破。这意味着，要实现人形机器人的广泛应用，还需要在核心技术上进行更多的研究和创新。第二，产业链优化。尽管广东省在机器人产业规模和企业数量上位居全国之首，但在产业链的优化方面仍有提升空间。产业链的优化包括原材料供应、零部件制造、系统集成以及最终产品的销售和服务等各个环节。目前，产业链的某些环节可能还存在依赖进口的问题，这需要通过技术创新和产业链整合来逐步解决。第三，成本控制问题。人形机器人的成本相对较高，这是限制其广泛应用的主要障碍之一。例如，优必选的工业版人形机器人BOM成本目前为40000～50000美元。高昂的成本使得人形机器人在市场上的推广面临挑战。随着技术的进步和产业链的成熟，预计其成本将有所下降，但这是一个长期的过程。第四，智能化和柔性化要求。目前的人形机器人还不能完全满足智能化和柔性化的要求。这意味着，人形机器人在执行复杂任务时可能存在局限性，需要进一步提高其智能化程度和适应性。第五，市场推广时间。尽管人形机器人技术在不断发展，但进入市场还需要一定的时间。这需要企业、政府、高校和科研机构共同努力，通过试点项目和比赛活动激发技术研发热情，推动人形机器人技术的商业化进程。

（三）未来发展趋势：以技术攻关为抓手，加快应用扩展和商业化落地

第一，商业化步伐持续加快，行业将迎来一波爆发式增长。根据人形机器人行业快速发展的趋势，随着商业化步伐持续加快，行业将迎来一波爆发式增长。2024年4月，首届中国人形机器人产业大会暨具身智能峰会上发布的《人形机器人产业研究报告》预测，2024年中国人形机器人市场规模约为27.6亿元，而到2029年，该市场规模有望扩大至750亿元，占据全球市场的32.7%，到2035年有望达到3000亿元（见图8-21）。

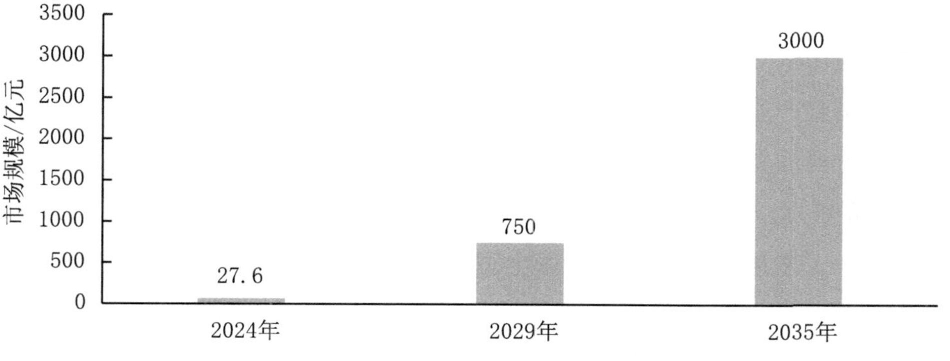

图8-21　2024—2035年我国人形机器人市场规模预测

资料来源：《人形机器人产业研究报告》。

第二，应用场景进一步扩展，人形机器人将大规模应用于智能制造。作为未来智能装备中一个重要的领域，人形机器人备受关注，逐渐成为各大科技企业的兵家必争之地。2023年的最后一个交易日，优必选科技正式在港交所上市，优必选在未来将聚焦人形机器人的三大应用场景——工业制造、商用服务和家庭陪伴。其中，智能制造将成为人形机器人首个大规模应用的领域。

第三，相关技术攻关将促进人形机器人产业快速发展。注重相关创新能力的培养，通过建立创新中心、支持科技研发等方式，鼓励企业进行技术创新。在未来，广东省将进一步对人形机器人产业的相关技术进行攻关，进一步促进人形机器人产业的快速发展。首先，在共性技术方面，加强原型机开发，重点研制面向家政服务、工业制造等行业的人形机器人。推进人形机器人的多模态智能感知、智能控制、可靠性提升、动作仿真、自主作业、多机协作和人机协作等共性技术研究。其次，在关键零部件方面，研究双目类人视觉感知技术、类人仿生机械双耳组件等机器脑技术与产品。开展机器肢产品的研制，推进机器肢技术研发创新。开发类人仿生电子皮肤、类人仿生人工肌肉单元等机器体产品。

六、未来生命健康：干细胞产业

干细胞产业，即干细胞生物技术产业，是研究和利用细胞的发展趋势，开发及应用未知技术，在细胞和植物发育及内在连结方面取得创新进展的产业。干细胞产业是一种高度临床化，以细胞培养、转染和生物制备为主要技术发展方向的新型高科技信息产业，也是与先进医学技术应用和临床治疗息息相关的产业。

（一）发展概况：产业发展全国领先，以政策资金和创新成果维护稳链发展

第一，市场规模有望进一步增长。近年来我国大力发展干细胞产业，干细胞产业规模持续增长。2022年我国干细胞产业市场规模为745.3亿元，同比增长了13.89%（见图8–22）。

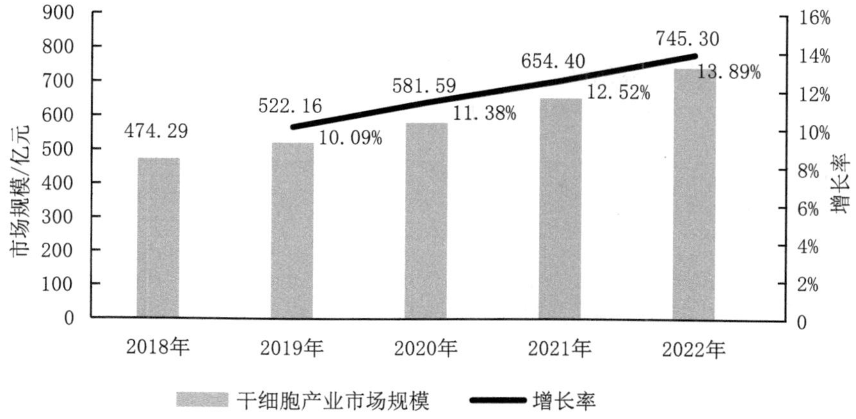

图8-22　我国干细胞产业市场规模变化

资料来源：中商产业研究院。

第二，企业数量庞大并持续增长，产业发展位居全国前列。就干细胞产业而言，广东省干细胞相关企业数量整体上保持增长趋势，每年增长企业数已经从2014年的260家增长至2023年的3599家，其中2020年新增企业高达4376家（见图8-23），预计在未来相关企业将会实现更加稳定的规模扩张。

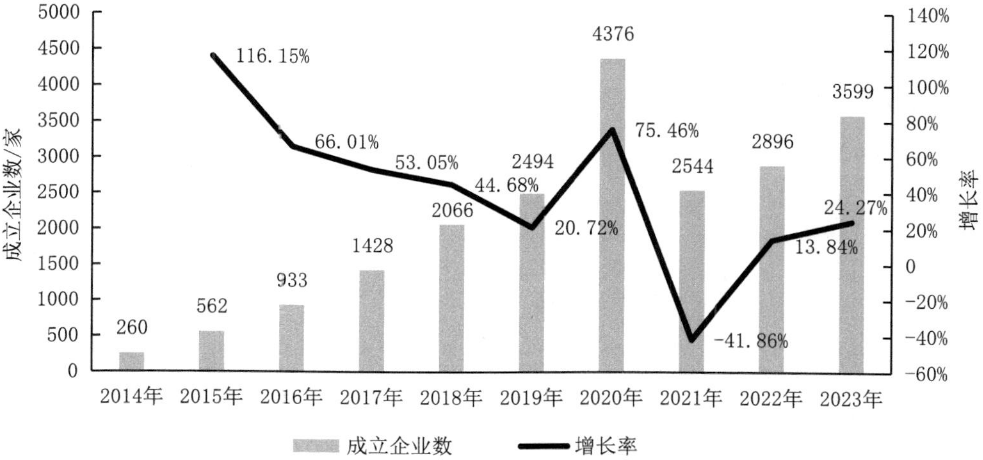

图8-23　2014—2023年广东省干细胞产业每年新增企业数变化图

资料来源：企查查。

第三，纵观中国干细胞产业发展历程，中国干细胞产业逐步走向规范化、产业化、明确化（见图8-24）。广东省干细胞产业居全国领先地位，紧跟国家政策导向，不断实现自我突破。

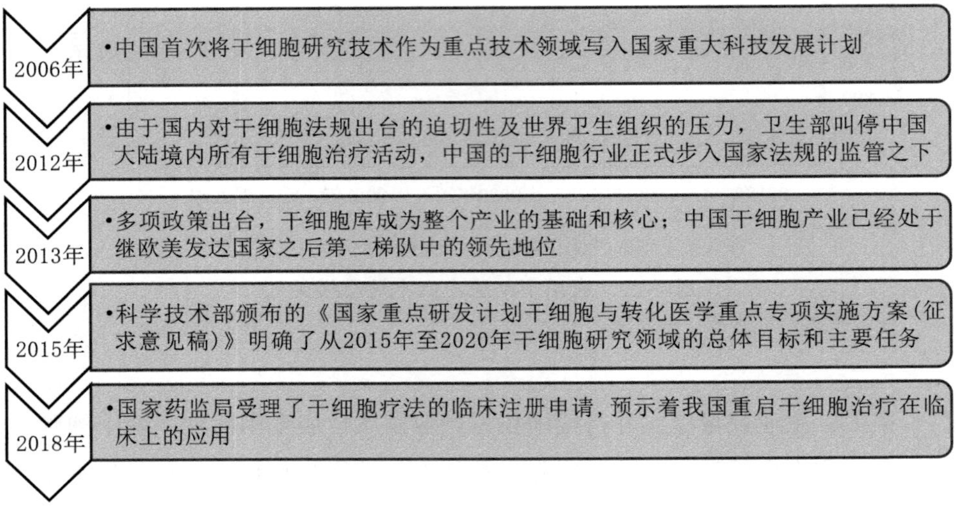

图8-24　中国干细胞产业发展历程

资料来源：前瞻产业研究院。

第四，专利数量全国领先，产业创新能力强。中国当前申请干细胞医疗专利数量最多的省份是广东省，该省累计申请数为3748项，居全国领先地位（见图8-25）。

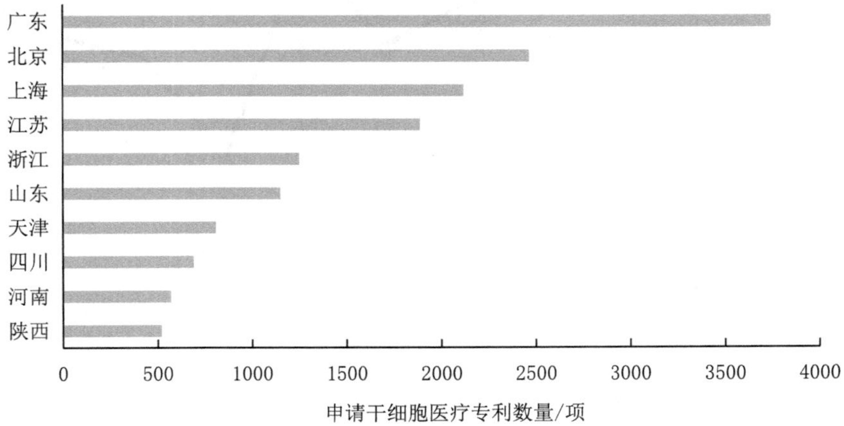

图8-25　截至2023年我国申请干细胞医疗专利数量TOP10省份

资料来源：前瞻产业研究院。

第五，拥有众多研究机构，科研创新成果丰富。广东省在干细胞研究和临床应用方面积累了丰富的经验，形成了相对完善的产业体系（见表8-9）。

表8-9　广东省干细胞产业主要的创新平台

创新平台	主要承建单位	类型
生物岛实验室	广州生物医药与健康研究院	广东省实验室
干细胞与组织工程教育部重点实验室	中山大学	教育部重点实验室、国家地方联合工程
广东省干细胞与再生医学重点实验室	广州生物医药与健康研究院	研究中心、广东省工程技术研究中心
广东省垂体疾病干细胞治疗工程技术研究中心	广东药科大学	广东省工程技术研究中心
广东省细胞治疗工程技术研究中心	中山大学附属第三医院	广东省工程技术研究中心
广东省人工器官与组织工程技术研究中心	南方医科大学珠江医院	广东省工程技术研究中心
军事医学科学院华南干细胞与再生医学研究中心	广东省科技厅、广州市人民政府、广州开发区管委会与中国人民解放军军事医学科学院	广东省新型研发机构
中国科学院广州生物医药与健康研究院	广州生物医药与健康研究院	广东省新型研发机构
粤港澳大湾区干细胞与精准医疗战略合作联盟	广东省干细胞与再生医学协会	产业联盟
广州干细胞与精准医疗产学研技术创新联盟	广州赛莱拉干细胞科技股份有限公司	产业联盟
广州干细胞与再生医学技术联盟	广州生物医药与健康研究院	产业联盟

资料来源：中科国康。

第六，政府政策扶持和资金支持，鼓励创新和研发。目前，广东省政策涉及干细胞研究、临床应用和产业化转化等不同方面（见表8-10）。政府加大了对干细胞产业的支持力度，鼓励科研机构和企业在干细胞领域的研发和创新，并提供相应的政策扶持和资金支持。同时，政府还加强了对干细胞研究和临床应用的监管，保障了干细胞产业的可持续发展。种种迹象表明，广东省干细胞产业有广阔的发展空间。

表8-10 广东省干细胞产业相关政策文件

时间	区域政策文件	政策要点
2020年9月	《广东省发展生物医药与健康战略性支柱产业集群行动计划（2021—2025年）》	强化科技创新支撑、提升生物医药与健康产业发展动能，围绕产业集群需求，布局建设一批新型基础设施和重大创新平台
2021年6月	《南山区促进生物医药产业领航发展实施方案（2021—2025年）》	支持个体化细胞治疗技术国家地方联合工程实验室建设……支持自贸试验区内医疗机构和科研机构开展干细胞、免疫细胞、基因治疗等新技术研究和转化应用
2023年1月	《深圳经济特区细胞和基因产业促进条例》	鼓励企业、高等院校科研机构、医疗卫生机构进行产学研合作，共享产业资源、支持细胞和基因重大理论、原创技术、前沿交叉学科等领域的基础研究,促进科技原始创新
2022年7月	《深圳市促进大健康产业集群高质量发展的若干措施》	打造基因和免疫细胞治疗产业新高地，培育发展干细胞等新业态，支持建设细胞与基因生物安全检测平台
2021年12月	《广州市越秀区科技创新与战略性新兴产业发展“十四五”规划》	大力支持干细胞治疗、肿瘤免疫治疗、基因治疗等新技术应用；积极引导国内外基因技术、生物科技等领域龙头企业与区内大型三甲医院开展战略合作

（二）产业链分析：链条完整，创新动力足；整链分散、创新低水平影响稳链

（1）干细胞产业链构成。广东省干细胞产业已经具有一定的规模，并且已经形成了完整的产业链。上游主要为干细胞采集和存储，是资本聚集最多的环节；中游为干细胞增殖与产品研发；下游为干细胞应用（见图8-26）。

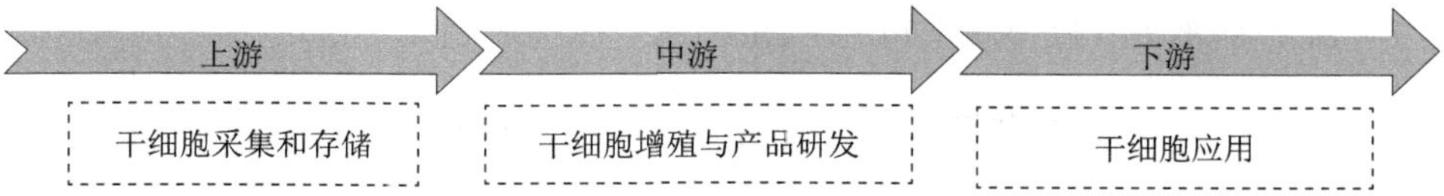

图8-26　干细胞产业链

（2）广东省干细胞产业链优势：链条完整，下游需求旺盛，创新能力较强。第一，整体产业链完整。广东省干细胞产业已经具有一定的规模，并且已经形成完整的产业链，各个环节都有相应的企业和技术支持。第二，在上游和中游环节，具备技术人才优势。第三，在下游环节还具备医疗资源丰富的优势，依托丰富的医疗资源及干细胞产业化优势，广东省在干细胞研究和应用方面具有较大的发展潜力。第四，创新能力强。广东省干细胞产业在标准及标准与专利融合等创新性问题上有较好的表现，这有助于推动产业的持续发展。

（3）广东省干细胞产业链问题：标准规范不统一，整链聚集度不高和高端创新不足制约稳链发展。具体而言，第一，质量标准和临床准入规范不足。干细胞产业化还面临一些瓶颈问题。第二，产业链集聚度不高。虽然产业链完整，但产业链的集聚度还有待提升，难以促进产业协同发展。第三，高端人才和高等级生物安全实验室偏少，限制了产业的创新能力和技术水平。

（三）未来发展趋势：规模扩大，应用深化促稳链发展

第一，市场规模有望进一步扩大。干细胞产业链发展主要涉及存储、药物开发、治疗这三个未来发展空间巨大的方向，干细胞产业市场规模将进一步扩大。

第二，应用范围将进一步拓展。首先，间充质干细胞是再生医学中最常用的干细胞类型，其研究进程加快将推动相关产品的临床转化。其次，自体干细胞由于具有并发症风险低的特征，市场规模有望加速增长。最后，干细胞技术的应用范围也将随着研究的深化而得到拓展。

七、未来材料：超导材料产业

超导材料产业是近年来发展迅速的新材料领域之一，它涉及超导材料的研究、开发、生产和应用。超导材料是指在特定条件下电阻为零的材料，具有独特的性质。超导材料在医疗设备、能源、交通、大科学工程（如CFETR、重离子加速器）和国防等领域具有重要的应用价值。

（一）发展概况：应用规模化，凭借研发实力强和严格监管促稳链发展

第一，产业规模不断增长。中国超导材料行业规模从2018年的237.1吨增长至2022年的1303.2吨，预计行业规模将持续增长（见图8-27）。广东省将顺应产业整体市场规模变化，积极部署超导材料产业发展，保证产业规模不断增长。

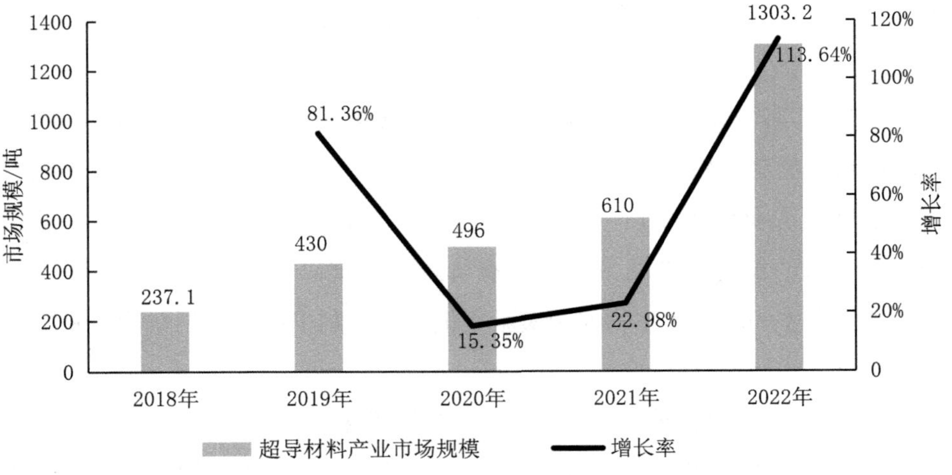

图8-27　2018—2022年我国超导材料市场规模变化

资料来源：共研产业咨询。

第二，细分市场差异化发展，逐步实现规模化应用。超导材料的分类没有固定的标准，最常用的分类方法是基于临界温度，据此主要分为低温超导材料和高温超导材料。目前，低温超导材料已经实现规模化商业化，高温超导材料正逐步开始产业化（见图8-28、图8-29）。虽然已发现了上千种超导材料，但具有实用化前景的并不多。低温超导材料自1965年开始研究，目前

低温超导材料 NbTi 与 Nb_3Sn 已实现商业化，而高温超导材料自1986年开始研究，近年开始进行产业化。目前在超导材料市场中，低温超导材料占据了绝大部分市场，占据市场总份额的95.6%；高温超导材料则占据了4.4%的市场份额。

图8-28 低温超导材料发展历程

图8-29 高温超导材料发展历程

第三，科研与创新成果丰富。据广东省科学技术厅发布的数据，广东省在先进材料产业方面表现突出，2022年先进材料企业实现主营业务收入超过2.6万亿元，利润总额超过960亿元，工业增加值超过5200亿元。广东省在超导材料研究方面也取得了一定的进展。例如，2023年，中山大学研究团队首次发现在14GPa压力下达到液氮温区的镍氧化物超导体，转变温度高达80K，这是人类目前发现的第二种液氮温区非常规超导材料，也是基础研究领域的重要突破；2025年，由中国科学院院士、南方科技大学校长薛其坤领衔的南方科技大学、粤港澳大湾区量子科学中心与清华大学联合研究团队，在常压环境下实现了镍氧化物材料的高温超导电性，超导起始转变温度突破40K，为解决高温超导机理的科学难题提供了全新突破口。

鼓励研发和创新，加强监管以保障产业健康发展。广东省超导材料产业目前面临巨大的政策利好，广东省人民政府出台了一系列政策以支持和促进超导材料产业的发展（见表8-11）。政府鼓励科研机构和企业在超导材料领域进行研发和创新，并为其提供相应的政策和资金支持。同时，政府还加强了对超导材料产业的监管，保障了产业的健康发展。

表8-11　广东省超导材料产业相关政策文件

时间	政策文件名称	内容解读
2017年9月	《关于促进储能技术与产业发展的指导意见》	集中攻关一批具有关键核心意义的储能技术和材料。重点包括高温超导磁储能技术、相变储热材料与高温储热技术、储能系统集成技术、能量管理技术等
2023年12月	《广东省培育未来材料产业集群行动计划（征求意见稿）》	推动仿生智能领域、纳米领域、超导领域、先进金属领域、新能源领域、材料研发范式及仪器装备领域的重点工程开展
2024年1月	《关于推动未来产业创新发展的实施意见》	推动有色金属、化工、无机非金属等先进基础材料升级，发展高性能碳纤维、先进半导体等关键战略材料，加快超导材料等前沿新材料创新应用

（二）产业链分析：外部环境利弊共存，稳链发展聚焦创新和需求驱动

（1）超导材料产业链构成。目前广东省已形成完整的产业链，上游为原材料，对于低温超导，主要材料是Ti、Nb、Sn等金属元素；对于高温超导，主要材料是Bi、Ba、La、Sm、Y 等金属元素的氧化物。中游为超导线材和超导磁体，超导线材是由原材料经过一系列制备工艺形成的条状线材。对于低温超导，主要包括NbTi和Nb_3Sn超导线，代表厂商有西部超导；对于高温超导，主要包括BSCCO线材带材薄膜、YBCO带材薄膜等的加工，代表厂商有永鼎股份、上海超导等。下游为终端设备，低温超导更适合用在医疗、大科学装置领域；高温超导更适合用在电力、高场领域（包括可控核聚变、高端制造，高速联通等）（见图8-30）。

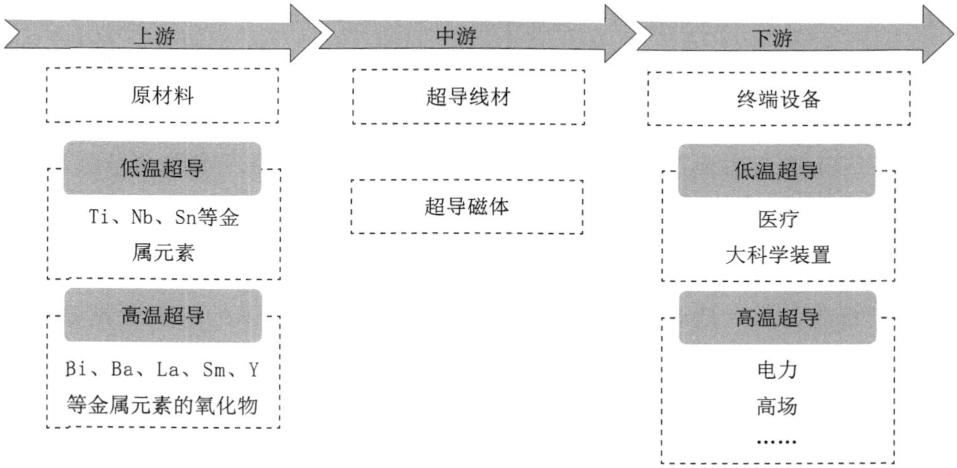

图8-30　超导材料产业链

（2）广东省超导材料产业链优势：政策支持产业发展，以需求和创新促进稳链。具体而言，第一是政策支持，广东省发布了《广东省培育未来材料产业集群行动计划（征求意见稿）》，明确提出了在超导材料领域进行重点攻关，并计划提升已有重大科技基础设施、全国重点实验室、省实验室、高水平大学、高水平研究院等战略科技力量的源头创新能级。第二是产业链下游终端设备需求旺盛，产业基础坚实。广东省在诸多战略性新兴产业和先进制造业上处于领先水平。这些产业对超导材料需求巨大，为超导材料产业链的发展提供了良好的市场基础。第三是产业链中游技术创新能力优越，广东省在超导材料领域拥有一定的技术创新能力，通过加强产业技术源头创新，构建成果产业转化体系，可以进一步提升超导材料的技术水平和市场竞争力。第四是区位优势，广东省位于中国南部，交通便利，与东南亚等地区接壤，便于开展国际贸易和合作，有利于超导材料产业链的国际化发展。

（3）广东省超导材料产业链问题：成本上涨和竞争加剧，供应链风险影响稳链发展。具体而言，第一是上游存在成本上涨的问题。随着原材料价格的波动和劳动力成本的上升，超导材料的生产成本可能会增加，从而影响产业链的盈利能力。第二是竞争加剧，全球范围内超导材料产业的竞争日益激烈，广东省只有不断提升自身的创新能力和技术水平，才能在竞争中保持优势。第三是存在整体产业链供应链安全风险，随着国际形势的变化，产业链供应链安全风险日益凸显。广东省需要构建绿色安全的原料供给体系，以确保超导材料产业链的稳定发展。

（三）未来发展趋势：需求和创新驱动发展，产业深度融合促稳链

第一，推动应用拓展，刺激市场需求的不断增长。超导材料产业在广东省有着良好的发展前景，以大科学装置建设为契机，实现超导材料在重大科技基础设施与重大战略工程中的应用。随着超导材料技术的不断发展和应用的拓展，超导材料产业有望在各个领域发挥更大的作用。政府对超导材料产业的高度关注和支持以及广东省良好的产业基础和市场环境将促进超导材料产业的健康发展。

第二，产业升级和创新驱动发展，进一步与各个产业深度融合。随着新材料产业的快速发展，超导材料将成为新一代装备领域不可或缺的组成部分。广东省的超导材料产业有望在新材料产业中发挥重要的引领作用，推动产业升级和创新驱动发展。未来，随着技术的进步，广东省的超导材料产业有望继续保持快速发展的态势，广东省将鼓励超导材料产业与其他相关产业的深度融合。

八、未来材料：纳米材料产业

纳米材料产业是指研究和生产纳米材料的产业，包括纳米材料的研发、生产、加工和应用等多个环节，涉及多个学科和技术领域。近年来，随着纳米材料生产技术的不断进步和应用领域的不断拓展，纳米材料产业得到了快速发展。

（一）发展概况：规模优势明显，产业发展具备长远潜力

第一，规模逐年增长，具备良好前景。我国纳米材料市场规模从2016年的692.8亿元增长到2021年的1848.2亿元。2022年纳米材料市场规模持续增长，达到2031亿元（见图8–31），与2021年的市场规模相比增长了9.89%。广东省纳米材料产业处于全国优势地位，其规模也随着全国市场整体的增长而增长。

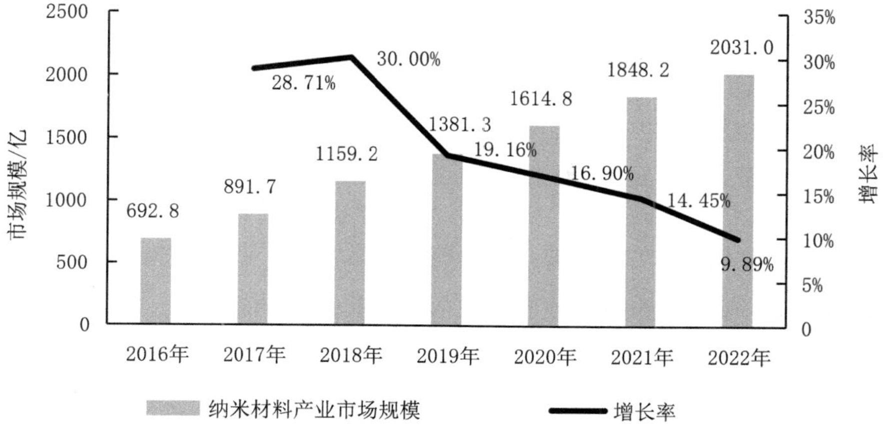

图8-31　我国纳米材料产业市场规模变化

资料来源：华经产业研究院。

第二，政策助力产业发展。为了推进纳米材料的研发应用，我国发布了多项行业政策，广东省在国家政策的大背景下，也发布了诸多政策，例如《广东省培育未来材料产业集群行动计划（征求意见稿）》提出，要促进纳米材料产业的发展（见表8-12）。

表8-12　纳米材料产业相关政策文件

时间	政策文件名称	内容解读
2020年9月	《关于扩大战略性新兴产业投资　培育壮大新增长点增长极的指导意见》	实施新材料创新发展行动计划，提升稀土、钒钛、钨钼、锂、铷铯、石墨等特色资源在开采、冶炼、深加工等环节的技术水平，加快拓展石墨烯、纳米材料等在光电子、航空装备、新能源、生物医药等领域的应用
2022年11月	《关于巩固回升向好趋势加力振作工业经济的通知》	优化布局建设国家新材料重点平台，深化实施首批次应用保险补偿机制，加快促进一批重点新材料产用衔接和市场应用推广
2023年9月	《安全应急装备重点领域发展行动计划（2023—2025年）》	推动5G、人工智能、机器人、北斗、新材料等在安全应急装备领域的集成应用及规模应用，遴选具有技术先进性、应用实效性、模式创新性、示范带动性的技术成果转化项目，开展试点示范

续表

时间	政策文件名称	内容解读
2023年12月	《广东省培育未来材料产业集群行动计划（征求意见稿）》	推动仿生智能领域、纳米领域、超导领域、先进金属领域、新能源领域、材料研发范式及仪器装备领域的重点工程开展

第三，技术逐渐实现突破，产业获得长远发展。我国纳米材料产业自20世纪80年代末起，因为得到政府重视而逐渐起步。10多年后，随着纳米材料的应用场景逐渐增多，越来越多的公司投入到纳米材料的生产研发中。21世纪以来，许多细分领域的技术先后得到突破，我国的部分技术已经走在世界前列（见图8-32）。广东省紧密把握产业前沿发展动态及先进技术，逐步实现了产业的稳定发展。

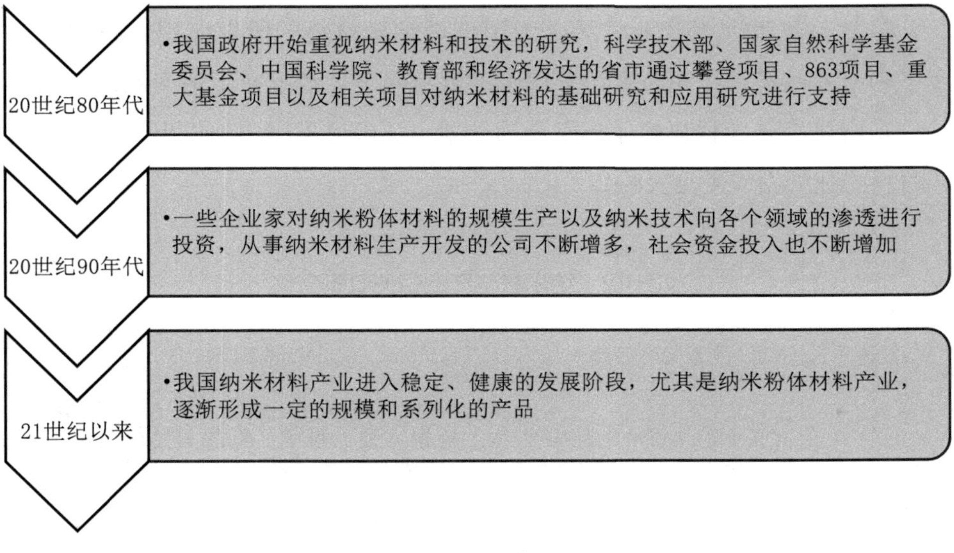

图8-32　我国纳米材料产业发展历程

资料来源：华经产业研究院。

第四，企业数目保持增长态势。广东省纳米材料产业的相关企业每年均保持一定数目的增长，其中2019年到达峰值时增加了1556家，具有一定的市场活力，但是近几年新增企业骤减，其原因可能是产业发展到一定的阶段，行业进入发展壁垒，导致企业进入更加困难（见图8-33）。

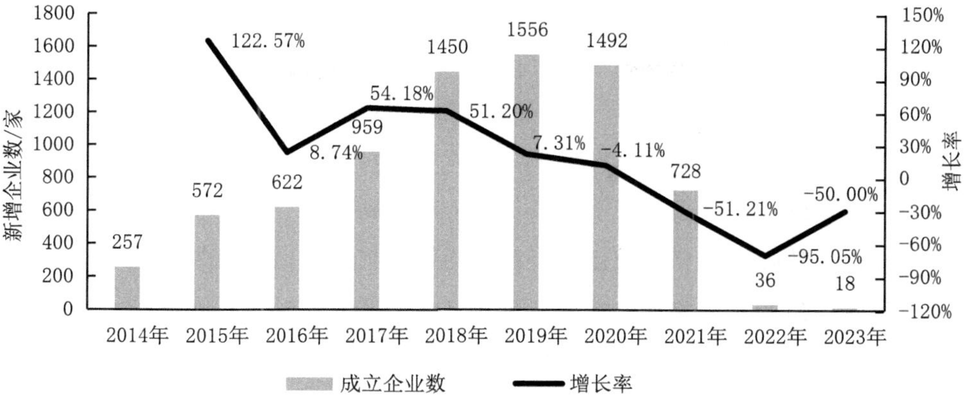

图8-33　2014—2023年广东省纳米材料产业新增企业数目变化

资料来源：企查查。

（二）产业链分析：链条完备且有政策利好，稳链聚焦应用落地和人才创新

（1）纳米材料产业链构成。上游为原料供应和设备；中游为纳米材料的生产制备；下游是产品和应用场景，包括在增强材料、纳米导线等领域的应用（见图8-35）。

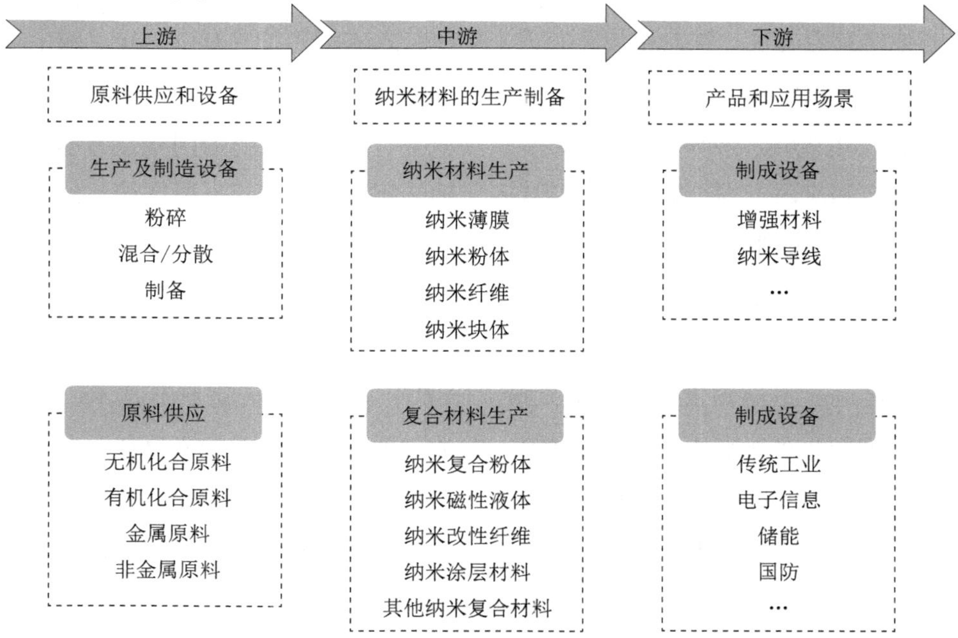

图8-34　纳米材料产业链

（2）广东省纳米材料产业链优势：政策大力支持，需求和创新助力产业链安全稳定发展。具体而言，第一，政策大力支持纳米材料产业发展。广东省人民政府高度重视纳米材料产业的发展，通过制定《广东省培育未来材料产业集群行动计划（征求意见稿）》等政策文件，为纳米材料产业提供政策支持和资金投入。第二，中下游具备强大的创新能力。广东省已布局建设一批重大科技基础设施和科技创新平台，为纳米材料的研究开发提供了适宜的科研环境。第三，下游需求旺盛，具备坚实的产业基础。广东省拥有雄厚的产业基础，特别是在电子信息、智能装备、生命健康等领域，为纳米材料的应用提供了广阔的市场空间。第四，注重国际合作。广东省注重加强产业国际交流合作，吸引外资和引进先进技术，提升产业链的国际化水平。

（3）广东省纳米材料产业链问题：技术和应用突破仍有提升和拓展空间，人才培养力度有待提升。具体而言，第一，产业链中下游的核心技术突破仍然存在提升空间。虽然广东省在纳米材料领域取得了一些突破，但与国际先进水平相比，仍存在一定的差距，需要进一步加大研发投入，加快关键核心技术的突破。第二，下游市场仍存在拓展空间。纳米材料的应用市场需要进一步拓展，特别是在高端制造、生物医药等领域，需要加强市场推广和产业链整合力度，提升市场竞争力。第三，人才培养力度有待提升。纳米材料产业的发展需要大量高素质人才，需要加强人才培养和引进，为产业发展提供人才支持。第四，在产业链整体环节中，存在环境污染问题。纳米材料的生产和应用过程可能对环境造成一定的影响，需要加强环境保护和治理力度，以确保产业的可持续发展。

（三）未来发展趋势：源头和核心技术新突破，需求拉动实现稳链发展

第一，下游需求推动行业发展。随着生物技术、先进制造技术、能源制造等行业对纳米材料要求的提高，行业发展前景广阔。纳米材料在电子行业中可以用于制造更小、更强、更高效的电子器件，而在医疗行业中则可以用于开发更精确、更有效的治疗方法。广东省将构建完善的产业成果转化体系，促进纳米材料研究成果的快速转化和应用。这包括建立高效的成果转化

机制，加强产学研合作，推动纳米材料技术从实验室走向市场。同时，随着环保意识的增强，纳米材料还被广泛应用于环境保护和可持续发展领域。

第二，加强产业技术源头创新。广东省将加强产业技术源头创新，以推动纳米材料产业的快速发展。这包括在纳米材料的基础研究和应用研究方面加大投入，提高创新能力，创造出具有国际竞争力的产品。同时推动产业人才融合发展，加强纳米材料产业的人才队伍建设。这包括加大人才培养和引进力度，提高人才素质，为纳米材料产业的发展和创新提供有力的人才支撑。

九、未来绿色低碳：天然气水合物产业

天然气水合物产业是指以天然气水合物（又称可燃冰）为资源，通过开采、加工、利用等一系列活动形成的产业链。这一产业涉及多个环节，包括天然气水合物的勘探、开采、储存、运输、加工和利用等。天然气水合物是一种富含甲烷的冰状物质，具有很高的能源密度，被认为是未来重要的清洁能源之一。

（一）发展概况：产业具备政策、技术和资源优势，稳链兼具内外保障

第一，产业技术不断进步，推动产业规模增长。近年来，随着国家对清洁能源和环境保护产业的重视以及天然气水合物开采技术的不断进步，中国天然气水合物市场规模不断扩大。根据市场研究机构的数据，中国天然气水合物市场规模已经超过50亿元人民币，并且预计在未来几年还将以每年20%的速度增长。作为我国天然气水合物核心开采基地且产业发展全国领先的广东，其产业规模也在不断扩大。中国天然气水合物市场具有巨大的发展潜力。随着技术的进步和商业化开发模式的成熟，未来天然气水合物市场有望实现更快的增长。

第二，企业增长数停滞，供给空间巨大。广东省天然气水合物的新增企业数自2014年以来一直保持较低的水平，到2021年已经连续三年保持零增长（见图8–35），故在低碳需求逐渐扩张、绿色观念不断深入的进程中，市场

将供不应求，产业将面临巨大的发展机遇，存在庞大的供给发展空间。

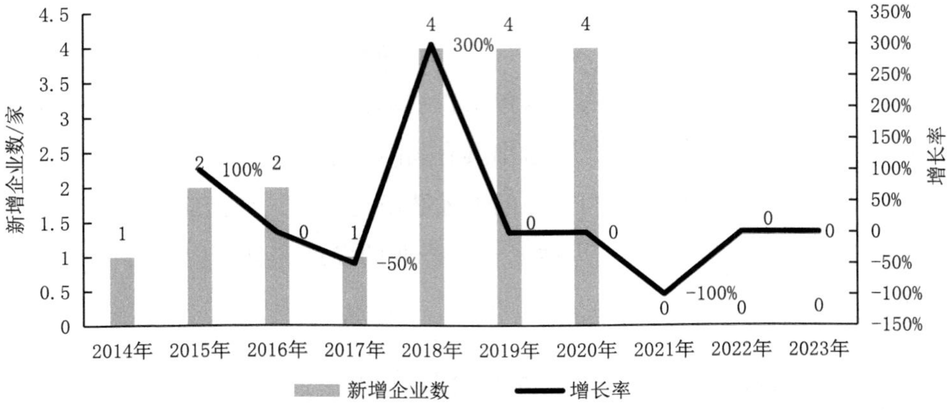

图8-35　2014—2023年广东省天然气水合物产业每年新增企业数变化图
资料来源：企查查。

第三，政策支持天然气水合物产业发展。广东省在政策上大力支持天然气水合物产业的发展。广东连续多年设立3亿元的省级海洋经济发展专项资金，重点支持包括天然气水合物开发在内的海洋六大产业项目的科技创新和成果转化（见表8-13）。

表8-13　天然气水合物产业政策文件汇总

时间	政策文件名称	内容解读
2019年12月	《关于促进生物天然气产业化发展的指导意见》	将生物天然气纳入国家能源体系，强化统筹协调，发挥市场作用，建立分布式生产消费体系，创新体制机制，完善政策措施，加快生物天然气专业化市场化规模化发展，增加天然气供应，保护城乡生态环境，促进生态文明建设
2019年12月	《广东省加快发展海洋六大产业行动方案（2019—2021年）》	对于天然气水合物产业，加快勘查开采先导试验区建设，加强核心工程技术攻关，建设基础设施配套基地
2023年12月	《关于支持广州南沙放宽市场准入与加强监管体制改革的意见》	推动各类创新资源进入天然气水合物研发和商业体系，依托南方海洋科学与工程广东省实验室（广州）、天然气水合物勘查开发国家工程研究中心，利用冷泉生态系统研究装置、天然气水合物钻采船等装备，打造全国天然气水合物研发和商业开发总部基地

续表

时间	政策文件名称	内容解读
2023年12月	《广东省培育新能源战略性新兴产业集群行动计划（2023—2025年）》	依托广州、深圳、珠海、惠州，构建覆盖设计、研发、总装、建造和应用等上中下游环节的天然气及其水合物产业链。推进深圳、惠州、潮州、揭阳、茂名、汕头、江门等地LNG接收站建设，优化天然气基础设施布局。积极落实国家油气体制改革，促进广东形成上游资源多渠道供应、中间管网统一高效集输、下游销售市场充分竞争的全省天然气市场体系
2024年2月	《广东省培育发展未来绿色低碳产业集群行动计划》	探索挖掘南海天然气水合物资源潜力，以先导试验区建设为抓手，统筹开展资源勘查、试采攻关、环境保护和平台建设，加快天然气水合物产业化进程

第四，广东省全球领先，产业发展进程稳步推进。我国天然气水合物产业发展主要聚集在广东，其发展进程正在稳步推进（见图8-36）。

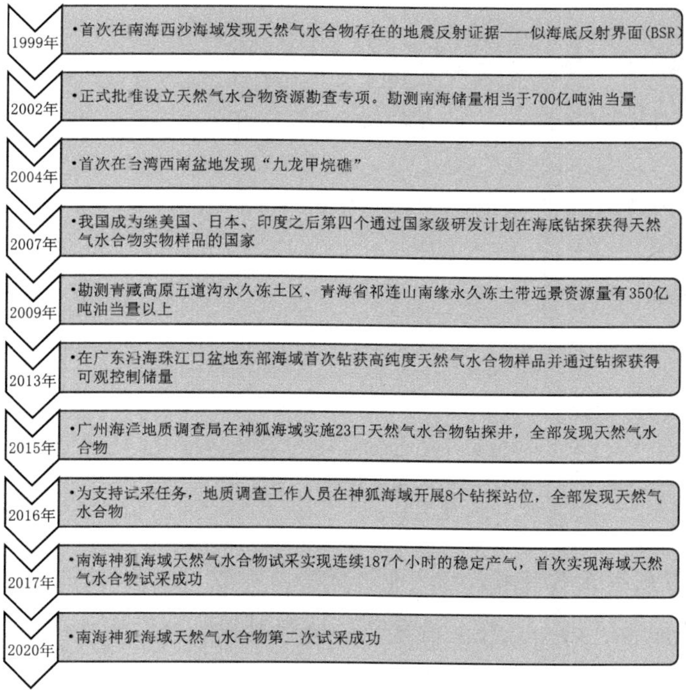

图8-36　我国天然气水合物产业发展历程

资料来源：华经产业研究院。

第五，资源丰富，具备良好的发展潜力。广东邻近南海，在拓展南海海洋经济空间方面具有突出优势。对于天然气水合物产业而言，广东省海域存在一定的资源，主要分布在珠江口盆地东部海域，并且广东省钻获的天然气水合物样品具有较高的纯度，表明该海域具备良好的开采潜力。

（二）产业链分析：内外优势兼具，提升资源利用效率和市场积极性以实现稳链发展

（1）天然气水合物产业链构成。天然气水合物产业链主要包括上游资源勘探、开发和生产，中下游加工、利用等环节和相关应用场景。其中，资源勘探包括对天然气水合物资源的勘查与评估，开发和生产则包括对天然气水合物的开采、提取、运输和储存处理；加工则包括天然气水合物的转化，应用场景包括制氢、发电、供暖以及化学合成等（见图8-37）。同时，相关机构和企业还承担着公共宣传教育、政策法规制定和推动等责任，形成了完整的天然气水合物产业生态体系。

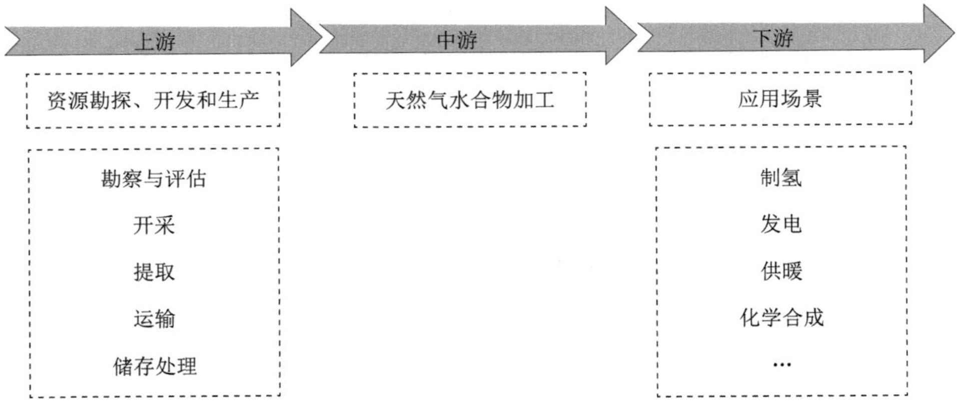

图8-37　天然气水合物产业链

（2）广东省天然气水合物产业链优势：资源、技术和需求优势保障稳链发展。具体而言，第一，在上游环节的资源勘探、开发和生产中，广东省拥有丰富的天然气水合物资源，主要集中在南海、东海等海域。这些资源储量大，分布广泛，具有较高的开发价值。广东省正在积极进行天然气水合物的勘探、开发和生产工作，以期在未来能够实现大规模商业化开采。第二，在

产业链中下游，广东省具备突出的技术优势。广东省拥有一批在天然气水合物技术研发方面取得了一些重要成果的企业，它们致力于天然气水合物的技术研发和装备制造。第三，下游需求旺盛，产业基础坚实。广东省正在积极推动天然气水合物在能源、工业、居民用气等领域的应用，以期实现能源结构的优化和环境的改善。

（3）广东省天然气水合物产业链问题：资源勘采能力和经济效益低，市场积极性有待提升。具体而言，第一，上游资源及分布有待摸清。对南海海域整体调查程度较低，还未实现全覆盖，特别是钻探程度低。第二，上游勘采装备研制能力有待提升。第三，上游勘采经济效益有待提高。由于天然气水合物勘采条件复杂，除常规气体收集外，还需保证连续稳定产气，勘采成本高，目前处于发展的初级阶段。第四，中下游市场积极性不高。在产业化之前，因其盈利水平不高，企业参与产业链中下游行业的积极性不高。

（三）未来发展趋势：整链标准化，加强资源勘测、科研建设和成果落地

第一，落实资源储量及分布勘查与探测。应及时对不同海域开展系统性、规律性的调查评价，尽快明确资源潜力、分布情况和重点探区储量规模。第二，突破前沿技术，推动创新进程，加快科研成果落地。天然气水合物被认为是一种前景广阔的海洋能源，广东省对天然气水合物产业化也大力推进。第三，建立天然气水合物评价标准体系。加快建立完善用海机制，切实解决天然气水合物资源开发风险高、外交环境复杂多变等方面的问题。第四，强化配套科研团队和工程技术队伍建设。

十、未来绿色低碳：可控核聚变产业

可控核聚变产业是指研究、开发和利用可控核聚变技术的相关产业。它涉及多个领域，包括科学研究、工程技术、能源生产等。可控核聚变是一种清洁能源技术，被认为是解决人类终极能源问题的路径之一，具有提供几乎无限能源的潜力，对于解决全球能源问题具有重要意义。同时，可控核聚变产业对国防工业建设也具有重要的战略意义。

（一）发展概况：发展尚不成熟，政策支持和技术突破助力稳链发展

第一，可控核聚变产业处于发展初期，聚焦理论研究。广东省拥有我国第一座大型商用核电站——大亚湾核电站。但是，目前而言，广东省在可控核聚变研究和发展方面仍处于初级阶段，其研究主要集中在理论模拟、装置设计和实验验证等方面，尚未形成完整的产业链。主要通过研究机构和高校的合作进行相关工作。具体来看，中国科学院广州能源研究所在可控核聚变领域具有一定的研究实力。该研究所在托卡马克等领域进行了相关研究工作，并取得了一定的成果。

第二，政策支持可控核聚变产业发展，技术突破助力产业化落地。加快构建现代能源体系时期，国家发展改革委、国家能源局发布的《“十四五”现代能源体系规划》在专栏中指出支持受控核聚变的前期研发。在全国政策背景下，广东省把握产业发展机会，积极部署可控核聚变产业未来发展，提出加快产业集聚区的建设（见表8-14）。2023年，国务院常务会议决定核准广东太平岭核电项目，广东省核电产业获得进一步突破的机会，也表明政策上加强了对核电发展的支持力度。

表8-14 可控核聚变产业政策文件

时间	政策文件名称	内容解读
2021年9月	《中共中央 国务院关于完整准确全面贯彻新发展理念做好碳达峰碳中和工作的意见》	推进高效率太阳能电池、可再生能源制氢、可控核聚变、零碳工业流程再造等低碳前沿技术攻关
2021年10月	《2030年前碳达峰行动方案》	积极研发先进核电技术，加强可控核聚变等前沿颠覆性技术研究。积极参与国际热核聚变实验堆计划等国际大科学工程
2022年1月	《“十四五”现代能源体系规划》	支持受控核聚变的前期研发，积极开展国际合作
2024年2月	《广东省培育发展未来绿色低碳产业集群行动计划》	持续优化并规模化推广应用第三代核电技术，加快推进先进模块化小堆、四代核电技术的研发和示范应用，增强核电研发设计创新能力，提高自主化和国产化水平，形成完整的核电产业链。开展高温气冷堆关键技术研发与储备，推动可控核聚变电站的配套技术研究

第三，产业建设稳步推进，研发成果频出。自1956年我国制定“十二年科技规划”开始，核聚变能的和平利用探索就在我国拉开了序幕。之后核聚变能的研究稳步推进，现已具备突破可控核聚变能技术的产业实力（见图8–38）。广东省也在积极布局可控核聚变产业的发展，提出在技术攻关领域加强对可控核聚变等前沿颠覆性技术的研究，分区域发展，进而形成产业集聚区。

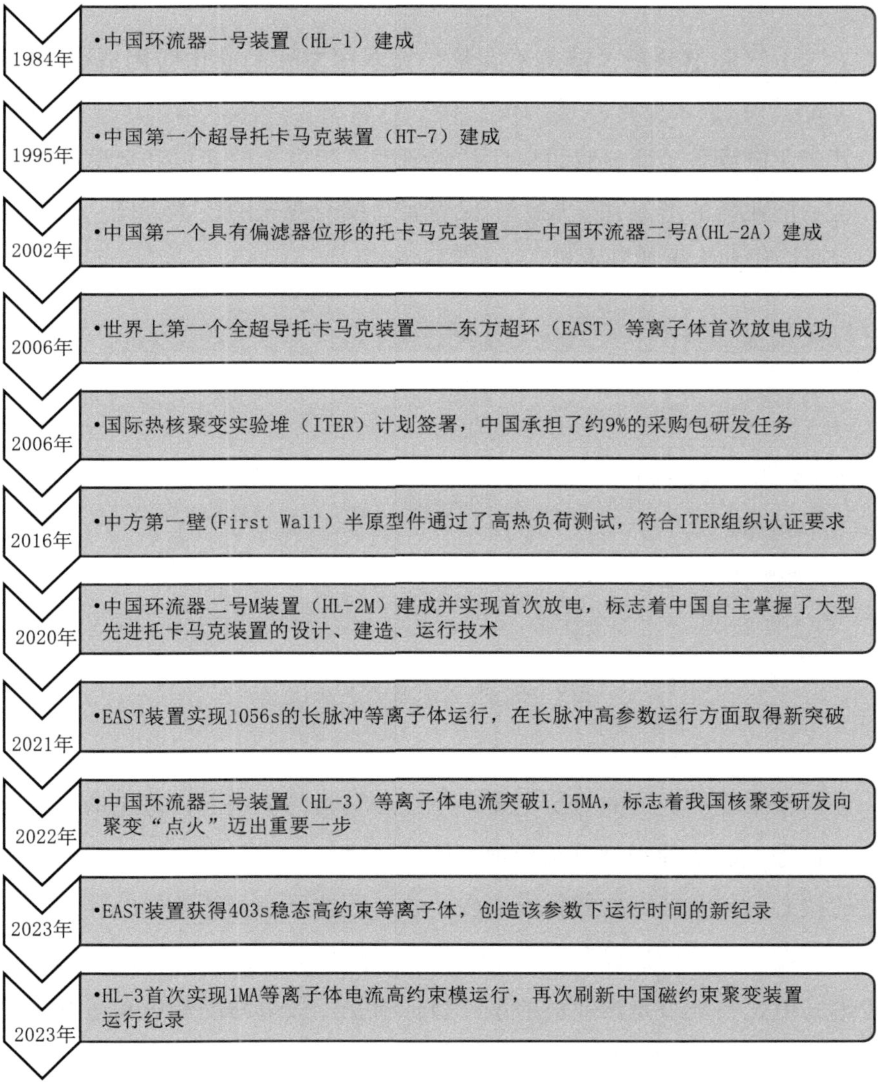

图8–38　我国核聚变研发技术成果梳理

资料来源：国家能源局、人民日报海外版、ITER CHINA、中国能源报、中国科学院合肥物质科学研究院、中国科学院等离子体物理研究所。

第四，尚未实现商业化落地，市场潜力巨大。由于技术和成本的限制，可控核聚变尚未进行商业化应用。但是，广东省能源消费需求大，粤港澳大湾区和“一核一带一区”发展战略的全面实施，为新能源产业发展提供了有利的环境，并且可控核聚变自身具备可控、高能量密度、安全和清洁无污染的巨大优势，在未来实现商业化落地是众心所向，具有极高的市场潜力和商业价值。

（二）产业链分析：链条不完整，技术研发和商业化应用成稳链关键

（1）可控核聚变产业链构成。可控核聚变作为未来清洁能源的重要方向，其产业链涵盖了原材料供应、技术研发、核电站的建设和运营等多个环节。这一产业链的形成和发展，不仅需要高度专业化的技术支持，还涉及广泛的行业协作和大量的资本投入（见图8–39）。

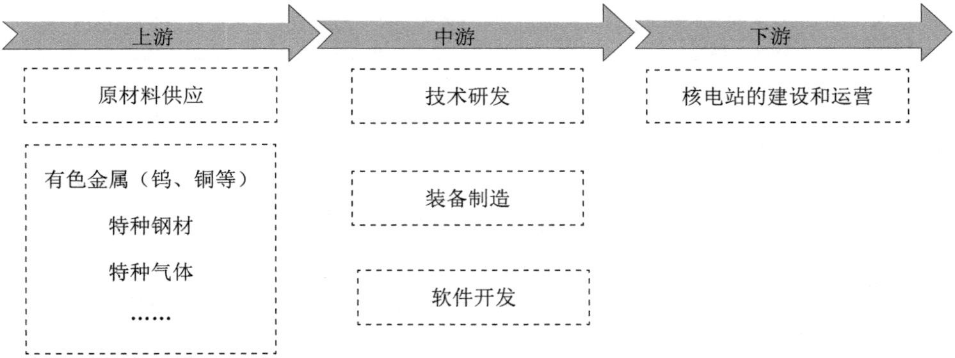

图8–39　可控核聚变产业链

可控核聚变产业链的上游主要集中在原材料的供应上，这包括有色金属（钨、铜等）、特种钢材以及特种气体等原材料。核聚变产业链的中游是产业链的核心，涉及核聚变的技术研发、装备制造以及相关软件的开发。下游主要集中在核电站的建设和运营上。尽管可控核聚变技术目前尚未实现商业化发电，但这一环节是产业链的最终目标所在。核电站的建设和运营不仅需要高度专业化的技术团队，还需要遵循严格的安全标准和监管要求。

通过以上分析可发现，可控核聚变产业尚未实现商业化落地，这意味着无论在全国还是广东省其均未形成完整的产业链，但相关机构正积极进行技术攻关，推进其商业化落地。

（2）广东省虽未形成完整的产业链，但是其在产业链的发展完善中具备一定的优势。具体而言，第一，在产业链核心环节，广东省具备雄厚的技术优势，这为可控核聚变产业链的发展提供了有力支撑。第二，氢能发展助力可控核聚变产业的发展。广东省在氢能开发方式上具有优势，而可控核聚变发电也是氢能开发的一种方式，这有助于广东省在可控核聚变产业链上的发展。第三，省内良好的制造业基础和电子信息产业优势，为可控核聚变产业链中下游涉及的制造领域提供了有力的支撑，促进了产业融合发展。第四，广东省海水资源丰富，在海水中上游气体原料储存丰富，使其具备一定的上游资源优势。

（3）广东省可控核聚变产业链问题：技术和原料对外依赖性强，整链安全性、经济性有待提升。具体而言，第一，在中游技术研发上，可控核聚变技术的研发不达预期，自主创新能力有待提高。第二，上游原材料涉及的关键设备和材料依赖进口，能够自主获得的原料由于技术原因无法实现充分利用，核聚变反应产生的高能中子会对材料产生损害，亟待建立有效的氚燃料循环系统。第三，中游需要大量的资金投入，因为可控核聚变全产业链基本上都需要高昂的成本来维持发展，但是目前广东省相关资金并未充分投入可控核聚变产业的发展中，且缺乏相关企业。第四，燃料供应和安全没有保障。核聚变反应通常采用氘和氚等轻核燃料，但氘和氚的获取和储存都面临一定的挑战。氚是一种放射性物质，储存和处理需要特殊的设备和环境。同时，氘和氚的供应也需要解决。确保核燃料供应和处理的安全性是一个关键问题。第五，全产业链的实用性和经济性有待提升。可控核聚变技术要在商业化和实际应用中取得成功，必须具备实用性和经济性。目前的技术还需要进一步提高效率，降低成本，以便能够与传统能源竞争。实现这一目标需要大量的创新和研发工作。

（三）未来发展趋势：政策引领和合作促研发，商业化和融合促稳链

第一，加大科研力度，促进各国之间的合作。广东省的相关研究机构和

高校在可控核聚变研究领域具有一定的实力，并参与到了全球范围的合作与交流中。可控核聚变是全球性的挑战，需要各国之间加强合作与交流。这种合作与交流能够进一步促进广东省可控核聚变产业的发展。除此之外，随着能源转型和碳排放减少的需求，未来对清洁能源的需求将会增加，广东省可控核聚变产业投资和研发合作有望进一步增强。

第二，落实商业化应用，扩展更广阔的应用场景。可控核聚变技术目前仍处于实验阶段，距离商业化应用还有一定的距离。不过，随着高温超导技术的进步、材料科学研究的进展以及大规模装置的建设，可控核聚变技术有望达到商业化应用的阶段。广东省可控核聚变产业目前仍处于研究和发展阶段，但随着技术的突破和商业化进程的推进，该产业展现出广阔的应用场景和巨大的发展潜力。未来，科研力度的加大、产学研合作的进一步深入，能够为可控核聚变技术的商业化应用奠定坚实的产业基础。

第三，政策持续支持，资金投入增加。充足的资本投入对于可控核聚变技术的研发和商业化同样至关重要。可控核聚变项目通常需要巨额的前期投资和较长的研发周期，而来自政府以及国际组织的资金支持能够确保这些项目的持续进行。此外，有效的财政激励措施，如税收优惠、研发补贴等，也能够吸引更多投资进入这一领域。政府的政策指导和支持能够为可控核聚变技术的研发提供方向，为企业提供稳定的发展环境。同时，合理的监管框架能够确保可控核聚变技术发展过程中的安全性和环境友好性，增强公众对核聚变能源的信任和接受度。

第四，产业融合发展，推动可控核聚变产业进程。人工智能和超导技术的应用将为核聚变能源的开发提供重要支持。人工智能可以优化核聚变反应的控制过程，提高能源产出的效率和安全性；超导技术的应用，能够显著降低能量损耗，提升系统整体性能。这些技术的结合，将使核聚变能源更加环保、高效且便捷，为人类社会带来前所未有的“能源自由”。

第二节　广东省在未来产业中的布局和战略

广东省对于未来产业的布局涉及广东的多个城市，布局全面且各有重点。各市中，广州、深圳、惠州、东莞和中山五个市在“十四五”规划中提出了对未来产业的布局规划，其中部分地区未来产业重点布局情况见表8-15。

表8-15　广东省主要地区未来产业重点布局情况

地区	重点布局的未来产业
深圳	卫星制造与应用产业、航空航天产业、机器人产业、可穿戴设备产业和新型健康技术产业
广州	天然气水合物产业、区块链产业、量子科技产业、太赫兹产业和纳米科技产业
惠州	先进材料产业、人工智能产业、生命健康产业

资料来源：前瞻产业研究院。

一、未来电子信息：核心技术取得突破，关键领域领先

广东省计划到2030年在未来电子信息产业的重点领域关键核心技术上取得突破，并在新一代网络通信、人工智能、虚拟现实、量子信息等领域达到全国领先。到2035年，广东省未来电子信息产业将成为新一代电子信息产业高质量发展的引领力量，在新一代网络通信、人工智能、虚拟现实、量子信息等领域处于全球领先地位，成为全球未来电子信息产业创新高地。广东省未来电子信息产业主要布局项目见表8-16。

表8-16 广东省未来电子信息产业主要布局项目

主要布局项目	建设地点	建设目的
新一代网络通信项目	珠三角地区	打造广东省在新一代网络通信领域的领先地位
人工智能研发中心项目	广州、深圳	推动人工智能技术研发和产业化发展
虚拟现实技术应用示范项目	粤港澳大湾区	拓展虚拟现实技术在多个领域的应用
量子信息研究与开发项目	珠三角地区	抢占量子信息技术领域制高点

资料来源：中商产业研究院。

具体而言，广东省未来电子信息产业主要有以下项目：新一代网络通信、人工智能研发中心、虚拟现实技术应用示范、量子信息研究与开发等。《广东省培育发展未来电子信息产业集群行动计划》提出了广东省未来电子信息产业的发展战略。明确了要选准“六项”重点任务，实施“四大”重点工程，发挥粤港澳大湾区的区域优势，打造世界一流的企业群，突破关键技术、完善产业生态等，重点发展新一代网络通信、人工智能、虚拟现实和量子信息等四个领域。广东省将培育具有核心竞争力的产业集群，并积极引进卫星通信、量子技术等领域的企业和项目。

二、未来智能装备：打造产业创新高地，集群发展领先

《广东省培育未来智能装备产业集群行动计划》指出，未来智能装备是未来产业和未来技术发展的重要方向，具有前沿性、突破性、颠覆性、战略性等特点，主要包括人形机器人、空天装备、深海装备、深地装备等前沿领域。广东省未来智能装备产业发展目标见表8-17。

表8-17 广东省未来智能装备产业发展目标

主要目标	具体内容
核心技术取得突破	到2030年，在人形机器人、空天装备、深海装备、深地装备等重点领域承担一批国家级项目，取得30项左右关键未来智能装备技术突破

续表

主要目标	具体内容
创新能力不断增强	到2030年，技术创新能力显著提升，在未来智能装备领域创建一批省级以上制造业创新中心、产业创新中心、技术创新中心、企业技术中心、重点实验室、工程研究中心等创新平台
产业竞争力持续提升	到2030年，培育4家具有国际竞争力的“链主”企业和50家以上专精特新企业，形成安全可靠的产业链供应链体系
产业生态逐步完善	到2030年，布局建设若干未来智能装备产业科技园和公共服务平台，构建具有国际竞争力的产业生态，产业加速实现规模化智能化发展，初步形成“产业+科技+金融+人才”高水平协同的集群发展生态

资料来源：《广东省培育未来智能装备产业集群行动计划》。

具体来看，到2035年，将广东省打造成全球人形机器人、空天装备、深海装备、深地装备等未来智能装备产业创新发展高地，形成若干家领跑全球的行业领军企业，使广东省未来智能装备产业集群发展态势全国领先。具体有四大目标：一是核心技术取得突破；二是创新能力不断增强；三是产业竞争力持续提升；四是产业生态逐步完善。

广东省对未来智能装备产业主要有以下五项重点布局和战略：一是加强核心技术攻关；二是打造产业创新平台；三是培育优质骨干企业；四是强化前沿装备应用；五是优化区域产业布局（见表8-18）。

表8-18　广东省未来智能装备产业主要布局和战略

主要布局和战略	具体内容
加强核心技术攻关	着力突破多模态智能感知、智能控制、可靠性提升等关键核心技术，支持核心产品研发和产业化
打造产业创新平台	打造一批促进协同创新的公共服务平台，加大研发设计、质量认证、检验检测、知识产权、人才培养等专业化服务供给
培育优质骨干企业	加强政策引导激励，探索央地协同。支持企业牵头搭建创新联合体，培育“链主”企业。引导创新要素向优质企业集聚，培育单项冠军和专精特新企业

续表

主要布局和战略	具体内容
强化前沿装备应用	综合运用首台（套）、首批次、首版次等政策。支持搭建科技成果应用对接平台。打造融合应用场景，建设中试基地和验证平台
优化区域产业布局	推动广深佛莞智能装备集群向前沿领域延伸，以广深佛莞为核心引领，带动其他地市配套发展

资料来源：《广东省培育未来智能装备产业集群行动计划》。

三、未来生命健康：全球产业创新高地，构建创新生态系统

广东省在未来生命健康产业的布局与战略中，致力于将自身打造成全球生命健康产业的创新高地。该战略聚焦于基因技术、细胞治疗、AI+生物医药、合成生物、脑科学与类脑研究等方向，依托广州、深圳、珠海、中山等地市的创新能力和产业基础，推动未来生命健康产业的高质量发展。广东省的这一战略不仅关注技术突破和产业集群的形成，还着眼于构建完整的创新生态系统，包括研发、转化、应用和产业化各个环节。

广东省未来生命健康产业布局以珠三角地区为核心，围绕广州、深圳等城市，形成辐射粤东西北的发展格局。重点发展基因技术、细胞治疗、AI+生物医药、合成生物、脑科学与类脑研究等领域，并通过省市区联动，加大研发投入，构建未来生命健康产业多元投入机制。同时，广东省还将推动未来生命健康产业与其他产业的融合发展，如与未来电子信息、未来智能装备等领域的结合，形成新的经济增长点。

广东省未来生命健康产业主要有以下五项重点布局和战略：第一，打造体系化创新平台；第二，完善关键核心技术攻关体系；第三，构建梯次化企业培育格局；第四，培育产业创新发展集聚区；第五，优化未来生命健康产业生态（见表8–19）。

表8-19　广东省未来生命健康产业主要布局和战略

主要布局和战略	具体内容
打造体系化创新平台	着力提升重大平台的源头创新能级，加快推进人类细胞谱系等一批重大科学装置建设，建设世界级未来生命健康领域原始创新基础设施集群
完善关键核心技术攻关体系	聚焦前沿引领技术、颠覆性技术，开展更多有组织的关键核心技术攻关。打造由高校、科研机构、企业、医院共同参与的科技创新联合体，推动科研成果快速产业化
构建梯次化企业培育格局	培育和孵化一批优质龙头企业、专精特新企业和“未来之星”企业。引进一批创新型生物医药平台型企业
培育产业创新发展集聚区	打造以广州市、深圳市为核心，以佛山市、东莞市、中山市、珠海市为重点的产业创新发展区
优化未来生命健康产业生态	构建未来生命健康产业多元投入机制，发挥产业投资基金、风险投资、创业投资等作用。持续实施重大人才工程，引进一批具有世界影响力的顶尖科研创新人才和产业人才。搭建未来产业交流合作平台，推动新技术、新产品、新服务有效衔接和精准应用

资料来源：《广东省培育未来生命健康产业集群行动计划》。

四、未来材料：支撑经济强大引擎，技术创新持续突破

未来材料产业集群主要依托广州、深圳、珠海、东莞等地市，重点发展仿生智能材料、先进金属材料、超导材料、纳米材料和新能源材料等。在发展现状方面，广东省未来材料产业创新体系日益完善，关键技术持续突破，应用场景不断拓展，对先进制造业的支撑引领作用初步显现；在优势和发展机遇方面，广东省未来材料产业具有工业体系完备、集群优势明显的产业基础优势，以及国际一流的科学研究平台和不断汇集的科技创新人才等创新要素优势；在存在的问题与挑战方面，广东省未来材料产业发展面临着竞争格局日益激烈、未来材料基础研究与应用基础研究储备不足以及关键技术及装备有待突破三大挑战。预计到2030年，广东省未来材料产业将成为支撑经济发展的新引擎，关键核心技术和创新能力将持续突破，产业集群效应显著。此外，广东省还期望通过未来材料产业的发展，推动智慧城市建设、提升公

共服务效率等，改善民生，提高居民生活质量。广东省在未来材料产业的布局主要集中在以下六个领域：仿生智能领域、纳米领域、超导领域、先进金属领域、新能源领域、材料研发范式及仪器装备领域。

广东省未来材料产业主要有以下五项重点布局和战略：第一，加强产业技术源头创新；第二，构建成果产业转化体系；第三，培育壮大领跑企业群体；第四，推动产业人才融合发展；第五，加强产业国际交流合作（见表8-20）。

表8-20　广东省未来材料产业主要布局和战略

主要布局和战略	具体内容
加强产业技术源头创新	聚焦未来材料重点领域，着力提升战略科技力量源头创新能级，推动建设世界级的未来材料原始创新基础设施集群
构建成果产业转化体系	分领域建设一批行业级共性技术研发、中试验证平台，前瞻性布局一批未来材料标杆应用示范项目，创新成果转化科技金融赋能举措，建设未来材料产业培育先导示范区
培育壮大领跑企业群体	加大科学家团队初创企业扶持力度，持续开展高新技术企业提质树标行动与科技型中小企业培育工作，培育引进一批拥有核心关键技术、具有较强创新能力和国际竞争力的企业
推动产业人才融合发展	持续引进海内外“高、精、尖”人才团队，协同培养产业发展所需的高端研发人才、卓越工程人才、复合型管理人才
加强产业国际交流合作	主要包含海外人才引进，支持海外知名高校院所、优势企业、国际科技组织在粤建立未来材料跨国创新机构、举办高水平国际合作交流活动等举措

资料来源：《广东省培育未来材料产业集群行动计划》。

五、未来绿色低碳：打造产业创新高地，推动经济持续发展

未来绿色低碳产业布局与战略旨在将广东打造成全球绿色低碳产业的技术创新高地和产业集聚地。这一战略不但是为了应对全球气候变化挑战，而且对于推动广东省经济高质量发展、实现可持续发展具有重要的战略意义。预计到2030年，广东省将在技术进步、绿色竞争力、产业生态、全球化布局

等方面取得实质性成效，形成低碳零碳负碳技术和场景创新共同驱动的产业集群，为实现碳中和目标奠定坚实的基础。广东省未来绿色低碳产业发展主要聚焦于八项重点工程，包括深远海风电领航工程、新型储能竞先工程、绿色氢能提升工程、高效光伏赶超工程、先进核能跨越工程、碳捕集利用与封存先导工程、天然气水合物探索工程和节能降碳提效工程。

广东省未来绿色低碳产业主要有以下五项重点布局和战略：第一，强化科技支撑，促进产业集群发展；第二，优化产业布局，激发产业发展新优势；第三，创新应用场景，推动数智化多元融合发展；第四，面向全球市场，抢占未来产业前沿风口；第五，营造良好环境，优化产业发展生态（见表8-21）。

表8-21　广东省未来绿色低碳产业主要布局和战略

主要布局和战略	具体内容
强化科技支撑，促进产业集群发展	强化企业科技创新主体地位，促进低碳零碳负碳技术产业化和补链强链。以领军企业和高成长创新型企业为牵引，带动产业集群化发展
优化产业布局，激发产业发展新优势	坚持系统观念，落实“一核一带一区”区域发展格局，发挥我省现有产业基础和比较优势，科学谋划布局，形成协调互补、错位发展、集群成链的产业发展格局
创新应用场景，推动数智化多元融合发展	积极开拓“先进核能+氢能”“深远海风电+海水制氢”“海上综合能源岛+海洋牧场+海底开采”等融合发展新场景。推进数字化、智能化技术在绿色低碳产业中的深度应用，释放数据要素价值潜力
面向全球市场，抢占未来产业前沿风口	推动企业主动融入全球创新链和绿色贸易体系，形成“立足广东、辐射全国、连通全球”的绿色低碳全球价值链
营造良好环境，优化产业发展生态	在能源安全、生态安全底线之上，持续完善适应绿色低碳领域技术突破、产业变革和模式创新的体制机制，营造市场化、法治化、国际化的营商环境，形成开放包容、充满活力的产业生态

资料来源：作者根据《广东省培育发展未来绿色低碳产业集群行动计划》整理。

第三节　未来产业产业链安全发展的挑战和机遇

广东省未来产业的发展尚不成熟，其产业链安全发展还面临许多的挑战和机遇。以下将基于前文对广东省未来产业产业链安全发展的挑战和机遇进行阐述。

一、未来产业产业链安全发展面临的挑战

本部分从未来电子信息、未来智能装备、未来生命健康、未来材料和未来绿色低碳五个产业的视角，分别对广东省相关产业产业链安全发展面临的挑战进行阐述。

（一）未来电子信息：稳链发展面临内外多重考验

第一，存在关键领域“卡脖子”问题。尽管广东省电子信息产业基础雄厚，但在关键核心技术创新能力上与发达国家相比仍有差距。这导致在高端产品生产上存在依赖进口的问题，限制了产业的自主发展。技术创新是企业保持竞争力的关键。广东省未来电子信息产业产业链需要加大研发投入，推动技术创新，以应对市场竞争的加剧。

第二，人才储备不足。未来电子信息产业是高技术产业，对人才的需求量大、要求高。广东省虽然拥有一定数量的人才储备，但在高端人才、复合型人才等方面仍有不足，从而制约了产业的创新发展，使得产业发展面临挑战。

第三，核心技术攻关持续性投入不足。政府在核心技术攻关方面的政策支持力度需要进一步加强，否则难以有效引导和激励企业加大研发投入。企业在核心技术攻关方面的投入不足，不利于企业持续进行技术创新。

第四，产业链协同联动发展不足。广东省未来电子信息产业已形成了一定的产业规模，但在产业链协同方面仍有待提升。产业链上下游企业之间的协同创新和资源共享不足，导致产业链整体竞争力不强。

第五，异常复杂的国际形势和“脱钩断链”的外部挑战。广东省作为制造业大省，其产品面向的不仅仅有国内市场，也有海外市场，但是国际贸易

摩擦不断加剧，特别是中美经贸摩擦，对广东省未来电子信息产业产业链造成了较大影响。贸易壁垒的提高导致出口受阻，产业链上下游企业面临订单减少、成本上升等问题。除此之外，全球产业链正面临重构，部分国家和地区试图通过“脱钩断链”的方式减少对特定国家的依赖。这导致广东省电子信息产业链面临供应链中断的风险，企业需要寻找新的合作伙伴和替代市场。

第六，市场竞争加剧。随着全球电子信息产业的快速发展，市场竞争日益激烈。广东省未来电子信息产业产业链面临来自国内外企业的竞争压力，需要不断提升产品质量、降低成本、提高效率，以保持市场竞争力。

（二）未来智能装备：内部优化和外部竞争影响稳链发展

第一，核心技术依赖。尽管广东省在未来智能装备产业链中拥有齐全的工业门类和广阔的应用市场，但上游核心零部件对外依存度较高，这可能导致产业链中断的风险增加。

第二，数据安全与隐私保护问题严峻。智能装备产业涉及大量数据，如何确保这些数据不被泄露或滥用，是广东省未来智能装备产业需要警惕的问题。

第三，产业链协同发展挑战。尽管广东省在未来智能装备产业发展方面取得了一定的成果，但产业链上下游企业之间的协同创新和合作仍需加强，以提升产业链的整体竞争力。

第四，外部和区域竞争激烈。未来智能装备产业是全球都在进行攻关的产业，广东省如何保持该产业在全国乃至全球的地位是个值得思考的问题。随着外部竞争的加剧，广东省该产业发展面临挑战。中国其他地区也在积极发展未来智能装备产业，广东省需要面对来自其他省份，主要是在政策支持、人才引进和产业布局等方面的内部竞争。

第五，产业链有待优化，成本难以控制。产业链的优化包括从原材料供应、零部件制造、系统集成到最终产品等各个环节。目前，广东省未来智能装备产业链的某些环节可能还存在依赖进口的问题，除此之外，未来智能装备的生产成本相对较高，高昂的成本使得其在市场上的推广面临挑战。随着技术的进步和产业链的成熟，预计其成本将有所下降，但这是一个长期的过程。

第六，人才培养和激励机制不完善。未来智能装备产业需要大量高素质人才，但目前广东省人才培养和激励机制尚不完善，难以满足产业快速发展的需求。

第七，供给无法满足需求。目前广东省未来智能装备相关产品只能进行简单的重复性工作，而难以进一步满足复杂的实践需求，这需要进一步进行相关技术的研发。

（三）未来生命健康：标准化、道德化和研发创新制约稳链发展

第一，技术创新与研发投入有待提升。未来生命健康产业依赖于前沿科技，如基因技术、细胞治疗、AI+生物医药等，这些领域需要大量的研发投入和持续的技术创新。广东省虽然在这些领域有优势，但仍需加大投入，确保技术的持续领先。

第二，潜在的伦理与法律问题。基因技术、细胞治疗等技术的发展可能会引发伦理与法律问题。广东省需要建立健全的伦理与法律体系，确保技术的合理应用。

第三，质量标准和临床准入规范不足。广东省未来生命健康产业还面临一些瓶颈问题，需要进一步完善质量标准和临床准入规范。

第四，人才培养与引进力度有待加强。未来生命健康产业需要大量高素质的专业人才。广东省需要加强人才培养与引进力度，建立完善的人才激励机制，以吸引和留住人才。

（四）未来材料：产业链整体尚不成熟，内外压力影响产业链稳定

第一，产业链生态体系尚未形成。目前，广东省未来材料领域的产业链生态体系尚未完全形成，产业发展环境有待优化。产业链供应链存在断链和脱钩的风险，尤其是在国际形势变化和全球产业链重构的背景下，产业链安全更加缺乏保障。

第二，政策扶持体系有待健全。政策扶持体系的不健全影响了未来材料产业的健康发展。这包括难以培育高层次人才、关键核心材料进出口路径不明晰、知识产权保护不到位等问题。

第三，成本上涨与竞争加剧。随着原材料价格的上涨与市场竞争的加剧，广东省未来材料产业面临成本压力与竞争压力。这要求企业必须提高效率、降低成本，同时加强技术创新，以保持竞争力。

第四，关键技术突破面临挑战。未来材料产业的发展需要突破一系列关键技术。然而，这些关键技术的突破面临着巨大的挑战，未来材料产业目前缺乏系统的工艺—装备—管理集成，生产装备自动化、智能化、集成化水平较低，部分关键材料、工艺技术和生产设备国产化程度较低。广东省需要加大研发投入，加强国际合作，以推动关键技术的突破。

第五，国际竞争日益激烈。当前全球产业链供应链面临冲击，未来材料产业成为主要国家和地区科技、经济的竞争焦点，广东省发展未来材料产业面临国内外的激烈竞争。

（五）未来绿色低碳：内因与外因共同制约稳链发展

第一，相关技术上限还需突破，成本下限也需要降低，产业经济性有待挖掘。前文提到的代表性清洁能源——可控核聚变能源，相关技术尚不成熟且产业仍处于实验室科研阶段，商业化应用还未落地。如何在实现核心技术的突破进而促进产业链下游落地，完善已有产业链的同时，降低中上游研发制作成本、提升产业链整体效率，使未来绿色低碳产业具备经济性是广东省面临的一大挑战。

第二，竞争激烈。各省份竞相将未来绿色低碳产业作为重点发展的产业，并且随着全球对绿色低碳技术的需求增加，越来越多的国家和地区投入到这一领域，市场竞争日益激烈。广东省只有不断提升自身的技术创新能力和产业竞争力，才能在全球市场中占据有利地位。

第三，国际贸易壁垒增多、技术封锁加剧。未来绿色低碳产业是技术密集型产业，对于技术的要求很高，需要与国外进行相应的合作以提升技术突破效率，加速产业链完善进程，但国外的技术封锁导致实现突破的进程减缓，这是广东省自主研发的挑战所在。

第四，原材料获取对外依赖性强，原材料成本高、利用率低。对于上文提到的广东省可控核聚变产业而言，除了特种气体，其他的原材料都需要从外部获得，存在一定的对外依赖性，且购买的价格一般都较高。可控核聚变产业所需的特种气体虽然可以从本省获得，但是其在利用过程中通常会因为相关的作用而产生不必要的损耗。

第五，中下游市场积极性不高。未来绿色低碳产业的开采和研发成本较高，在实现产业化之前整体无盈利条件，因此企业参与产业链上下游的积极性不高。

二、未来产业产业链安全发展面临的机遇

本部分从未来电子信息、未来智能装备、未来生命健康、未来材料和未来绿色低碳五个产业视角，分别对广东省相关产业链安全发展面临的机遇进行阐述。

（一）未来电子信息：加强政策扶持，内外协同突破稳链发展的难点

第一，相关技术不断实现突破。广东省支持龙头企业与国内外技术先进企业、高等院校、研究机构搭建未来产业创新联合体。例如，松山湖科学城通过聚集新型研发机构和人才，创新样板工厂模式，加速科研成果的转移转化，成功孵化了多家产业化公司。同时，广东省拥有众多电子信息产业龙头企业，如风华高科、小鹏汇天等。这些企业通过自主创新，解决了电子元器件领域的“卡脖子”技术问题，提升了整个产业链的创新能力。

第二，政策的高度重视。广东省人民政府制定了《广东省培育发展未来电子信息产业集群行动计划》，旨在推动电子信息产业向高端化发展，支持产业链的技术创新和突破，并计划到2035年将广东省打造成全球电子信息产业创新高地。除此之外，广东省还加大与人才相关的福利投入，吸引了更多的相关技术人才。

第三，积极进行国际合作。广东省积极深化与国内外科研机构、企业的合作交流，抢抓区域全面经济伙伴关系协定高质量实施的机遇。这为未来电子信息产业链的国际化发展创造了良好的条件。

第四，应用面将进一步拓宽，产业面临更大的市场需求。随着生活水平的提高，人们对高品质、高性能电子信息产品的需求不断增长。同时，新一

代信息技术的发展，如5G、人工智能、物联网等，为未来电子信息产业带来了新的市场需求。除此之外，新能源汽车、智能家居、智能医疗等新兴领域对电子信息产品的需求也在不断增长。这些领域的发展为未来电子信息产业提供了新的增长点。

第五，产业基础雄厚，布局均衡。广东省拥有完整的产业链和丰富的产业资源。这为未来电子信息产业的进一步发展和升级奠定了坚实的基础。广东省计划深化未来电子信息产业发展，推动产业向高端化发展，并在全省范围内均衡产业布局，以促进经济持续发展，这有助于未来电子信息产业的健康发展。

（二）未来智能装备：加大研发和产业链融合，以需求和政策拉动稳链发展

第一，不断加大研发力度，促使核心技术实现突破。随着广东省对未来智能装备产业的重视，相关的研发投入也加码加注，这为产业实现技术突破奠定了基础。

第二，产业链各环节融合发展。推动产业链各环节的相互融合，避免出现上中游的产出和下游的需求不匹配的问题。

第三，把握政策利好发展的机会。广东省人民政府将在支持未来智能装备产业发展上持续发力，以政策赋能推动产业高速发展，为产业链安全发展提供保障。

第四，产业基础雄厚。广东省拥有完善的工业体系和强大的制造业基础，为未来智能装备产业链的安全发展奠定了坚实的基础。

第五，人才培养和引进。广东省积极推动人才培养和引进，消费者为未来智能装备产业链的安全发展提供了人才保障。

第六，市场需求旺盛。随着中国经济的快速发展和产业升级，对智能装备需求的增长为其提供了广阔的市场空间。同时，广东省作为制造业大省，对未来智能装备的需求更加旺盛，使得产业链下游更加稳定。

（三）未来生命健康：产业规范化、普及化，内外协同打造稳链发展

第一，政策支持提供了良好的发展环境。广东省人民政府高度重视未来生命健康产业的发展，已经发布了《广东省培育未来生命健康产业集群行动计划》，明确了未来生命健康产业的发展方向和重点任务，为产业链的安全发展提供了政策保障；同时，政策导向也吸引了更多的资金和人才流入未来生命健康产业。

第二，具备一定的技术优势。广东省在基因技术、细胞治疗、AI+生物医药、合成生物学、脑科学与类脑研究等领域拥有强大的研发能力，这些技术的突破将推动未来生命健康产业链的快速发展。

第三，积极促进产业集聚。广东省正在积极培育产业创新发展集聚区，通过优化未来生命健康产业生态，吸引国内外优秀企业和人才，形成产业集聚效应，提升产业链的竞争力。

第四，应用范围将进一步拓展，市场需求增长。未来，干细胞医疗产业应用范围将进一步拓展，能够应对更多的疾病，市场需求将随之进一步扩大，相应的产业也将获得进一步发展的机会。同时，随着人口老龄化和居民健康意识的提高，未来生命健康产业的市场需求将持续增长，为产业链的安全发展提供了广阔的下游市场空间。

第五，市场规范不断完善。随着市场和产业的不断扩张，相关的质量监管和规范政策体系也将不断完善，为产业发展提供标准和依据。

第六，普及力度不断加大。随着网络时代的不断发展，人们能够获取更多的前沿信息，未来生命健康技术也会越来越为人们所接受。

第七，国际合作力度加大。国外相关的技术发展较之国内更前沿，广东省处于对外交流合作的优势位置，要把握对外合作、吸收国外先进技术的机会，积极与国外企业、高校、研究机构展开合作。

（四）未来材料：利用内外优势，把握政策导向，实现稳链发展

第一，政府扶持力度加大。广东省人民政府已经出台了一系列政策措施，旨在优化产业布局、提升关键核心技术水平。

第二，区位优势带来发展机遇。粤港澳大湾区的经济活力和开放程度全

国领先，而广东省在构建未来材料产业创新生态方面具备深厚底蕴和独特优势。这有助于相关机构进行国际合作，进而加速核心技术的突破。

第三，产业基础优势带来发展机遇。新一代电子信息技术、新能源、高端装备等大湾区战略性产业创新发展对新型底层材料的需求日益迫切，下游市场需求旺盛，有助于产业链整体稳定发展。

第四，创新要素优势带来发展机遇。粤港澳大湾区重大科技基础设施和高水平科研机构正加速布局，国际一流的科学研究平台和科技创新人才不断汇集于此，这些都为未来材料产业创新发展提供了有力的支撑。

第五，人才引进力度加大。广东省持续引进海内外“高、精、尖”人才团队，协同培养产业发展所需的高端研发人才、卓越工程人才和复合型管理人才，并不断优化人才服务保障体系及人才评价体系，营造了良好的人才发展环境。

（五）未来绿色低碳：引进人才，把握政策、资源、需求动向，提升竞争力

第一，国家政策支持。广东省可以利用政府出台的支持绿色产业发展的政策，推动未来绿色低碳产业链的建设和升级。与此同时，国家政策导向吸引了更多的资金涌入未来绿色低碳产业，为其提供了充足的研发投入资金。

第二，部分资源充足。广东省处于沿海地区，对于天然气水合物以及可控核聚变所需的特殊气体储备充足，具备一定的原料优势，应充分把握原料充足的优势，积极布局相关产业。

第三，需求不断增加。在全球应对气候变化的大趋势下，国际市场对绿色低碳产品的需求迅速增长，面对巨大的海外需求，需推动企业主动融入全球创新链和绿色贸易体系，形成“立足广东、辐射全国、连通全球”的绿色低碳全球价值链。广东省对未来绿色低碳能源的需求越来越旺盛，为产业发展提供了更加有利的政策和市场环境。

第四，已具备较好的发展基础和较强的竞争力。广东省作为制造业大省，其相关基础设施十分完善，具备良好的制造业基础和电子信息产业优势，为未来绿色低碳能源产业技术提升、产业融合发展提供了有力的支撑，

使其商业化开发应用进程加快。

第五，加强绿色低碳领域的人才培养和引进。加强绿色低碳领域的人才培养和引进，为产业链的发展提供人才支持。由于国外技术封锁以及相关关键核心技术有待突破，对于人才的需求十分旺盛，因此广东省要加强人才培养和引进政策，为研发注入活力。

第四节　未来产业如何提高产业链的韧性与安全性

结合前面章节对于广东省未来产业现状、布局战略和挑战机遇的分析，本节对广东省未来产业如何提高产业链的韧性与安全性，构建自主可控、安全可靠的产业链供应链提出了相关的策略。

一、提升创新能力和培养人才队伍

提升创新能力、培养人才队伍一方面可以提升相关企业对核心技术的掌握和突破能力，确保技术领先性和可靠性，进而防止产业链因为技术问题产生风险；另一方面可以提升对产业链安全稳定发展的监督检测能力，降低产业链安全问题出现的可能性，有助于维护产业链的安全稳定发展。这对于未来产业产业链的安全更具重要意义。未来产业是指那些依托前沿科技，如人工智能、量子信息、生物技术等，并对经济社会发展产生深远影响的产业。这些产业通常处于技术发展的前沿，具有极大的不确定性，但同时也蕴含着巨大的发展潜力和市场机会。未来产业基于重大科技创新或技术突破，具有巨大发展空间。这些未来产业的发展往往需要非常前沿的技术，这就对我国创新能力的提升和人才队伍的培养有着较高的要求。故广东省需要大力提升创新能力并培养人才队伍以满足未来产业产业链安全稳定发展对于技术的要求。

提升创新能力和培养人才队伍有利于推动产业结构升级，促进产业链安全稳定发展。创新能力的提升和人才队伍的培养能够推动技术的更新和产业的发展，引领产业结构优化和升级。技术的创新可以提升对资源环境的利用程度，从而打破资源环境的约束，促使产业向更高层次发展，形成新的产业优势，降低对资源和环境的依赖，实现可持续发展。

提升创新能力和培养人才队伍可以打破中游技术壁垒，提升产业链竞争力。创新可以解决现有技术问题，克服现有技术的局限性和不足，开发更有效、更可靠的解决方案。同时，创新可以开拓新的技术领域，打破技术壁垒，使企业在竞争中保持领先优势。培养人才队伍，可以传递知识和技能，确保组织内成员掌握最新的技术和知识，保持团队的竞争力和专业能力，以适应技术的发展趋势。同时，培养人才队伍有助于建立团队协作和知识共享机制，从而增强组织的创新能力和解决问题的能力。

提升创新能力和培养人才队伍可以扩展产业链下游需求市场，保障产业链安全稳定发展。不断地进行产品创新，可以开发出更多新的产品，这些产品会满足不同领域的需求，并在原有需求领域的基础上进一步实现应用的扩展，面向更大的市场，实现下游市场需求的扩张，为产业链稳定发展贡献力量。

二、加强前瞻谋划部署

把握全球科技创新与产业发展趋势，重点推进五大未来产业发展。发挥新型举国体制优势，结合广东省产业基础和资源禀赋，合理规划、精准培育和错位发展未来产业，发挥前沿技术增量作用，瞄准高端、智能和绿色等方向，为建设现代化产业体系提供新动力，为广东省未来产业产业链安全发展指明方向。广东省强调科技创新和基础研究的重要性，通过“十四五”规划和相关文件，提出加强基础与应用研究，加快颠覆性技术和前沿技术研发，以抢占未来产业技术制高点。2024年2月29日，广东省工业和信息化厅联合省科技厅召开五大未来产业行动计划新闻发布会，进一步解读五大未来产业行动计划，介绍广东在培育发展新质生产力上的思考和做法。

三、壮大未来产业主体

第一，培育高水平企业梯队。广东省引导领军企业布局新赛道，通过支持内部创业、投资孵化等方式培育未来产业创新主体。建设未来产业创新型中小企业孵化基地。支持新型研发机构快速发展，培育多元化的未来产业推进力量，维护产业链安全稳定发展。

第二，打造特色产业链。依托龙头企业培育未来产业产业链，建设先进技术体系。结合国家自主创新示范区、国家高新技术产业开发区、新型工业化产业示范基地等，创新管理机制，建设数字化的产业链供应链，促进创新资源汇聚，加速数据、知识等生产要素高效流通，为广东省未来产业产业链安全发展奠定理论基础。

第三，构建产业生态体系。加强产学研用协作，打造广东省未来产业创新联合体，构建大中小企业融通发展、产业链上下游协同创新的生态体系。强化统一大市场下的标准互认和要素互通，提升产业链供应链韧性，构建产品配套、软硬协同的产业生态体系。

四、丰富应用场景

第一，开拓新型工业化场景。围绕装备、原材料、消费品等重点领域，面向设计、生产、检测、运维等环节打造应用试验场，以产品规模化迭代应用促进广东省未来产业的技术成熟。深化新一代信息技术与制造业融合，加快推动产业链结构、流程与模式重构，开拓未来制造新应用。加快工业元宇宙、生物制造等新兴场景的落地，以场景创新带动制造业转型升级。

第二，打造跨界融合场景。依托重大活动，实现前沿技术和产品的跨领域、综合性试点应用，打造示范标杆。依托载人航天、深海深地等重大工程和项目场景，加速探索未来空间方向的成果创新应用，服务国家战略需求。依托城市群和都市圈建设，打造绿色集约的产城融合场景。创新未来信息服务场景，加速形成普惠均等、便捷智慧的信息服务新范式。

五、深化国际合作与开放合作

广东省地理位置优越，是对外开放的窗口，具备深化国际合作与开放合作的现实基础。广东省未来产业发展需要以开放的姿态，积极寻找国内外互补资源，通过合作完善产业链和创新链，增强竞争优势，进而保证产业链发展的安全稳定。广东省鼓励未来产业相关的企业走出去，加强与东盟等地区的国际合作交流。《广东省进一步扩大对外开放积极利用外资若干政策措施（修订版）》指出，要进一步扩大市场准入领域、提升投资贸易便利化水平，完善利用外资保障机制。《广东省外商投资权益保护条例》通过对外商投资企业的设立、运营、退出等方面的规定，保护外商投资者的合法权益，优化外商投资环境。

综上所述，广东省未来产业要实现产业链的韧性和安全性发展，可以从提升创新能力和培养人才队伍、加强前瞻谋划部署、壮大未来产业主体、丰富应用场景、深化国际合作与开放合作等方面入手。

参考文献

［1］亚当·斯密.国民财富的性质和原因的研究［M］.郭大力，王亚南，译.北京：商务印书馆，1972.

［2］马歇尔.经济学原理［M］.朱志泰，陈良璧，译.北京：商务印书馆，2019.

［3］艾伯特·赫希曼.经济发展战略［M］.潘照东，曹征海，译.北京：经济科学出版社，1991.

［4］迈克尔·波特.竞争优势［M］.陈小悦，译.北京：华夏出版社，1997.

［5］FISHER M L. What is the right supply chain for your product［J］. Harvard business review，1997，75（2）：105-116.

［6］姚齐源，宋伍生.有计划商品经济的实现模式：区域市场［J］.天府新论，1985（3）：1-4，11.

［7］魏然.产业链的理论渊源与研究现状综述［J］.技术经济与管理研究，2010（6）：140-143.

［8］郑新立，李孟刚，苗跃学，等.我国产业链供应链安全与经济高质量发展报告［M］//郑新立，李孟刚，华国伟，等.经济安全蓝皮书：中国产业链供应链安全发展报告（2022～2023）.北京：社会科学文献出版社，2023：1-31.

［9］胡文龙.韩国产业链供应链韧性分析［M］//张其仔，郭朝先，白玫，等.中国产业竞争力报告（2022～2023）No.11：提升产业链供应链韧性和安全水平.北京：社会科学文献出版社，2022：54-71.

［10］白玫.欧盟产业链供应链韧性分析［M］//张其仔，郭朝先，白玫，等.中国产业竞争力报告（2022～2023）No.11：提升产业链供应链韧性和安全水平.北京：社会科学文献出版社，2022：72-89.

[11] 许明.美国产业链供应链韧性分析[M]//张其仔，郭朝先，白玫，等.中国产业竞争力报告（2022～2023）No.11：提升产业链供应链韧性和安全水平.北京：社会科学文献出版社，2022：90–105.

[12] 陈刚，陈荣.粤港澳大湾区产业链供应链韧性分析[M]//张其仔，郭朝先，白玫，等.中国产业竞争力报告（2022～2023）No.11：提升产业链供应链韧性和安全水平.北京：社会科学文献出版社，2022：326–344.

Postscript

后记

作为现代经济的重要形态，产业链供应链的韧性和安全水平反映了经济体抵抗风险能力的大小。保障产业链供应链安全稳定是保障实体经济持续稳定运行的重要条件，是助力国家产业高质量发展的重要支撑，是构建新发展格局的重要基础。党的十八大以来，以习近平总书记为核心的党中央高度重视我国产业链供应链的安全稳定发展，《中共中央关于制定国民经济和社会发展第十四个五年规划和二〇三五年远景目标的建议》提到，要“形成具有更强创新力、更高附加值、更安全可靠的产业链供应链”。党的二十大报告明确指出，要“着力提升产业链供应链韧性和安全水平”。近年来，广东愈发重视打造安全稳定的产业链供应链，致力于建设完善产业链供应链生态体系，提升产业链供应链国际竞争力。2021年以来，广东实行“链长+链主制”，开展“百链韧性提升”专项行动，出台“1+3”系列稳工业增量政策，补链强链工作稳步推进，产业链供应链安全稳定水平持续提升。

当前，国际局势复杂多变，全球经济复苏迟缓，国内发展动能亟待转换，广东正处于建设现代化产业体系的关键阶段，传统产业、新兴产业、未来产业的安全发展面临不同挑战。基于此，本书从理论逻辑、总体发展、产业分析三大维度对广东省产业链供应链的安全稳定发展进行了系统深入的研究，基于各大产业安全稳定发展面临的威胁与挑战，提出加强产业链协同创新、提升产业链数字化和智能化水平、强化国际合作等一系列具有针对性的发展策略和应对措施，以期为广东省产业链的安全稳定发展提供理论支撑和实践指导。由于时间和能力有限，本书还存在某些不足之处，如未能获取部分产业最新发展数据、对某些产业的挖掘尚显不足，以及在政策建议的细化和可操作性方面还有待加强。未来的研究将进一步扩大视野，加强与实际产业界的交流合作，收集更多的第一手资料，以期提供更加精准、实用的政策建议和解决方案。同时，我们也将关注产业变革的最新趋势，不断更新和完善研究框架，为广东省产业链供应链安全稳定发展贡献更多的智慧和力量。

本书由余壮雄教授设定编写框架，由余壮雄教授和程嘉嘉共同统稿定稿。每章具体编写分工如下：第一、二章由岑欣怡编写，第三、四章由王晓彬编写，第五、八章由张文娟编写，第六、七章由陈超编写。在本书编写过程中，我们借鉴了国内外众多学者的研究成果和理论框架，在此表示诚挚谢意。最后，我们还要感谢广东经济出版社各位编辑严谨的编校工作。我们期待本书的出版能够激发更多的学术讨论和实践探索，也期待读者能够从本书中获得有价值的信息和见解，希望并欢迎广大读者和同行专家批评指正。

作　者